西北地区
唐代
农牧业地理研究

张开 著

齊魯書社
·济南·

图书在版编目（CIP）数据

西北地区唐代农牧业地理研究 / 张开著. -- 济南：齐鲁书社, 2022.9
ISBN 978-7-5333-4610-2

Ⅰ. ①西… Ⅱ. ①张… Ⅲ. ①农业地理－研究－西北地区－唐代 Ⅳ. ①F329.94

中国版本图书馆CIP数据核字(2022)第148376号

责任编辑：刘　强
责任校对：赵自环　王其宝
装帧设计：亓旭欣

西北地区唐代农牧业地理研究
XIBEI DIQU TANGDAI NONGMUYE DILI YANJIU
张　开　著

主管单位	山东出版传媒股份有限公司
出版发行	齊魯書社
社　　址	济南市市中区舜耕路517号
邮　　编	250003
网　　址	www.qlss.com.cn
电子邮箱	qilupress@126.com
营销中心	（0531）82098521　82098519　82098517
印　　刷	山东临沂新华印刷物流集团有限责任公司
开　　本	710mm × 1000mm　1/16
印　　张	18
插　　页	4
字　　数	249千
版　　次	2022年9月第1版
印　　次	2022年9月第1次印刷
标准书号	ISBN 978-7-5333-4610-2
定　　价	58.00元

2021 年国家社科基金西部项目
《吐蕃统治时期西北地区农业地理研究》
（批准号：21XZS017）阶段性成果

青海师范大学
“藏区历史与多民族繁荣发展研究省部共建协同创新中心”项目

目　录

绪 论

一、选题缘由及研究意义

在中国大地上，农业往往是民族或政权稳定和发展的决定性因素，古往今来莫不如此。正如《管子》所言“仓廪实则知礼节，衣食足则知荣辱”[①]，农业关乎社会稳定和文化传承。李唐势力源于关陇集团[②]，从起兵到定都长安，及至长安数次陷落，西北地区的农业发展进程始终是一个重要的影响因素，间接或直接影响到唐王朝的命运轨迹。

笔者选择以西北地区唐代农业地理为题，原因主要有以下几方面：

首先，唐代是我国古代最为强盛的朝代之一，其间不同地域、不同文化群体之间交流的深度与广度也历来为世人所称道。学界较为盛行的“唐宋变革论”即以此为基础，将唐代与宋代进行比较。与历史时期大多数王朝一样，唐代自始至终都面临着西北方向的军事压力，屯垦与畜牧也始终是西北地区军事实力存在的后盾。在唐代兴盛和衰亡的过程中，西北地区的农牧业经历了一个怎样的变化过程？西北地区农牧分布与唐代社会之间存在怎样的关联？这是笔者所感兴趣的问题。

---

① 黎翔凤《管子校注》，中华书局2004年版，第2页。

② 关于李唐政权与关陇集团的关系，学界说法不一，笔者较为赞同陈寅恪先生和黄永年先生的观点。

其次，“一带一路”倡议背景下，西北地区的农业结构调整是迫切而现实的。历史地理学的研究目的之一就是“有用于世”。唐代西北地区的农业生产与布局是在农牧文化交流的大背景下进行的，农耕与畜牧能够互相渗透，在很多生产方式原本单一的地区并行不悖，其背后的原因复杂多样。在既宜农又宜牧的农牧交错区域，农牧布局的变动影响深远。时至今日，西北地区的农业生产方式仍然存在不同的类型，退耕还林、退牧还草等政策推动下农牧布局的变动在产生良好的环境效益时，又会产生何种社会影响？

再次，历史农业地理学发展到今天，已经建立了较为完善的理论和研究框架。但是关于西北地区整体视域的唐代农业地理研究较少，多数为局部地区农业地理研究。研究时段也多集中于天宝之前和大中之后，中间有近百年处于一个“断层期”，涉及这一时间段内的农业地理研究成果较少。现有的研究更多是基于地区开发史的视角来进行的，许多成果还是停留在对农业结构或者作物分布进行梳理之上。笔者在前人的研究基础上，将研究视角扩大到自然环境均相近的西北地区，进一步研究唐代西北地区农牧结构变化与自然因素和社会因素的互动关系，能填补西北地区唐代农业地理研究的空白。在此基础上，总结出唐代西北地区农牧业的特点与规律，也能与唐代其他地区的农业进行横向比较，丰富历史农业地理的研究内容。基于以上原因，本书将研究视角放在西北地区唐代农牧业地理之上。

二、相关说明

（一）时间范围

一般来说，唐代的起讫时间（618—907）是唐史研究的一个基本时间断限，但西北地区唐代农业地理研究有其特殊之处，需要具体划定。本书根据研究需要，研究时段以唐代为主，在进行局部内容论证的时候，需要外延至南北朝、五代时期，原因如下：

首先，西北的少数民族政权如吐谷浑、高昌、突厥等，在南北朝时期就已经存在，并一直延续到唐代前期。这些政权的存在与消亡在一定程度上影响着唐代的农牧业分布格局。加上隋朝存在较短，本书将研究时段向前推移能更好地把握西北地区唐代的农业生产情况。

其次，正史中关于西北地区唐代农业生产的记载相对较少，学界目前多赖于敦煌吐鲁番文书、出土墓志碑刻进行相关研究。已经整理出版的敦煌吐鲁番文书中，五代时期占据相当的数量；唐末天祐年号在数个割据政权中被沿用，甚至出现天祐二十年的碑刻。结合历史地理学的研究方法，可以利用五代时期的相关敦煌吐鲁番文书对西北地区唐代的农业生产情况进行倒推复原，来弥补正史文献记载的不足。

（二）关于唐代分期的划定

唐史研究中，学界常常根据研究需要对唐代进行历史分期。本书在写作过程中，也不可避免地需要对整个唐代进行时期划分，以便于在时间节点上进行历史农业地理的研究。总体来看，学界关于唐代分期的观点有二分法、四分法和三分法。

二分法是较为普遍的分期方法，该方法以天宝十四载（755）的“安史之乱”为界。较有代表性的学者如陈寅恪先生认为“唐代之史可分前后两期，前期结束南北朝相承之旧局面，后期开启赵宋以降之新局面，关于政治社会经济者如此，关于文化学术者亦莫不如此”[①]。这种以军事事件为标志的分期方法用来进行历史农业地理的研究有诸多不便之处。

四分法是文学史学者研究唐代文学史时采用较多的一种分期观点。他们认为唐史可细分为初唐、盛唐、中唐和晚唐四个阶段。初唐为唐高宗到唐睿宗时期，盛唐为唐玄宗到唐肃宗时期，中唐为唐代宗到唐文宗

① 陈寅恪《金明馆丛稿初编》，上海古籍出版社 1980 年版，第 296 页。

时期，晚唐则为唐武宗到唐哀帝时期。这种分期方法考虑最多的还是以唐诗为代表的唐代文学风格的变化，与唐代农业地理发展的阶段特征不尽相同，因此不能全部搬用。

三分法则是当代唐史学者采用最多的分期方法。众多学者如王仲荦、韩国磐、史念海等先生均主张三分法并各自有所损益。他们的观点之不同之处在于对唐代中晚期的划分。他们依据唐代的政治斗争特征，结合“安史之乱”与黄巢起义，分别将唐代中期划分为唐玄宗天宝元年（742）到唐宪宗元和十五年（820）、唐玄宗天宝十四载（755）到唐宣宗大中十三年（859）、唐玄宗天宝十四载（755）到唐僖宗乾符元年（874）。结合研究需要，本书基本采用史念海先生的分期方法，并依据历史农业地理的研究特点进行适当调整。

（三）研究地域的划定

西北地区为历史的地域概念，一般指今天我国西北的陕西、甘肃、宁夏、青海、新疆五省区。结合唐代的行政区划情况，本书在研究过程中对其有所调整。依据研究需要，本书的西北地区特指为总章二年（669）唐王朝所辖的陇右道、关内道、单于都护府的中南部、河东道的北部区域。在今天的政区规划方面涵盖山西省北部、内蒙古自治区的西南部、陕西省、甘肃省、青海省的东北部、宁夏回族自治区、新疆维吾尔自治区的大部。

（四）本书所用文献史料说明

和后世相比，存世唐代史籍的数量并不算太多。如果缩小范围，能用来论证本书主旨的史料更是寥寥可数。《旧唐书》《新唐书》《资治通鉴》《元和郡县图志》是重要的史料来源，《隋书》《旧五代史》《新五代史》是为补充。在典章制度、诏令等方面，《通典》《唐会要》《唐六典》《唐大诏令集》《唐律疏议》的记载十分详细。此外，《册府元龟》《玉海》中也有一部分关于唐代典章的内容，但大部分内容与上述典章类文献重复，局部有所不同，需甄别后使用。对于框架较大、梳理性质的研究而言，这些史料已经足够。但对于本书的课题研究而言，相对细微的唐代农牧业生产情景、规模、构成、互动等内容，上述文献的大部分内容与此无关，难以提供足够的史料支撑。

基于以上情况，本书还适当参考诸如《太平广记》及一些笔记小说中的零星史料，但由于符合本书主题的史料较少，加上可信度较低，因此仅仅起辅证作用，并没有太多使用。《文苑英华》和《全唐文》则是本书部分章节引用频率较高的文集类史料，其中有较多的朝臣奏文、赋、碑文等内容，涉及当时的军事、粮草、边政等内容。在版本上选择以中华书局点校本为主，兼有文学领域整理新编的成果。

在地理环境方面，由于《括地志》和《大唐西域记》中与本书主旨所需的地理环境记载相符甚少，因此在水文方面主要参考《水经注》及其校本进行演绎类推。在农业生产层面，本书以《齐民要术》记载为主，敦煌吐鲁番文献为辅，进行唐代前后时段复原，以此推理唐代的农业技术和作物类型。

出土文献、石刻文献则是本书最为重要的印证史料。虽然引用数量不多，但至关重要。本书主要引用了唐耕耦、陆宏基主编的《敦煌社会经济文献真迹释录》，国家文物局古文献研究室整理的《吐鲁番出土文书》等整理归类后的套书，其权威性和便捷性较好。同时，也注意到了上海古籍出版社、法国国家图书馆编的《法藏敦煌西域文献》，日本龙谷大学佛教文化研究所编《大谷文书集成》等域外敦煌文献的整理成果，以及周绍良主编的《唐代墓志汇编》等石刻文献，佐以敦煌学领域诸学者的释读研究。这些史料在本书唐代中后期时段的研究中举足轻重。

虽然笔者对上述文献的版本考证、释读方面功力有所欠缺，但经过辨析与合理的组合，用来论证本书的研究内容是合理且能够达到研究目的的。

三、相关研究现状述评

本书研究的核心问题是西北地区唐代的农业地理问题，基于历史地理学的学科特点，历史农业地理研究除了专题性研究，多见之于农业史为主的社会经济史以及区域开发史等研究领域。因此，对研究现状的回顾也涉及西北地区唐代的人口、农业开发、耕作制度、畜牧业等方面的内容。

（一）人口研究

1. 唐代典籍所载人口系年考辨

唐代存世典籍中的人口记载较为丰富，具体包括《通典》、《新唐书》、《旧唐书》、《元和郡县图志》及《太平寰宇记》等，所载各州县户口数涵盖贞观、开元、天宝等不同时期。但对于其记载的时间及相互之间的关系，学界争论较大。

关于《新唐书·地理志》《旧唐书·地理志》中的户口系年问题，首先是旧志中的“旧领”问题。1948 年岑仲勉在经过严密论证后，首次提出“旧领”县必属贞观十三年（639）的结论。[①] 1964 年，前田正名也认为《旧唐书·地理志》中的“旧领”指的是贞观十三年的户口数字已成为定论。[②] 其后，梁方仲等人也沿用此结论。[③] 翁俊雄则在此基础上对贞观十三年各道领州县的户口进行考订，并完善了梁方仲的统计中存在的一些问题。[④] 至此，旧志中“旧领”户口年代为贞观十三年已基本没有争议。

其次，关于旧志中“天宝领”的争论。严耕望依据两志中的序，

① 岑仲勉《旧唐书地理志“旧领县”之表解》，《国立中央研究院历史语言研究所集刊》（第二十本），商务印书馆 1948 年版。

② 〔日〕前田正名著，陈俊谋译《河西历史地理学研究》，中国藏学出版社 1993 年版，第 108 页。

③ 梁方仲编著《中国历代户口、田地、田赋统计》，中华书局 2008 年版，第 110~111 页。

④ 翁俊雄《唐初政区与人口》，北京师范学院出版社 1990 年版，第 34~55 页。

认为“天宝领”为开元二十八年的户数。[1] 上文中梁方仲等人则将“天宝领”的数字认定为天宝元年户数，且均未详细给予解释，推测其应该是将《新唐书·地理志》中京兆尹下户数“天宝元年领”作为依据，此观点支持者较多。刘海峰则认为，《新唐书》中的户数是抄《旧唐书》而来的，通过论证，新志所载的各州户数只能是天宝中后期的数目，“初步推断定为天宝十一载”[2]。李宗俊依据敦博58号文书将天宝领户与《通典》相比较，也认为“天宝领”为天宝十一载或其后不久。[3] 翁俊雄依据河南道郓州、关内道坊州的“天宝领”县、户数推断，“天宝领”应为天宝十二载数字无疑。[4] 此外，尚有天宝十三载说。文媛媛从州县建置的角度对上述诸说依次进行了辨析，她认为“天宝领”为开元二十八年、天宝元年、天宝十一载、天宝十二载等观点有其不足，天宝十三载则较为合理。[5] 虽然说法各异，但总体而言，“天宝领”所载户口数为天宝十一载附近已基本确定。

再次，关于《通典·州郡门》中的户口系年问题。前田正名认为是“天宝年间到至德元载之间”[6]。翁俊雄认为，《通典·州郡门》的州县建置时间断限应是天宝元年，系年应是开元二十九年。[7] 冻国栋经过考证，认为《通典》户口系年“总体上看是以天宝元年为基准的”[8]。

---

① 严耕望《中国历史地理·唐代篇》，（台湾）文化大学出版部1983年版，第387页。

② 刘海峰《两〈唐书·地理志〉户口资料系年》，《厦门大学学报（哲社版）》1987年第3期。

③ 李宗俊《敦博58号文书与两唐书〈地理志〉等相关问题考》，《中国历史地理论丛》2014年第2辑。

④ 翁俊雄《各地志所载唐开元、天宝户口数字的源流、系年和校勘》，《北京师范学院学报（社会科学版）》1987年第3期。

⑤ 文媛媛《新旧〈唐书·地理志〉各州领县户口系年考》，《中南大学学报（社会科学版）》2014年第3期。

⑥ 〔日〕前田正名著，陈俊谋译《河西历史地理学研究》，中国藏学出版社1993年版，第108页。

⑦ 翁俊雄《〈通典·州郡门〉所载唐代州县建置与户口数字系年考》，《历史研究》1986年第4期。

⑧ 冻国栋《唐代人口问题研究》，武汉大学出版社1993年版，第5页。

《通典》中的系年问题往往被学者拿来与两《唐书》中地志的记载进行对比考订研究。因此，关于《通典》中的户口系年也有数种争论，但总体而言，学界更倾向于天宝元年的观点。

最后，关于《元和郡县志》和《太平寰宇记》的户口系年问题。如前文所引，翁俊雄认为《太平寰宇记》所载的开元间户口数实际上是作者结合“贞观十三年、开元年间、天宝年间的户口补缀而成”，《元和郡县志》所载户口数应为开元二十年（732）前后。如前引文，冻国栋认为，《元和郡县志》所载开元户数应该“因开元十七年或十八年的户部计帐而来”。

2. 通史性研究成果中的西北地区人口

唐代西北地区的人口研究目前多数是在整个唐代或者地区通史之下被提及。翁俊雄的《唐初政区与人口》《唐朝鼎盛时期政区与人口》《唐后期政区与人口》是唐代政区人口研究的代表作。前两部书体例类似，均是先考订所依据典籍的户口系年问题及政区变动，继而考订计帐（账）制度，后考证全国各道的人口分布。其中对西北诸道的人口有所提及，但没有详细论证。第三部著作则与前两部体例不同，对安史之乱和两税法施行背景下户口、土地产权的变动进行了论述，重点放在《元和郡县图志》的复原与考订上。

冻国栋的《唐代人口问题研究》一书，综合研究了唐代的户口问题，涉及前文所述的典籍户口系年、魏晋南北朝至隋代户口数量、唐代人口分布与人口迁移、家庭结构等问题。书中对前述学界有争议的问题进行了考订并提出自己的观点，同时，结合敦煌吐鲁番文书，对唐代沙州、西州的人口结构进行了详细研究。

费省的《唐代人口地理》一书，从人口地理的角度对唐代的人口统计、人口分布、人口迁移进行了研究。作者引用当时人口地理学的相关研究成果，对唐代各道人口重心、人口密度等进行了考察，以地图和表格的形式展现出来。其中涉及西北地区各道的人口问题。

薛平拴的博士学位论文《陕西历史人口地理研究》，对今陕西范围内唐代的人口进行了研究，但其主要讨论的是唐天宝元年的人口。艾冲的《论唐代前期“河曲”地域各民族人口的数量与分布》一文对游牧地区民族人口的数量进行了估算，其研究思路颇为独特，对本书启发很大。

总体而言，从历史农业地理的角度来看，唐代西北地区的人口研究尚需要进行进一步的讨论，如长时期驻军的数量问题、人口与农牧业布局之间的关系等方面。

（二）屯垦及农业开发研究

日本学者松田寿男在研究天山历史地理的过程中，对西域局部地区的农业活动有所述及，他主要依据传世典籍来考证汉魏隋唐时期西域地区的建置及形势演变过程。[①] 与之相比较，苏北海在考证以唐代安西都护府为代表的一系列西域行政单位治所时，除了传统史料，还运用了大量考古学成果，通过出土文书资料所载的农业信息，来确定治所位置及其兴废。[②] 虽然其目的是考证唐代西域的州县，但在一定程度上还原了当时西域的农业生产布局。赵予征对唐代西域的屯垦事业进行了综述，他以史料、出土文书和实地考察为依据，分析了唐代西域屯田的管理系统，涉及当时的屯垦管理、驻军规模、屯垦人员构成等方面内容。[③] 卢向前则从土地关系的视角对唐代西州的农业活动进行了研究。他依据墓志、出土文书、籍帐，结合其他史料，对唐代西州地区各类土地进行了详细研究，给出了一系列估算数字，甚至详细到公田、民田的出租比率问题，他所引用的大量的契约文书，无疑为本书的进一步研究提供了便利。[④] 张安福等人对唐代西域的气候环境进行了概括，进而对唐代在西域地区的屯垦规模、分布和管理进行了研究；他们还以西州为例，探讨

---

① 〔日〕松田寿男著，陈俊谋译《古代天山历史地理学研究》，中央民族学院出版社 1987 年版。

② 苏北海《西域历史地理》，新疆大学出版社 1988 年版。

③ 赵予征《丝绸之路屯垦研究》，新疆人民出版社 1996 年版。

④ 卢向前《唐代西州土地关系述论》，上海古籍出版社 2001 年版。

了唐代民众日常生活中的经济、闲暇生活，视角独特。[①]

李并成依次从水利建设、耕地垦辟和粮食生产的角度对唐代前期河西走廊的农业开发进行了研究[②]，他认为唐代前期河西的屯田分为军屯、民屯、民间自发垦辟、寺院垦殖和烽铺屯田等类型。结合粮食产量的估算，他认为至天宝之时河西地区的农业开发达到极盛。吴廷桢等人对唐代在河西地区的屯垦规模进行了研究，并对和籴政策在河西地区的影响进行了论述[③]，他们认为河西地区的水利及农业的发展得益于和籴政策的推行。张泽咸以传统史料为主，结合出土籍帐（账）文书，对有唐一代河西地区的农业生产盛衰过程进行了梳理[④]，他认为经历汉唐间的发展，河西走廊地区到西夏时期已经由单纯的游牧经济区发展成为农牧兼作区。村渭对隋唐时期青海地区的屯田进行了研究，他考证了唐代在青海地区的军事屯田区域及规模，认为唐代在青海的屯垦意义重大。[⑤] 吴致蕾等人从土地利用与土地覆被变化（LUCC）的视角对开元二十一年河湟谷地地区的耕地分布进行了重建，作者利用网格化方法，结合历史文献数据、DEM 数据和耕地模型分配方法，对开元二十一年河湟地区的耕地进行数据标准化处理，得出当时耕地的分布范围、不同军屯之间的垦殖率等量化结果。[⑥] 虽然其所用史料数据及其标准有值得商榷之处，如军屯均按照 50 顷来算尚有争议，但经过量化和二次数据修正，结果误差不大，可与史学考证相印证，同时，该文所采用研究方法和研究思路也是值得借鉴的。

曹尔琴先生分析了唐代关中农业发展的进程，她认为唐代关中地区的水利工程建设取得了相当大的成就，户数的增长、仓粟的积存、和籴

① 张安福等《唐代的西域屯垦开发与社会生活研究》，中国农业出版社 2011 年版。
② 李并成《唐代前期河西走廊的农业开发》，《中国农史》1990 年第 1 期。
③ 吴廷桢、郭原安主编《河西开发研究·古代卷》，甘肃教育出版社 1993 年版。
④ 张泽咸《汉唐间河西走廊地区农牧生产述略》，《中国史研究》1998 年第 1 期。
⑤ 村渭《隋唐青海屯田述论》，《青海社会科学》1990 年第 6 期。
⑥ 吴致蕾等《公元 733 年河湟谷地耕地分布格局重建》，《资源科学》2017 年第 2 期。

法的推行都是当时关中农业发展的结果。[①] 史念海先生认为，在西汉时司马迁就已经划定了农牧之间的界限，隋唐时期大体与西汉时一样，只不过有北移西延的特征，此时存在一个半农半牧的地区[②]；他还对司马迁所规划的农牧地区分界线在唐代的摆动情况进行了分析，他认为养马的衰落和分界线一侧各仓储粮食的增加是半农半牧地区农耕业比重加大的标志。[③] 李令福从水利开发的视角研究了唐代关中主要的渠道及水利工程，他认为唐代关中农田水利是在东汉以来关中水利衰落趋势下的一次发展高潮，各主要渠、堰得到修复。他还对主要渠道的灌溉面积做了论证。[④] 艾冲对唐代“河曲”地区的农牧经济活动与环境的关系进行了论证，他认为唐代河曲地区内的农耕业分布在该区域的边缘地带且环境影响不大；畜牧业占据着大部分地区，不同游牧民族相继迁入迁出，但对自然环境的影响有限；定居畜牧业则对环境影响巨大。[⑤]

李并成依据两《唐书》之《地理志》所载的人口数，对唐代前期河西走廊的农田面积进行了估算，综合受田、军屯、寺院垦田等数据，他认为唐代前期河西地区的耕地“合今三百二、三十万亩”。[⑥] 程弘毅依据前人研究成果，对唐贞观十三年、天宝元年、天宝十一载的河西地区耕地面积进行了重建[⑦]，其方法有很好的借鉴意义。

总体来看，唐代西北地区的屯垦研究已经较为全面细致，研究内容遍及垦田数量、屯垦建置、屯垦管理等内容，但关于屯垦的地域和时间

---

① 曹尔琴《论唐代关中的农业》，《中国历史地理论丛》1989 年第 2 辑。

② 史念海《隋唐时期农牧地区的变迁及其对王朝盛衰的影响》，《中国历史地理论丛》1991 年第 4 辑。

③ 史念海《司马迁规划的农牧地区分界线在黄土高原上的推移及其影响》，《中国历史地理论丛》1999 年第 1 辑。

④ 李令福《关中水利开发与环境》，人民出版社 2004 年版。

⑤ 艾冲《唐代“河曲”地域农牧经济活动影响环境的力度及原因探析》，《陕西师范大学学报（哲学社会科学版）》2006 年第 1 期。

⑥ 李并成《唐代前期河西走廊农田开垦面积估算》，《档案》1989 年第 6 期。

⑦ 程弘毅《河西地区历史时期沙漠化研究》，兰州大学博士学位论文，2007 年。

差异，屯垦与自然环境、社会政策之间的关系缺乏全面系统的分析。如果能将地区农业开发与环境、社会的关系联系在一起进行研究，无疑更能加大历史农业地理的研究深度。

（三）主要农作物及其分布研究

首先是关于粟、麦的研究。华林甫认为，唐代的第一主粮是粟，其次是麦类[①]；他还将粟、麦的产地范围进行了考证，画出冬小麦种植的北界，并对麦粟范围的变动原因进行了分析[②]，但对西北地区提及较少。韩茂莉认为，在太宗时期，地税的征纳物品中粟被列为首位，至少证明粟类在北方的种植仍然处于绝对优势地位。荞麦早期主要分布在西北地区，在唐末五代时期向黄河中下游地区扩展。她还详细地论证了冬小麦的种植空间扩展进程及其与熟制之间的关系。[③] 苏金花对唐五代敦煌地区的粟类品种和麦类品种进行了研究，她认为粟类的穄子和粟一样在敦煌地区种植较为普遍；麦类除了小麦、大麦，唐五代时期敦煌地区还增加了荞麦、青麦等品种。[④] 苏金花还以绿洲农业为主题，研究了晋唐时期吐鲁番地区的粮食作物结构。研究内容涉及作物种类和种植方式等方面，作者依据借贷、租佃文书中作物出现的比例来印证种植结构。同时，对粮食消费结构的研究是其重点，据此得出晋唐时期吐鲁番地区粮食结构以谷麦为主、豆类很少、不种稻类的结论。[⑤]

其次是水稻生产研究。张芳通过研究认为，由于受限于灌溉事业和水利工程的发展，隋唐时期的水稻种植北界为新疆吐鲁番、哈密，河西走廊，宁夏平原，陕西、山西和河北北部，吉林中部一线。[⑥] 华林甫则

---

① 华林甫《唐代粟、麦生产的地域布局初探》，《中国农史》1990年第2期。

② 华林甫《唐代粟、麦生产的地域布局初探（续）》，《中国农史》1990年第3期。

③ 韩茂莉《中国历史农业地理》，北京大学出版社2012年版。

④ 苏金花《唐五代敦煌的粮食作物结构及其变化》，《中国经济史研究》2012年第2期。

⑤ 苏金花《晋唐时期吐鲁番绿洲农业的粮食作物结构及其演变》，《历史教学（下半月刊）》2016年第12期。

⑥ 张芳《夏商至唐代北方的农田水利和水稻种植》，《中国农史》1991年第3期。

认为唐代的水稻生产分布在幽州—并州—绛州—同州—京兆—陇州—渭州—兰州一线以南地区。[①]

再次是杂粮作物研究。唐代的杂粮作物常见的即为菽类作物，菽是古代豆类作物的统称。林立平认为，豆类作物在赋税中占据重要地位，证明唐代豆类作物的规模比南北朝时的规模有所扩大，豆类作物的养地功能也促使唐代北方轮作制的推广。[②] 苏金花通过研究认为，唐代敦煌地区的豆类是仅次于麦粟的粮食作物。[③] 但作者所引用的敦煌文书中，恰恰能反映出豆类作物在此时基本上可以归为蔬菜类作物。

总体来看，唐代西北地区的作物种类及分布的研究已经较为详细，但缺乏对作物组合及地区差异之间的研究，并且研究地域主要集中于敦煌地区。基于此，笔者认为唐代西北地区的作物组合、地区差异及其形成过程仍然值得进一步研究。

（四）畜牧业研究

郑炳林根据敦煌文书，对唐五代时期敦煌地区的畜牧区分布进行了复原，他认为农业区主要分布在水渠、村庄附近，沿甘泉水流域分布，之外是畜牧区，畜牧业经济与农耕经济是相互配套的。通过考证，他还详细地区分了牧羊、牧马、混牧的具体区域，这为本书分析荒漠地区的农业提供了借鉴。[④] 乜小红对该时期敦煌地区畜牧业的分区进行了更为细致的考证。她认为畜牧业主要分为湖泽畜牧区、紫亭牧区、阶亭坊—常乐县苦水下游牧区、西同—阿利川牧区等几大牧区，且主要集中于湖泽周围和河流上游峡谷地带。[⑤] 尹伟光对隋唐时期西北地区的畜牧业做了详细的研究，与前人研究所不同的是，作者从民族学、社会学视角对隋唐时期

---

① 华林甫《唐代水稻生产的地理布局及其变迁初探》，《中国农史》1992 年第 2 期。

② 林立平《唐代主粮生产的轮作复种制》，《暨南学报（哲学社会科学版）》1984 年第 1 期。

③ 苏金花《唐五代敦煌的粮食作物结构及其变化》，《中国经济史研究》2012 年第 2 期。

④ 郑炳林《唐五代敦煌畜牧区域研究》，《敦煌学辑刊》1996 年第 2 辑。

⑤ 乜小红《试论唐五代宋初敦煌畜牧区域的分布》，《敦煌研究》2002 年第 2 期。

西北区域内的少数民族牧民、牧场、牲畜品种进行了论述。①

张泽咸研究了以高昌为代表的陇右道西部地区的畜牧业，他认为唐代居于此地的虽然都是以畜牧业为主的族群，但种植业与畜牧业二者并行不悖。尤其是吐蕃、回鹘占领西域期间，并没有因为自身发达的畜牧业文化而摧毁种植业。② 艾冲认为，在唐代前期由于诸游牧民族人口迁入黄土高原，官营畜牧用地和民间畜牧用地的广泛分布，对维持良好的生态环境产生了积极的影响。③

牧马业是当前研究较为详细的部分，研究者多依托马政来论证畜牧业规模。韩茂莉研究了唐宋间牧马业的分布，她认为唐代牧马业的地理分布以“安史之乱”为界，前期马监多集中于陇右、关内、河东三道，官马和私马数量众多。④ 王利华认为，唐代的国营畜牧生产除了常见的“马政”，尚有不能忽视的肉畜的生产，他以陇右道的羊群数量和官员赏赐为视角，认为国家经营畜牧业并非完全出自军事目的，也有经济目的。⑤ 乜小红还对唐五代时期的牧羊业进行了研究，她推测了当时敦煌地区的官营、私营、寺院营牧羊业的规模及发展过程，并对羊的用途进行了阐述。⑥

以上，可以看出唐代西北地区的畜牧业研究仍然缺少大区域的视角。正如张泽咸所言，农业与畜牧业在唐代的西北地区是并行不悖的，当前仍然缺少区域内部农牧布局、农牧互动的动态研究。同时，除了王利华，对畜牧业与农业社会的互动关系很少有学者论及。

---

① 尹伟光《隋唐时期西北地区畜牧业研究》，《西北民族大学学报（哲学社会科学版）》2009年第3期。

② 张泽咸《汉晋唐时期农业（下）》，中国社会科学出版社2003年版。

③ 艾冲《论唐代前期陕甘宁黄土高原牧业用地的分布》，《陕西师范大学继续教育学报》2004年第3期。

④ 韩茂莉《唐宋牧马业地理分布论析》，《中国历史地理论丛》1987年第2辑。

⑤ 王利华《中古时期北方地区畜牧业的变动》，《历史研究》2001年第4期。

⑥ 乜小红《唐五代敦煌牧羊业述论》，《敦煌研究》2001年第1期。

四、研究思路、方法和创新之处

（一）研究思路

历史农业地理学是研究历史时期农业生产诸要素的地域分布及其相互间作用、变化、发展规律的科学。其主要研究内容包括：人口的增减和垦田的盈缩、农作物的构成及其分布、农业生产的区域差异、规律的总结等方面。[①] 基于历史农业地理学的研究内容和西北地区唐代的实际情况，本书在研究内容方面有所调整。

首先，明确气候背景和农业基础。农业生产在本质上来说是人类利用当地自然条件获取生存资源的一种活动形式。在传统农业社会，人类改造利用自然环境的能力较弱，无论是农作物的构成和分布，还是农业生产在不同地域上的差异，都与当地的自然环境密切相关甚至是受限于自然环境。因此，本书需要先理清与农业生产息息相关的自然环境状况，具体包括气候的冷暖干湿状况变化。随后对西北地区唐代以前的农业基础进行梳理，理清其传承和变化过程。

其次，由于西北地区唐代的农垦活动和畜牧业规模缺乏明确记载，需要进行估算，从人口方面入手是可信度较高的一种估算方式。唐代活跃在西北地区的与农业有关的人口包括驻军、农耕人口和游牧人口，这几类人口的规模是本书进行后续研究的基本依据之一，因此需要详细论证。有了人口数据，就能以此为基础，建立两套验证模型，对西北地区唐代的军事屯垦、民间垦殖规模进行复原。然后将本研究区域分为五个内部分区，探讨区域内部的垦殖差异和时空特征。尽可能全面地复原西北地区唐代的土地垦殖生产情况及空间差异。再以关内道地区为例，对该区域内民间垦殖的空间特征进行复原。

再次，以往的历史农业地理研究将农作物结构单独列出进行论述，

---

① 王社教《历史农业地理学刍议》，《陕西师大学报（哲学社会科学版）》1994 年第 3 期。

但本书不拟采用这种模式。原因在于，西北地区在唐代处于一个农牧业兼有的生产状态，那么其农作物构成与畜牧业有无关联呢？以此为疑问，笔者将畜牧业和农作物结构放在一起进行讨论，以此来分析唐代西北地区农牧业之间的关系及其发展特征。单独对农作物结构进行复原研究似乎不能满足本书的需要。

最后，本书从前面已经得到的研究结果中提取分析西北地区唐代农牧业发展过程中的关键影响因素，从整体视角来对该地区农牧业发展背后的自然、社会因素进行分析，其间将前文结论融入论证过程中。

（二）研究方法

1. 代用指标分析法

与其他时段相比，传世的唐代史料中与西北地区农牧业相关的记载相对有限。如关于西北地区农业结构、畜牧业的生产情况等方面的记载十分稀少且较为模糊，只能选取与农牧业相关的史料进行大致推理。但这种方法很容易出现过度解读史料的缺陷。近几十年来出土的隋唐墓志、数量庞杂的敦煌吐鲁番文书中虽然有大量的农牧业史料，但其记载的多数是西北地区局部的农牧业经济情况。这就需要在浩瀚的出土文献中筛选能与传统史籍相对应的部分，找出能具有“共性”而非局部“个性”的记载。尽可能多地寻找不同类型的出土文献，并拿来与传统史籍相互印证，才能使研究的结论更为严谨，不至于成为个案。以上就是代用指标分析法的一种形式。在文献记载缺失或者局限性较大的情况下，选取与研究对象具有因果关系或者关联度较大的其他要素进行分析。

2. 数据考证及逻辑模型建构

根据历史农业地理的研究内容，本书需要对西北地区唐代的农牧业规模进行复原研究。涉及考证的研究内容包括人口数据、州县行政建制变迁、垦殖面积等方面。由于人口数据和州县行政建制在史料中的记载较为详细，利用传统历史学考据方法就能大致得出一个不影响结论的结果。而唐代史料中关于西北地区垦殖面积的记载极为不详，这就要求我们转换思路，采用其他方法进行推测。根据研究情况，本书建构了两个逻辑推理模型：其一是关于军事屯垦的推理模型，即依据常年驻军数量及单位兵马的年粮食消耗量推测西北地区总体的军事耗粮量，然后与史籍所载军事屯垦的数量相对比进行分析；其二是关于民间垦殖的推理模型，即以考订后的在籍户口为依据，从土地制度所规定的应授耕地面积和单位人口年均耗粮量两个层面出发，得出应授田的规模和生存所需耕地的规模，再将两组数据汇总进行修订。

3. 横剖面复原法

所谓横剖面复原法是历史地理学界常用的一种研究方法，其通常做法是在时间流上选取一系列的时间剖面，对不连续的地理现象进行整体复原。为了尽可能地提高复原的准确度，前辈学者多采取时间断面堆积的方法，将连续的或相近的时间断面进行连接，将地理现象的变化过程呈现出来。这一研究方法在研究长时段且变化缓慢的地理现象时尤为适用。学界熟知的侯仁之先生、邓辉、鲁西奇等学界前辈均使用过该方法并且对其适用原则有所修订，在方法上对本书的写作有所启示。

还有一种由横剖面复原法衍生的方法，就是选取研究时段前后附近的时间剖面进行正推或逆推。虽然初学者在历史研究中极易犯“以今证古”的错误，但对本研究而言，由于史料缺乏，加上历史时期农业发展具有传承性，笔者认为用魏晋、隋和五代之时的一些农业现象对唐代的农业生产进行推论是可取的。这种方法得出的结论在一定程度上能作为研究的佐证，因此本书也有所采用。

4. 地理系统分析法

从空间层面上来看，本研究区域内的文献记载具有很大的空间局限性。与农牧业有关的记载多数集中在关中地区，此外，其余地区的记载都是以点状的形式出现。这种情况的出现，就需要运用地理系统分析的方法进行分析。在地带性和非地带性、区域之间的联系和区别等层面进行比较分析。

（三）创新之处

第一，专门探讨了西北地区唐代的农牧业地理。在目前所见的历史农业地理研究体系中，关于唐代、西北地区农牧业地理的研究较为分散。本书在前人研究的基础上，综合多学科的研究成果，对西北地区唐代的农牧业地理进行专门探讨。

第二，在研究过程中注重多学科资料的综合运用。由于本选题所涉的唐代史料较少，因此在研究过程中较多地采用人口史、气象学、地理学、民族学、敦煌学等方面的材料，与传统史料、碑刻墓志一起进行综合研究，最终将多数结论在区域空间上展现出来，更加突出了历史地理学时间和空间并重的特色。

第三，拓宽了传统历史农业地理的研究思路。以往历史农业地理学的研究内容更多侧重于“物”化的特定对象，对“人”的关注度稍显不足。本书在其基础上更加注重农牧业发展过程中“人”的存在，将人类群体放入农牧业地理发展进程中进行思考。

第四，探寻西北地区农耕业和畜牧业之间的关系。本书将农作物结构和畜牧业结构放在一起进行讨论，探寻二者之间的联系。同时以此为研究重点，将区域自然环境、人口、族群、赋税政令等内容融入其中，对唐代西北地区农牧业的相关问题进行了一些新的阐释。

第一章　气候背景与农业基础

地理环境是影响农业生产的一个重要的客观因素，农业生产因气候、地形、水文、土壤等地理环境因素而各具形态。正如孔颖达注释《礼记》所言“地理有宜者，若高田宜黍稷，下田宜稻麦是也”[①]，地理环境在一定程度上制约着农业的类型。在古代社会，气候因素对农业的影响相对较大，是诸多地理环境要素中最为重要的一种。那么，唐代的气候有何特点？因之而起的冷暖干湿状况如何？在此基础上，唐代以前西北地区的农业是一种什么状态、到了唐代有无变化？本章将围绕这一系列问题展开论述，对西北地区唐代的气候背景进行宏观复原，同时对唐代之前西北地区的农业基础也进行梳理。

第一节　气候冷暖干湿状况复原

地理环境要素涉及诸多方面，仅与农业有关的地理环境因素就包括光照时间、积温、气温的年较差和日较差、降水量、蒸发量等气候因

① （清）孙希旦撰，沈啸寰等校《礼记集解》，中华书局1989年版，第626页。

素，还有地形地貌、水文等因素。即便是西北地区现在的农业地理环境，从自然地理学的角度也很难面面俱到地做细致研究。鉴于西北地区唐代的农业地理环境要素记载匮乏，本节选取对农业生产较为重要的气候冷暖干湿状况进行讨论，进而进行较长时间尺度的宏观复原。

一、自然科学领域的研究结果及其参考意义

历史地理学界认为唐代处于温暖期，在9世纪前后出现由暖转寒的趋势。但由于唐代疆域辽阔，基于自然环境的差异性，西北地区的气候在唐代有何特点显然不能一概而论。而学界关于西北地区的气候变迁状况，目前研究甚少。西北地区有丰富的冰川资源、湖泊资源，因此本节选取祁连山敦德冰芯、内蒙古折家梁海子和岱海沉积物、吉木萨尔天山孢粉、太白山高山花粉、青海都兰树轮等西北地区内部气候指代指标的研究结果，对唐代时段的西北气候进行宏观感知。

祁连山敦德冰芯在1984—1987年采集于祁连山西北部的敦德冰帽，该地海拔5250米，在冰川形成的过程中，承载了来自河西走廊、新疆地区的沙尘、生物活动等形成的微粒。章新平等人对祁连山敦德冰芯进行了氧同位素测定，分析之后发现，约1.5kaB.P.时氧同位素值降至全新世平均值以下，约1kaB.P.时氧同位素降至-11.5‰[①]，这表明全新世以来温度是持续下降的，甚至在唐末前后出现了极寒事件。

蒋复初等人对鄂尔多斯高原折家梁海子的沉积物进行了采样，通过粒度、磁化率、色度等方面的测定，他们认为，1.2kaB.P.-1.4kaB.P.间气候最为干旱，有较粗的砂层沉积。[②] 金章东等人认为，内蒙古岱海

① 章新平、姚檀栋《祁连山敦德冰帽冰芯中气候记录的综述》，《新疆气象》1993年第6期。

② 蒋复初、王书兵等《鄂尔多斯高原距今15ka以来环境演化》，《地质力学学报》2014年第2期。

地区的沉积物研究表明 1230aB. P. -900aB. P. 是一个较为温暖的时期。[①]与祁连山敦德冰芯的研究相比较，可以发现隋唐时期的祁连山—鄂尔多斯高原一线地区存在一个百年尺度上的温度下降、降水较少的气候变化过程。结合历史地理学界对“隋唐温暖期”的讨论，可以发现唐代前期的温暖时期在西北内陆地区并没有表现出与东部地区一样明显的温湿组合特征。

孢粉和树轮证据更能表明上述特征。阎顺等人在今新疆地区天山北坡的吉木萨尔县（唐庭州治所所在地）进行采样，分析了桦树窝子剖面、小西沟剖面的孢粉组合特征[②]，他们认为约 1.3kaB. P. 之前，当地的云杉林分布带下移，表明当时的环境相对冷湿，并由此推知当时的夏季气温应该不高于 16℃到 18℃。约 1.3kaB. P. 之后，由于湿度降低、温度上升，植被演变为荒漠草原，与现代环境相近。刘鸿雁等人对秦岭太白山高山带林线的研究也与之相近。他们分析当地的孢粉组合特征之后认为 1320aB. P. 前后，当地的冷杉、云杉带先出现往下迁移后又再次往上迁移，落叶松甚至出现消亡的情况[③]，结合修正后的数据，可以发现以 1370aB. P. 为界，唐代前期气候偏暖干，之后气候条件出现暖湿的迹象。

但树轮资料的研究出现与上述研究相左的观点。杨保等人利用青海都兰地区的树轮资料，对近 2000 年的气候变化进行了 10 年尺度的高分辨率研究。他们认为 800′S 是一个分界时间，之前存在一系列“变冷趋势下的奇寒暴暖事件”，之后为 810′S-1070′S 的显著高温期，所反映的气候特征不少为“突变方式”。[④]

---

① 金章东、沈吉等《岱海的“中世纪暖期”》，《湖泊科学》2002 年第 3 期。

② 阎顺、孔昭宸等《东天山北麓 2000 多年以来的森林线与环境变化》，《地理科学》2003 年第 6 期。

③ 刘鸿雁、王红亚等《太白山高山带 2000 多年以来气候变化与林线的响应》，《第四纪研究》2003 年第 3 期。

④ 杨保、康兴成、施雅风《近 2000 年都兰树轮 10 年尺度的气候变化及其与中国其它地区温度代用资料的比较》，《地理科学》2000 年第 5 期。

唐代前期温暖的论证在以上代用指标中都有所反映，但是存在一定的缺陷。一是所运用的尺度较大，他们多用上述研究成果来论证全国范围内近几千年来的气候变化，精确到西北地区、唐代这一范围之内自然就显得分辨率不够高。二是部分指标所反映的结果互有出入，这一结果出现的原因还有待进一步探索。但总体而言，上述指标的研究结果代表了西北地区区域内部的气候演变特征，这些数据更为直观具体，与使用其他地区的指标进行推理论证相比，其可信度也自然较高。

二、文献记录中的冷暖干湿状况

上述基于自然科学的研究结果已经表明，西北地区唐代的气候有着温湿组合不太一致的情况，特别是唐代后期西北地区内部的气候存在差异较大的情况，因此，需要从其他的角度来完善和印证上述研究，文献记录便是一种极好的气候证据。

学界目前多以文献记载的“奇寒”“酷暑”作为依据，来解读文献记载出现的气温情况，如“大燠”“暖”“苦寒”“寒甚”“陨霜”“雨木冰”等词。虽然大多数学者认为，史料记载的这些气候冷暖异常事件具有较强的主观性，但似乎并没有更好的办法来解决可能存在的偏差，他们只好使用一定的数理方法对文献记录的冷暖事件进行建模、统一统计口径。而这种方法的弊端也是显而易见的。如多数学者认为“（长庆）二年正月……海州海冰”的记载是唐代后期气候开始变冷的证据之一，但与之相抵牾的是，该年“冬，无冰，草木萌”。[1] 很明显，该记载只能表明各区域短时间内天气特征的不同。诸如这种情况尚有多例，这里暂不一一列举。

与“大燠”“暖”“苦寒”等较为偏重主观感受的形容词相比较，史料记载的“大风拔木”“久雨”“雨木冰”“雨土”等记载的客观性

---

① 《新唐书》卷8《穆宗本纪》，中华书局1975年版，第224、226页。

成分更多，基本可以忽略记载个体感受的误差，这是本书拟采用以上几种记载来复原分析西北地区唐代的气候特征的原因之一。另外一个原因，则是从现今的气象学的角度来看，这些相对客观的记载所反映出的天气现象的成因与现在相比并没有什么不同，因此笔者尝试对这些天气现象的成因进行现今视角的分析。

（一）强对流天气所见冷暖气团的分布时段

气象学研究认为，强对流天气包括冰雹、短时强降水、雷雨大风、雷电等气象形式，可归纳为高空低槽型、高空冷涡型、西北气流型、副高边缘型等几个主要类型。其成因一般与冷、暖气团的异常交汇有关。其中，高空冷涡型、高空低槽型和西北气流型是西北地区较为常见的强对流天气类型。[①] 现依据其生成原理对史料记载的西北地区唐代的强对流天气进行分析解读。

正史中多以孔子所言“迅雷风烈必变”为谶纬，对不合时宜的“雷震”“雨雹”“大风拔木”等类似现象进行记载和解读，新旧《唐书》也是如此。从气象学的角度来看，这些天气现象可以归为强对流天气的范畴，能反映出一定区域内逆温层和冷暖气团的活动情况。现将其整理归纳如下表所示。

表 1-1 西北地区唐代强对流天气事件整理归类[②]

年份	月份	内容	气象形式
贞观二年（628）	五月（6）	大雨雹	冰雹
贞观三年（629）	六月（7）	大风拔木	短时大风

① 章国材编著《强对流天气分析与预报》，气象出版社 2011 年版，第 7 页。

② 资料源自《新唐书》《旧唐书》《元和郡县图志》《资治通鉴》，在筛选和剔除之后，基本以两《唐书》的记载为主要依据。因为各史书对相同天气事件的记载详略不同，表中个别天气内容综合录入，可能与单条史料记载有出入，但时间与事件本身没有变化。表中年份和月份的公历换算结果，主要参考了方诗铭、方小芬的《中国史历日和中西历日对照表》，上海辞书出版社 1987 年版。

（续表）

年份	月份	内容	气象形式
贞观四年（630）	秋（8—10）	丹、延、北永等州雹	冰雹
贞观十三年（639）	六月（7）	大风拔木	短时大风
咸亨元年（670）	四月（5）	雍州大雨雹	冰雹
咸亨二年（671）	四月（5）	大风，雨雹	大风、冰雹
上元二年（675）	十月（11）	雍州雨雹	冰雹
大足三年（703）	八月（10）	京师大雨雹	冰雹（原文如此，但大足年号只有一年，此处疑为长安三年的重复）
长安三年（703）	六月（7）	宁州雨，山水暴涨，漂流二千余家，溺死者千余人	强降水
	九月（10）	京师大雨雹，人畜有冻死者	冰雹
景龙元年（707）	三月（4）	同官县大雨雹，燕雀多死	冰雹
开元二年（714）	六月（7）	京师大风拔木	大风
开元四年（716）	六月（7）	京师，华、陕二州大风拔木	短时大风
开元十七年（729）	四月（5）	大风，震，蓝田山崩	短时大风
开元十八年（730）	二月（3）	大雨，雷震，左飞龙厩灾	强降水、雷电
开元十九年（731）	六月（7）	大风拔木	短时大风
开元二十二年（734）	五月（6）	关中大风拔木，同州尤甚	短时大风

（续表）

年份	月份	内容	气象形式
天宝十三载（754）	三月（4）	大风拔木	短时大风
永泰元年（765）	三月（4）	大风拔木	短时大风
大历七年（772）	五月（6）	大雨雹，大风拔木	短时大风、冰雹
大历十年（775）	四月（5）	大雨雹，暴风拔树，飘屋瓦，落鸱吻	短时大风、冰雹
	五月（6）	大雨雹，大风拔木，震阙门	短时大风、冰雹
建中元年（780）	九月（10）	雷	雷
建中二年（781）	五月（6）	京师雨雹	冰雹
贞元元年（785）	七月（8）	大风拔木	短时大风
贞元二年（786）	八月（9）	大雨雹	冰雹
贞元八年（792）	五月（6）	暴风破屋拔树，大风发太庙屋瓦	短时大风
贞元十年（794）	六月（7）	夜，雨，大风拔木	降水、短时大风
贞元十四年（798）	五月（6）	始雷	
贞元十七年（801）	二月（3—4）	大雨雹；大霜；大雨雹，震、电；大雪，雨雹（二月间多次发生）	冰雹、雷电、强降温事件
	七月（8）	陨霜杀菽	降温事件
贞元二十年（804）	二月（3） 七月（8）	大雷震，雨雹 大雨雹	强雷电、冰雹 冰雹
元和元年（806）	六月（7）	大风拔木	短时大风
元和三年（808）	四月（5）	大风坏含元殿西阙槛	短时大风
元和十二年（817）	四月（5）	渭南雨雹，中人有死者	冰雹

（续表）

年份	月份	内容	气象形式
元和十五年（820）	三月（4）	夜，大风，雨雹	短时大风、冰雹
长庆元年（821）	九月（10）	京师震电，大风雨	雷电、短时大风、强降水
长庆二年（822）	五月（6）	大风落太庙鸱尾	短时大风
长庆三年（823）	五月（6）	京师雨雹	冰雹
长庆四年（824）	六月（7）	大风坏延喜、景风门	短时大风
大和二年（828）	六月（7）	大风拔木	短时大风
大和九年（835）	四月（5）	大风拔木，落含元殿鸱尾，坏门观，光化门西城墙坏七十七步	短时大风
开成元年（836）	六月（7）	凤翔麟游县暴风雨，坏百姓屋三百间，死者百余人，牛马不知其数	短时大风、强降水
开成三年（838）	正月（2）	大风拔木	短时大风
开成五年（840）	四月（5）	大风拔木	短时大风
	五月（6）	大风拔木	短时大风
	七月（8）	大风拔木	短时大风
咸通十四年（873）	十二月（次年1）	震电	雷电
乾符五年（878）	五月（6）	雨雹、大风拔木	冰雹、短时大风
广明元年（880）	四月（5）	京师、东都、汝州雨雹，大风拔木	冰雹、短时大风
天祐三年（906）	十二月（次年1）	震电，雨雪	雷电、降水

注：由于表格篇幅限制，没有录入各天气事件具体的干支日期。凡是有具体干支日期的天气事件均注为“短时”；仅有月份或者季节的，没有“短时”二字。

相关研究认为，我国的强对流天气具有季节演进的特征，受夏季风进退的影响，冬季（12 月至次年 2 月）的强对流天气主要出现在华南地区。春季时，随着暖空气的北上，冷暖空气在江南地区相遇，此时江南地区多强对流天气。在 7 月前后暖空气推进至华北地区，黄河中下游地区开始出现雷雨大风等强对流天气。8 月的时候，夏季风继续北进，在西北地区由于地形抬升作用，形成较为适合冰雹形成的 0℃层，因此冰雹天气较为容易出现。① 换言之，冰雹、雷电大风等强对流天气的出现，在一定程度上与冷暖空气的强弱进退有很大关系。对西北地区唐代的强对流天气出现的月份进行统计可以发现，发生在 6 至 8 月的有 23 次（含一次强降温事件）；发生在 9 至 12 月的有 7 次；发生在 1 至 5 月的有 19 次。这就意味着，强对流天气发生在 6 至 8 月的年代，冷气团势力较为频繁且势力较盛，可以南下至关中地区；在春、冬季节出现强对流天气的年代，暖气团活动则较为频繁。结合图 1-1 可以发现 618 年至 648 年，冷气团活跃明显；648 年至 698 年，仅有暖气团活动的记录；698 年至 738 年，冷气团再次活跃，其间仅有数次的暖气团活跃事件；

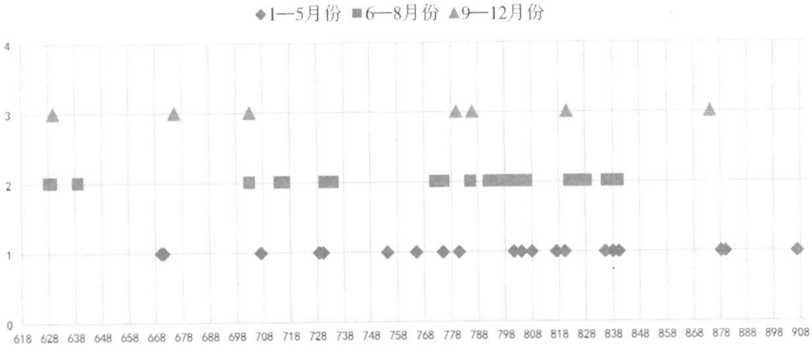

图 1-1　西北地区唐代强对流天气出现的时间分布图

① 章国材编著《强对流天气分析与预报》，气象出版社 2011 年版，第 7 页。

738年至768年，暖气团较为活跃；768年至848年，冷暖气团均异常活跃，其间又以785年至798年、820年至835年冷气团最为活跃；848年至907年，仅有数次暖气团活动的记录。值得注意的是，上述冷、暖气团只是气象学意义上的相对温度对比，并不能简单地归为气温的高低。

（二）干湿状况与冷暖气团互动

学界之前一直将注意力集中于唐代气候的冷暖分期上，对唐代降水及干湿状况的研究相对较少。与东部地区相比较，西北地区在受季风影响的同时，其大陆性特征更为明显。水分条件是制约农业发展的最为关键的因素。与千年尺度、百年尺度上的气温变化相比，短时间内的干湿状况变化才是研究西北地区唐代农业地理最需要关注的问题。

关于干湿状况的研究，学界多采用降水序列重建的方法，他们所依据的是史料记载中出现的“河溢”“暴雨”等记载，并对其进行分级量化。这种计量史学研究方法的优点自然较多，但也有其不足之处，在此不一一列举。由于文献记载较为详细，已经足以从传统史学的角度来说明问题，因此本书拟采用以下几类记载作为干湿状况的分析依据进行描述复原：1. 直接记载连续降水、连续干旱类。此类记载多数直接说明阴雨时间较长，或有具体的起讫时间，如武德六年秋，关中久雨；宝历元年，六月，雨，至于八月；永徽三年，春正月癸亥，去秋至于是月不雨。2. 祈晴祭祀、祈雨祭祀、避殿、减膳、理囚类。如天宝十三载，是秋，大霖雨，害稼，六旬不止，禁妇人入街市；永徽四年，四月壬寅，以旱，虑囚；上元二年，四月丙戌，以旱，避正殿；开元四年，以关中旱，遣使祈雨于骊山。3. “河溢”“雨土”“无雪”类。此类记载需要结合上下文史料进行解读。尤其是“是冬无雪”的记载，许多研究简单地将之归类为气候温暖的证据是有很大问题的。如永徽二年，是冬，无雪；永徽三年，春正月癸亥，以去秋至于是月不雨。这就表明将永徽二年没有冬季降雪的原因归为气温使然是值得商榷的，但用来证明该年冬季降水稀少，甚至影响到第二年的农业生产是没有任何问题的。

根据上述分类依据，综合整理相关史料之后，可以得出如图 1-2 所示的西北地区唐代干湿状况统计图。分析图示情况可以发现，西北地区唐代的干湿状况呈现明显的分段特征。自唐初到 712 年存在一个近百年尺度的干旱期，其间夹杂数次连续降水事件，仅有一次在同一年中存在既连续干旱又连续降水的情况；713 年至 761 年的近 50 年，连续性降水的记载频现，尤其是 728 年至 741 年、751 年至 757 年降水最为集中；761 年至 809 年是一个以连续干旱为主要特征、同一年中旱涝并发的阶段；811 年至 834 年连续性降水接连出现，其间有一次持续近十年的多雨期；837 年至 875 年是另外一个干旱期；878 年至 907 年则以连续降水为主。这就意味着西北地区在唐代存在一个“干旱—湿润—干湿交替—湿润—干旱”的分布特征，干旱时段总体长于湿润时段。

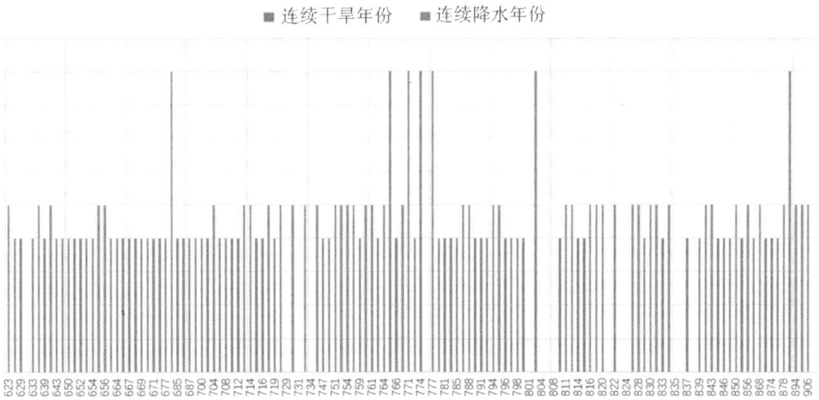

图 1-2　西北地区唐代连续旱雨年份统计图

把西北地区唐代的干湿状况与强对流天气的分布时段放在一起，会发现二者的分布时段存在极大的一致性：冷气团较为活跃的年代大致与干旱期重合，暖气团活跃的年代大致与湿润期相对应。然而，这种一致性绝非巧合，相关研究表明，许多天气现象之间、天气现象与物候之间均有很强的关联性，逆温层与冻雨天气之间、旱灾与蝗灾之间的关联就是例证。冷暖气团与干旱和连续降水天气之间也有很强的关联性。冷气团在与暖气团的相遇中，往往会下沉形成高压，不利于降水的形成；暖气团则会相对爬升，极易形成降水。这种局部的锋面系统在经过地面之时就会形成强对流天气，在过境之后则会出现单一气团控制的情况——这也是局部地区出现连续干旱或者连续降水的一个重要原因。如唐初的贞观二年（628）、贞观三年（629）、贞观四年（630）连续三年在夏季出现冰雹、大风等强对流天气，表明这几年冷气团可以频频南下至关中地区，与之相对应的则是这几年关中地区连续的干旱和蝗灾，甚至出现“雨土”（沙尘暴）的现象。元和五年（810）、七年（812）、十二年（817）、十五年（820）先后在农历正月、三月等较为寒冷的月份出现强对流天气，表明这几年关中地区暖气团活动较为活跃，与之相对应的则是所载年份连续数月的降水、黄河凌汛现象。如此种种，绝非个案，无须一一列举。

但并不能据此断论西北地区全境的干湿状况均呈现出上述特点。一个重要原因就是史料问题，上述分析所引用的史料记载的具体地点不太明确。除了少数记载有具体地点，相当数量的记载目前无从考稽其地点，只能默认其记载的是关中地区，这也是古代区域气候复原所遇到的最大的难题。好在可以借鉴自然科学领域的研究成果来进行比较印证。前述蒋复初等人对鄂尔多斯高原折家梁海子沉积物的研究表明，约在550年至760年，鄂尔多斯高原地区的气候最为干旱，存在较粗的砂层沉积。这个结果与依据文献分析得出的结果是基本一致的。在距离关中地区较远的青藏高原东北缘地区、新疆天山北坡地区则并没有太大的一致性，这些研究结果刚好能表明整个西北地区气候的分异是极为明显的。依据关中地区的气候特点来推测整个黄土高原地区的唐代的气候是可行的。距关中地区更为遥远的河西地区、新疆地区的气候特点目前无法予以具体推测也是本节研究最大的缺陷之一。因此后文将在具体的论述过程中采用其他方法和代用指标来予以说明。

第二节　前代农业基础的传承

在适宜进行农业生产活动的地区，与农业生产有关的文化景观会被沿袭继承下来，这是农业历史进程中一条简单的规律。西北地区在秦汉之时就已经出现大规模的边地屯垦活动，随着汉末中央王朝统治力的减弱，西北地区经历了一个农耕业退缩的时期，紧随其后的便是畜牧业的扩张。前代农垦所遗留的农业文化和水渠、工具、农垦遗迹等农业景观并没有因为农耕业的退缩而消失，在唐王朝统治西北地区之后，这些农业文明和已经融入的畜牧业文明一起，为唐代经营西北地区打下了坚实的农业基础。因此，本节下文将对该区域内沿承下来的前代的农业基础进行梳理。

一、秦汉时期西北地区的农业发展进程

（一）陇右及其以西地区的农业

在汉武帝以前，今天的河西走廊（传统意义上的西域）甚至包括与之毗邻的青藏高原东北缘“均不为内地人所知”[①]。这些地区的农牧状况直至张骞通西域时方为内地人所知晓。汉代以前，生活在西北地区的人群主要为羌、匈奴等游牧族群，生产方式也以游牧为主。古代羌人主要分布在青海东部的河曲及其以西、以北等地。[②] 西汉时，青藏高原东北缘地区主要居住的应该为羌人，羌人“所居无常，依随水草。地少五谷，以产牧为业”[③]。自先秦时期起，河西走廊和西域地区很长一段时期内是“西戎”、月氏、乌孙和匈奴等游牧部族的游牧之地。换言

---

① 张泽咸《汉晋唐时期农业（下）》，中国社会科学出版社 2003 年版，第 733 页。
② 马长寿《氐与羌》，上海人民出版社 1984 年版，第 12 页。
③ 《后汉书》卷 87《西羌传》，中华书局 1965 年版，第 2869 页。

之，先秦时期西北大部分地区的农业生产方式主要是畜牧业。史念海先生认为司马迁规划的农牧地区分界线虽然在西北方向没有明确提及，但由于汉初的西北开边，农牧地区分界线是向西北推移的。[①] 由此可见，在秦汉之前陇右及其以西地区是以游牧业为主的。

到两汉时期，河西走廊和河湟地区的农耕业呈现出扩张趋势。在打通河西走廊之后，元狩二年（前121），西汉在河西走廊线上设立张掖、酒泉郡之后，在上郡、朔方、西河、河西等地始移民垦边，“斥塞卒六十万人戍田之”[②]。这里的六十万人是如何分配的尚无从得知，但其性质应当和唐代的军屯相似。同时，在开河西四郡之后汉武帝“徙民以实之”[③]，所迁徙之人自然应该是熟于农耕的人群。这就为西北地区的农耕业提供了相当多的劳动力。统计史料，可以发现到西汉末年之时，河西四郡的人口已经达到28万余口，尚不包括长年驻扎在此的军队。与汉初之时相比，相当数量的劳动力在此繁衍生息。与农垦息息相关的水利工程也多数是在秦汉时期修建的，最为典型的是灌溉水渠的穿凿。居延汉简303·15，513·17记载：“……谨按居延始元二年戍田卒千五百人为骍马田官穿泾渠……”[④] 说明在西汉之时，河西走廊地区曾经出现过相当规模的灌溉农业和水利设施。汉代时武威郡“旧少雨泽，乃为置水官吏，修理沟渠，皆蒙其利”[⑤]，“修理”意味着至迟在西汉之时就已经存在旧渠，在东汉之初进行修缮就能投入农业生产。

在河湟地区，羌人退却之后，“数万人度河筑令居”[⑥]。汉昭帝时又置金城郡，河湟地区也被纳入金城郡辖地。至汉宣帝时，赵充国击败先

---

① 史念海《司马迁规划的农牧地区分界线在黄土高原上的推移及其影响》，《中国历史地理论丛》1999年第1辑。

② 《汉书》卷24《食货志下》，中华书局1962年版，第1173页。

③ 《汉书》卷6《武帝纪》，中华书局1962年版，第189页。

④ 谢桂华等《居延汉简释文合校》，文物出版社1987年版，第497页。

⑤ 《后汉书》卷76《任延传》，中华书局1965年版，第2463页。

⑥ 《史记》卷30《平准书》，中华书局1959年版，第1439页。

零羌，“兵至罕地，令军毋燔聚落刍牧田中”[①]，可知此时羌人已经有了部分的耕作农业。随后，赵充国在河湟地区屯垦，规模在“二千顷以上”，包括“羌虏故田及公田”。由此可知，此时河湟地区的羌人是经营着一定规模的农耕业的，赵充国的河湟屯垦无疑在一定程度上继承了前代羌人的农业生产基础。经过西汉末年的动乱与失陷后，到东汉和帝永元四年（92），校尉贯友“攻迷唐于大、小榆谷，获首虏八百余人，收麦数万斛”[②]，此时仅大、小榆谷就收麦数万斛，可知河湟地区的农耕活动并没有因为农耕政权的退却而中断，随后返回河湟故地的羌人继承了西汉农垦的基础，仍然在进行着农垦生产。

（二）关内道北部地区的农业

秦王朝北拒匈奴之时，在黄河沿线设立郡县防守，“自榆中并河以东，属之阴山，以为三十四县，城河上为塞”，又接连取“膏壤殖谷”的北假、陶山等地。[③] 这些新设置的郡县大部分位于今天的宁夏平原和河套地区。一系列军事性质郡县的设置和运营，需要大量的粮草供应来支撑。但这些郡县辖地农耕人口稀少，因此秦王朝“徙谪，实之初县”，将有罪之人迁徙到这些地区从事农垦。葛剑雄认为秦始皇时期迁入的这些移民“估计在三十万以上”。[④] 这些移民在今宁夏平原和河套地区进行垦殖，为汉代进行复垦提供了农业基础。较为一致的说法认为，今宁夏平原地区的秦渠、北地新渠就是该时期修建的。虽然其真伪无法考证，但是“新秦中”的美誉无疑是与该时期的移民屯垦有莫大关系的。

秦末至西汉初，匈奴的大举内侵使秦始皇时所开辟的“新秦中”地区几乎完全丢失，原先的农垦成果也毁灭殆尽。但移民垦边的经营模

① 《汉书》卷 69《赵充国传》，中华书局 1962 年版，第 2983 页。
② 《后汉书》卷 87《西羌传》，中华书局 1965 年版，第 2883 页。
③ 《史记》卷 6《秦始皇本纪》，中华书局 1959 年版，第 253 页。
④ 葛剑雄《论秦汉统一的地理基础》，《中国史研究》1994 年第 2 期。

式被汉代所继承，到汉武帝元朔二年（前127）时“收河南地，置朔方、五原郡”，随后在同年夏“募民徙朔方十万口”。[①] 至此之后频频移民于此，元狩三年（前120）“山东被水灾，民多饥乏……乃徙贫民于关以西，及充朔方以南新秦中，七十余万口”[②]。如此大规模的移民，使“新秦中”及整个黄土高原北部地区的农垦规模迅速扩大。此时的农垦规模在修渠所用人数上可以略见一二，“朔方亦穿渠，作者数万人”，在修长安至华阴的漕渠时，所用的人力也不过“数万人”[③]，可见在朔方之地修建的水利工程规模之大。到西汉后期，黄土高原北部的农垦已经成效显著。甘露三年（前51），汉宣帝曾“转边谷米糒，前后三万四千斛”给呼韩邪单于，供养其留居光禄塞下。到汉元帝之时，又“诏云中、五原郡转谷二万斛以给焉”。[④] 如此多的粮食供给，可以证明西汉之时在五原郡、云中郡附近的屯垦成效。

西汉末年到东汉之初社会动乱，周边游牧民族伺机南迁，河套地区及其附近先后被占据。到光武帝时，虽然不能维持西汉时的农耕规模，但原先的农业基础尚在，“因渠以溉，水舂河漕。用功省少，而军粮饶足”[⑤]。到永初五年（111）的时候，由于游牧民族的侵扰，大量农耕人口逃离，汉安帝不得不下诏将陇西、安定、上郡、北地诸郡南迁。永建四年（129），汉顺帝“乃复三郡……缮城郭，置候驿。既而激河浚渠为屯田，省内郡费岁一亿计”[⑥]，由此可见短暂的复垦成效很大，与之前的农业基础是有很大关系的。但这次复垦仅仅是东汉时期农耕区域内缩趋势下的一次反弹，北部边境地区的郡县内迁一直没有停止。总体来看，东汉时期在河套地区的屯垦成就是不如西汉时期的。

① 《汉书》卷6《武帝纪》，中华书局1962年版，第170页。
② 《史记》卷30《平准书》，中华书局1959年版，第1425页。
③ 《史记》卷30《平准书》，中华书局1959年版，第1424页。
④ 《汉书》卷94《匈奴传》，中华书局1962年版，第3800页。
⑤ 《后汉书》卷87《西羌传》，中华书局1965年版，第2893页。
⑥ 《后汉书》卷87《西羌传》，中华书局1965年版，第2893页。

二、魏晋至隋代农牧形势变化及其特点

上文中以农垦为主线，对秦汉时期西北地区的农业开发进程进行了概括梳理。到魏晋时期，大批的游牧民族南下，整个西北地区的农业生产趋势又变换成了游牧业的扩张。在这种背景下，秦汉之间在西北地区迅速发展的农耕业会经历怎样的变迁呢？由于游牧业的流动性较强，在历史时期难以留下详细的记载，因此无法详细地复原出魏晋时期农牧业之间的比重。但从农耕文明被游牧政权接受的过程中可以看出魏晋至隋之间西北地区的农牧业发展历程。

河西走廊及其以西地区是该时期农牧形势变化的代表性区域。汉初设置的河西四郡一直处于农牧界线的前锋位置，数百年的农业垦殖使农业文化已经扎根于此。汉末时期，代表农耕文明的中央王朝对西北的控制转弱，一系列游牧政权在西北建立。虽然畜牧业成为该地区的主业，但农耕业并没有彻底荒废。

南凉秃发乌孤在位时“务农桑”，到其弟利鹿孤时，则主张“宜置晋人于诸城，劝课农桑，以供军国之用，我则习战法以诛未宾”①，由此可见，当时从事农耕的主体应该还是“晋人”，但其对农桑地位的认识表明农耕文化已经深入游牧族群内部了。北凉政权为“卢水胡”沮渠氏所建，其主要据点为张掖郡，按族源我们认为“卢水胡”以游牧为业是没有问题的。但南凉秃发氏攻北凉时，沮渠蒙逊“婴城固守，芟其禾苗，至于赤泉而还”②；沮渠蒙逊为赎回被俘虏的儿子沮渠兴国，能一次性“送谷三十万斛”③。种种史料表明，沮渠氏以张掖为根据地建立政权之后，“卢水胡”应当是有相当一部分人弃牧从耕的。

在西域地区，农耕业的继承和延续特征更为明显。以车师、蒲类为

① 《晋书》卷126《秃发利鹿孤载记》，中华书局1974年版，第3145页。
② 《晋书》卷126《秃发傉檀载记》，中华书局1974年版，第3149页。
③ 《宋书》卷98《氐胡传》，中华书局1974年版，第2415页。

例，汉代时由于战事的需要，匈奴与汉反复争夺车师的屯田，“复使四千骑田车师”①；东且弥国“庐帐居，逐水草，颇田作”②。张泽咸认为范晔在撰写《后汉书》时，力求删除与前书的重复，多记其差异，由此可以判断其至晚在东汉时就已农牧兼行。③ 经过两汉的开发与经营，到魏晋时期，原先以游牧为业的族群已经开始在河西地区从事农耕。被学界确认为西魏大统十三年（547）籍账的斯 613 号敦煌文书记载了一家人的情况，户主王皮乱，妻子那雷处姬，女婿为泣陵申安、斛斯己奴党王奴子，他们像汉人一样接受授田、承担赋役。④ 这就表明，汉代之前以游牧为业的匈奴和西域小部落，在东汉魏晋时期已经有部分族群在从事农耕业。

在黄土高原北部地区，自汉末边境郡县内迁直至隋代，这里大部分地区都被非农耕民族政权所占据，畜牧业的反向扩张成为主要趋势。学界已经对该时期黄土高原地区农牧界线的南移有了较为详细的论述，但在宁夏平原地区还有一则值得注意的史实。北魏太平真君五年（444），薄骨律镇将刁雍表奏，要在前代旧渠的基础上兴修水利，新渠“溉官私田四万余顷。一旬之间，则水一遍，水凡四溉，谷得成实。官课常充，民亦丰赡”⑤。到太平真君七年（446）之时，刁雍再次上表运屯谷五十万斛付沃野镇，以供军粮。⑥ 太平真君九年（448），刁雍又上表想要造城来储粮，太武帝欣然同意并将城命名为“刁公城”。在仅仅四年的时间里，薄骨律地区的粮食产量就能达到自足，甚至能远运五十万斛支援他处，除了当时的自然环境因素较为适宜，最为重要的一个因素就是水利设施的兴修。结合史料和前文所述，笔者认为前代遗存的水利设

① 《汉书》卷 96《西域传》，中华书局 1962 年版，第 3922 页。

② 《后汉书》卷 88《西域传》，中华书局 1965 年版，第 2929 页。

③ 张泽咸《汉晋唐时期农业（下）》，中国社会科学出版社 2003 年版，第 771 页。

④ 唐耕耦、陆宏基编《敦煌社会经济文献真迹释录》第 1 辑，书目文献出版社 1986 年版，第 117 页。

⑤ 《魏书》卷 38《刁雍传》，中华书局 1974 年版，第 868 页。

⑥ 参见《元和郡县图志》卷 4，中华书局 1983 年版，第 93、94 页。

施和垦地是北魏在此地短时期内复垦成功的重要保证。北魏最初也是一个以游牧为主业的政权，其入主中原之后，在吸收农耕文明的同时并没有完全摒弃原有的游牧文化。如原先处于农耕区域的河东地区被要求每年“输马千匹、牛五百头”①，这固然与河东地区北靠传统游牧地区便于易马有关，但更可能的情况则是这里原先并不盛行的畜牧业在北魏时期已经形成一定规模。

总体而言，魏晋至隋代时期西北地区的农牧形势出现了与秦汉时期相反的发展进程。农耕业在一定程度上出现了退缩状态，畜牧业再次成为主业。但在农耕业退缩后的区域内，数百年累积的农耕文明并没有被完全抹去，反而因局部地区的复垦和延续而被铭记于史册。

三、秦汉魏晋时期西北地区农牧交错带摆动的几点思考

学界将该时段内农牧分布所表现出的趋势总结为农牧交错带的摆动，即“南进东移”，其关注点集中于农耕业或者畜牧业推进的前锋地带，最终将该时期农牧交错带的摆动与气候转冷相结合进行解释。但是类似于上述史料的诸多记载表明，在魏晋时期农牧交错带南移之后，其北部腹地仍然存在收成良好的农耕业，这该如何解释呢？如果单从气候转冷的角度来解释农牧交错带的摆动恐怕稍显牵强。从战国时期赵武灵王的“胡服骑射”，到西汉时开辟河西、深入漠北腹地的汉代骑兵，以马匹为主体的畜牧业生产关乎国家的军事战斗力。秦汉之时，军事行动胜利之后的边地屯垦表明粮食生产关系到军事驻防的稳固与否。因此，从军事行动和政权边界的角度来解读史料，就能大致弄清楚魏晋至隋代之间农牧交错带摆动的其他原因。在此基础上，也能明晰唐代所面临的特殊的农牧业生产形势。

秦至西汉之时，黄土高原北部地区和河西走廊乃至西域成为政权的

---

① 《魏书》卷110《食货志》，中华书局1974年版，第2862页。

边界地区。在与以匈奴为代表的游牧政权的军事斗争中取得胜利之后，秦和西汉先后在西北地区边地大兴屯垦。在农耕业扩张时期，屯垦前线的南方腹地内畜牧业并没有被完全取代。汉武帝之后的河套地区“是时边城晏闭，牛马布野”①，当然这段史料有可能是史家为了衬托后世王莽之乱的溢美之词，但畜牧业在河套地区无疑是得到提倡的。元鼎五年（前112），汉武帝狩猎于新秦中之后，“令民得畜牧边县，官假马母，三岁而归，及息什一，以除告缗，用充仞新秦中”②。由此可知，汉代的边地屯垦是以保证驻防军队的粮食供应为己任的，而边地附近的畜牧业生产则是为了填充边县附近空旷的领土，兼有补充军用的目的。换句话说，秦汉之时的农耕业扩张并没有完全取代原先存在的畜牧业，农牧界线的北移在很大程度上是军事行动影响下的结果。

到魏晋时期，河西走廊地区和黄土高原北部地区相继易手于游牧民族地方政权，但农牧交错带在两个地区的移动趋势不尽相同。河西走廊地区的农牧形势并没有出现太大变化，黄土高原北部地区却以畜牧业的大规模南进为主要趋势。相同时期相近的自然环境、相同的政权混战背景何以出现两种不同的农牧业发展特点呢？

笔者认为这一特点与军事行动、政权的边界变动是密不可分的。首先，边界稳定是边地农耕业发展的基础。东汉之时新秦中地区郡县的内迁和裁撤显然是无法为农耕业提供稳定的发展环境的。到魏晋时期，适于农耕的河套地区、今宁夏平原地区作为政权的边界地带，变动十分频繁。先后是后赵、前秦、后秦、夏等政权的边界地区，短短几十年间统治政权频繁变动，该区域内农耕业的荒废程度也是可想而知的。畜牧业也因其流动性自然而然成为主业，随着这些政权而南移东进。南朝宋、北魏之时，北魏统一了河西和黄土高原北部地区，很长一段时间内这里

---

① 《汉书》卷94《匈奴传》，中华书局1962年版，第3832、3833页。

② 《史记》卷30《平准书》，中华书局1959年版，第1438页。

由边界变成“内地”，农耕业需要的稳定的社会条件已经具备，所以出现了上文中薄骨律镇农耕业复垦的成就。

河西走廊地区自西汉设置四郡以后，该区域内的政权更迭频繁，但并没有像黄土高原北部地区那样，出现农耕区内缩的现象。究其原因，也与这一时期的政权边界有关。无论是前凉、后凉，还是后来的南凉、北凉、西凉乃至北魏、西魏政权，河西走廊地区多处于政权的内部地区，甚至是诸凉政权的核心区域。虽然这些政权的建立者都是游牧业族群出生，但由于前代在其核心地区有农业基础遗存，加上内部地区较为稳固的社会环境，这些都为农耕业的延续提供了有利条件，所以才出现前文中诸凉政权之间的农业生产没有荒废的情景。

其次，兼并战争是农、牧业生产并重的动力。以河西走廊地区为例，农耕业并没有因为游牧政权的存在而退却，在很大程度上与这里的兼并战争有关。前文已述，以马匹为主体的畜牧业生产关乎国家的军事战斗力，粮食生产关系到军事驻防的稳固与否。前凉、后凉与周边的吐谷浑、秦等政权的战争和秦汉之际与匈奴的游走式战争不同，他们均属于定居式政权的兼并战争，双方军事实力短时期内并没有太大反差。尤其是南北凉之间的相互攻掠，持续的战争需要充足的马匹和粮食供应，所以才使这里的农耕业有了持续进行下去的社会需求。

当然，这一时期农牧交错带摆动的原因不是上述几点因素就能说清楚的。韩茂莉在整体分析这一时期农牧交错带摆动的原因之时，结合农牧交错带东段地区的几点史料，对气候转冷说提出了几点质疑。[①] 笔者在此基础上，对魏晋之际农牧交错带中段和西段地区所展现的特征进行了简单的原因分析。结合本书的写作主旨，可以发现魏晋之际西北地区农牧交错带摆动的背后，是十六国、魏晋时期对前代农耕文明和游牧文明的一种融合和继承。

---

① 韩茂莉《中国历史农业地理》，北京大学出版社 2012 年版，第 832 页。

本章小结

通过本章的分析，笔者对西北地区唐代的地理环境和农业基础有了宏观的认识。本章首先在西北地区视角下对唐代的气候进行了区域性考察。以往学者们大多是基于全国视角来研究唐代气候的冷暖问题，得出唐代是一个相对温暖的时期，在9世纪前后出现由暖转寒的特点。

与长尺度、大范围的气候冷暖复原相比，笔者认为短时期内的天气状况对农业生产的瞬时影响更大。因此，本书并没有从传统的冷暖判定的角度来复原西北地区唐代的气候，而是从对农业生产有着极大影响的强对流天气着手，分析这些不正常的强对流天气出现的时间规律，从现代气象学的角度对这些强对流天气出现的年份进行分析。进而统计了唐代关中地区及其附近出现连续干旱、连续降水的月份、年份，以此为基础，和强对流天气出现的年份和月份进行对比，发现二者发生的时段有极大的一致性，至此，基本理清了影响西北地区唐代农业生产的主要气候因素的时间分布特点。

其次，本章对西北地区唐代之前的农业生产基础进行了概述。秦汉之时，农耕业处于外向扩张的状态，河西走廊和河套地区得以开发，成为秦汉之时较为著名的粮食产地和军事驻防前沿。此时，在农耕业扩张的后方地区，畜牧业并没有被完全取代，反而被放到相同重要的位置。十六国、魏晋时期，畜牧业整体处于扩张状态，此时西北地区大部处于畜牧业扩张前沿的后方，但秦汉以来开辟的农垦区域也没有被完全废弃，诸游牧民族地方政权在政治、军事条件适宜的时候，继承了前代的农业基础，使这些地区的农耕业得以延续下来。以此为基础，笔者从农牧交错带摆动的视角对秦汉魏晋时期西北地区的农牧交错带问题进行了几点思考，认为除了学界公认的气候转冷因素，政权边界和军事因素也是影响这一时期农牧交错带变动的重要因素。

第二章　区域人口规模及其特点

在传统农业社会，一个地区的人口规模和农牧业的规模往往是相互关联的。在自然选择的条件下，区域内的人口越多，则表明该区域内的农牧业产出也相应较为充足，足以支撑相应规模的人口生产生存。许多农业开发类的研究也正是从该角度来论证农业开发的成效。人口问题也是历史农业地理研究中不可回避的问题。绪论中已经提到，唐代的人口问题极其错综复杂。学界对整个唐代人口的复原已经是很详细了，但仍然存在不同程度的争议。究其原因，一方面是所用典籍数量有限且记载的户数遗漏、讹误较多，另一方面则是唐代的户口统计和籍账制度散见于各种文献之中，加上敦煌吐鲁番籍账类文书的记载较为零碎，以致学界在解读的过程中分歧较多。综合学界当前的研究成果和本书的研究需要，笔者对西北地区唐代的户口进行如下探讨。

第一节　版籍所载的户口考订

我国古代的户籍与赋税制度源远流长，多数流传下来的户口统计或户籍制度都是以便于征收赋税为主要目的。到了唐代，籍账制度大致以乡为单位，由县到州每年造计账，三年造户籍。[①] 这种以户籍、手实为主体的籍账制度产生的根本原因，是国家需要将赋役具体落实到户口上。

一、贞观年间户口数据

户籍制度的建立与基层行政区划单位是密不可分的。从《旧唐书》所留下的记载来看，唐代的户籍制度真正得以实施可以看作是在贞观年间。“自隋季丧乱，群盗初附，权置州郡，倍于开皇、大业之间。贞观元年，悉令并省”[②]。绪论中已经提到，旧志中所提及的户口数为贞观十三年（639）的数据，其中关于陇右地区的记载分为陇右道和河西道两部分。总体来看，旧志中记载的关内道地区包括雍、岐、华、同、坊、丹、豳、泾、陇、宁、原、庆、鄜、延、绥、银、夏、灵、盐等州和安北都护府。陇右道和河西道地区包括秦、成、渭、鄯、兰、河、武、洮、岷、廓、叠、宕、凉、甘、肃、瓜、伊、沙、西、庭等州。现将《旧唐书·地理志》中所载西北地区诸州的户数列出如下。

表 2-1 《旧唐书》所载贞观十三年（639）西北地区诸州府户口

关内道、河东道诸州府	户数	口数	陇右道、河西道诸州府	户数	口数
雍州	207650	923320	秦州	5724	25073
岐州	27282	108324	成州	1546	7259
同州	53315	232016	渭州	1989	9028
坊州	7507	11671	鄯州	1875	9582
丹州	3194	17020	兰州	1675	7305

① 冻国栋《中国人口史》第 2 卷《隋唐五代时期》，复旦大学出版社 2002 年版，第 55 页。
② 《旧唐书》卷 38《地理志》，中华书局 1975 年版，第 1384 页。

（续表）

关内道、河东道诸州府	户数	口数	陇右道、河西道诸州府	户数	口数
华州	18823	88830	河州	3391	12655
豳州	15534	64819	武州	1152	5381
泾州	8778	35921	洮州	2363	8260
陇州	4571	18603	岷州	4583	19239
宁州	15491	66135	廓州	2020	9732
原州	2443	10512	叠州	1083	4069
庆州	7917	35019	宕州	140	1461
鄜州	1703	51216	凉州	8231	33030
延州	9304	14176	甘州	2926	11680
绥州	3163	16129	肃州	1731	7118
银州	1495	7702	瓜州	1164	4322
夏州	2323	10286	伊州	1332	6778
灵州	4640	21462	沙州	4265	16250
盐州	932	3969			
河东道					
朔州	1257	4913			

数据来源：《旧唐书·地理志》、梁方仲《中国历代户口、田地、田赋统计》、冻国栋《中国人口史·隋唐五代时期》、翁俊雄《唐初政区与人口》。

上表中，笔者没有列入西州、会州、宥州、胜州、丰州、麟州等州府的户口数据，原因如下。如前文所述，西州是贞观十四年（640）侯君集灭高昌之后所设置的，而《旧唐书》中所记载“旧领”数据是贞观十三年（639）已经没有争议，因此不录。会州是高祖武德二年（619）讨平李轨时所置的西会州，但在贞观六年（632）的时候，太宗废西会州而置环州，随后的贞观九年（635），又废环州，“县属灵州”①，直到肃宗乾元元年（758）才复为会州。因此旧志记载的会州“旧领”户口数应该不是贞观之时的户数，不录。与会州类似，丰州是贞观四年（630）所置，贞观十一年（637）废，“地入灵州”，在废之前，“不领县，唯领蕃户”②，因此也不录。盐州在高祖武德元年（618）的时候，领五原、兴宁两县。其后将兴宁并入五原县，太宗贞观元年（627）“废盐州五原县入灵州”③，随后改为灵州都督府。换言之，会州、丰州、盐州地域范围内的贞观户口数应该是包含在灵州之内的。

而麟州、宥州、胜州、云州没有列入上表则属于另外一种情况。麟州是玄宗天宝元年（742）才“割胜州连谷、银城两县”设置的；宥州是在高宗调露元年（679）设置的“六胡州”的基础上，于玄宗开元二十六年（738）所设置的；胜州虽是高祖武德年间所设置，但并没有留下与贞观年间有关的户口记载；云州是高祖武德六年（623）所置的北恒州，不到一年便废恒州，直到太宗贞观十四年（640）“自朔州北定襄城，移云州及定襄县置于此”④，笔者推测在此之前云州的户口应该是计入朔州的。

总体而言，这四个州的户口数据在旧志里是值得商榷的，因此没有列入上表。

综上，以贞观十三年（639）为代表的西北地区唐代前期的户口数已经大致理清。结合上面的考订，从户口总量上看，关内道地区的户口数达到了38万余户、170余万口；陇右道地区的户口数则为近5万户、19万余口。在关内道地区，户口主要集中于关中平原地区，雍、岐、

---

① 《旧唐书》卷38《地理志》，中华书局1975年版，第1416页。

② 《旧唐书》卷38《地理志》，中华书局1975年版，第1417页。此处《新唐书》所记为贞观二十一年，参考《元和郡县图志》中，都督史大奈死后废丰州都护府的记载，结合学界的相关研究，笔者认为贞观十一年的记载较为可信。

③ 《旧唐书》卷38《地理志》，中华书局1975年版，第1417页。

④ 《旧唐书》卷39《地理志》，中华书局1975年版，第1487页。

同等州的口数占整个关内道地区的80%以上。在陇右道地区，户口主要集中于河西走廊沿线的凉州、甘州、沙州，以及洮水和渭水附近的河州、岷州和秦州，这些州的户口数占整个陇右道地区的60%左右。由此可以发现，唐初陇右道地区的人口分布相对均匀，关内道地区的人口则重点集中在京畿附近。

但表中出现的几组反常的数据是值得注意的。那就是依次毗邻的延州、鄜州、坊州三州的户数和口数都明显异常于其他州府。以平均每户的口数为例，上表中关内道各州平均每户的口数均在4.48口左右，而坊州、鄜州、延州每户的均口数却为1.55、30.07、1.52口，出现这种情况是极不正常的。三州所辖地域在隋代之时分别是延安郡、上郡和京兆北部地区，其中延安郡的地域包括唐时的丹州。比较隋代时这两个郡的户数，可以发现在大业五年（609）时，两郡的户数极为相近，而到唐贞观十三年时，延州的户数也大约等于鄜州、坊州户数之和。换言之，唐代时该三州地域之间的户数差异与隋代的特征基本相符合，主要问题是口数的差异不合常理。

通常学界对古籍中出现的数据异常均采取质疑的态度来证明其谬误，但截至目前并没有确切的证据表明该记载是讹误的。从区域整体性的视角来看待这个问题，发现其记载也符合一定的特征。上文中的研究表明，整个研究区域内的户均口数是4.48左右，把延州、鄜州、坊州三州的总户数和总口数进行比较，可以发现在这片大的区域内，户均口数是4.16左右。显然在整体上来讲这个数据又是合理的。这三州之间的户、口比差距为何如此悬殊，暂时存疑。

二、唐代中后期户口数据

自唐贞观以后直至开元年间，唐朝整体的政区变动虽然不是太大，但在西北地区仍然存在局部的反复变动。史籍中能见到的三组数据被学界推断为前述贞观年间和开元、天宝年间。现结合学界研究成果，综合

《通典》、《旧唐书》、《新唐书》和《元和郡县图志》对西北地区开元、天宝年间的户口数进行统计。

表 2-2　开元、天宝、元和年间西北地区诸州府户口

州府	开元户数	天宝户数	天宝口数	元和户数
关内道				
雍州（京兆府）	362909	（冻 362821） （翁、梁 362921）	（梁 1960188） （翁 1967100）	241202
岐州（凤翔府）	44532	58486	380463	7580
同州	56509	60928	408705	4861
丹州	12422	15105	87625	816
华州	30787	33187	（梁 223613） （翁 213613）	1437
豳州	19461	22977	（梁 125250） （翁 135250）	2670
陇州	6085	24652	100148	784
宁州	30266	37121	224837	1107
原州		7349	33146	
泾州	15952	31365	186849	1990
庆州	17981	23949	（梁 124236） （翁 124336）	
鄜州	30185	23483	153714	750
坊州	15715	22458	120208	1843
延州	16345	18954	100040	938
绥州	8750	10867	（梁 89112） （翁 89111）	8400
银州	6120	7602	45527	
夏州	6132	9213	53104	3100
灵州	9606	11456	53163	

（续表）

州府	开元户数	天宝户数	天宝口数	元和户数
盐州	3025	2929	16665	
会州	3540	4594	（梁 26660） （翁 26662）	
宥州		7083 （冻 7803）	32652	
胜州	4095	4187	20952	
丰州	1900	2813	9641	
麟州		2428	10903	
河东道				
朔州	6030	5493	24533	729
云州		3169	7930	
陇右道				
秦州	25007	24827	（梁 109740） （翁 109700）	
成州	4905	4727	21508	
渭州	5231	6425	24520	
鄯州	6446	5389	27019	
兰州	4000	2889	14226	
河州	5289	5782	36086 （翁 36886）	
武州	3453	2923	15313	
洮州	3784	3700 （梁 2700）	15060	
岷州	3950	4325	23441	
河西道				
廓州	3964	4261	24400	
叠州	1277	1275	7674	

（续表）

州府	开元户数	天宝户数	天宝口数	元和户数
宕州	1659	1190	7199	
凉州	26165	22462	（梁 110281） （翁 120281）	
甘州	5440	6284	22092	
肃州	2253	2330	8476	
瓜州		477	4978	
伊州	1729	2467	10157	
沙州	6466	（梁 4265） （翁、冻 6395）	16250 （翁 32234）	
西州	11647	（梁 19016） （翁 9016） （冻 6466）	49476	
临州		2899		
庭州	2676	2226	9964	

数据来源：《旧唐书·地理志》、《元和郡县图志》、《通典》、梁方仲《中国历代户口、田地、田赋统计》、冻国栋《中国人口史·隋唐五代时期》、翁俊雄《唐初政区与人口》。

在表 2-2 中，由于开元、元和年间的记载只有户数而缺口数，因此只列出天宝年间的口数。在陇右道地区和关内道地区的局部，到元和年间时，由于战事，诸州相继失陷或被节度使控制而没有户口上报，因而未能记载下来。上表中依据《旧唐书·地理志》《元和郡县图志》《通典》，结合当今学界的研究，对唐代中后期西北地区的户口数进行了汇总比对。其中有几处值得注意的地方现罗列如下。

其一，关于宥州户数的问题。旧志载宥州“领县三，户七千八十三”①，冻著《中国人口史》将之录为“7803”，疑误。其二，关于成州户口的问题。成州是武德元年（618）所置，在贞观年间所辖县有所变动，到天宝元年（742）的时候改为同谷郡，直到乾元元年（758）才改回成州之名。因此旧志中所载的天宝年间户口数应该是天宝之前的数据。而《元和郡县图志》中成州被列入山南道，所以梁著没有将之列入陇右道的统计中。综合学界研究，笔者认为这组数据放在陇右道地区作为天宝附近的户口应该是没有问题的。其三，关于沙州户口的问题。沙州在旧志中并没有天宝户的记载，学界也一致认为新志中的户数记载是用贞观户所补而成的，梁著所用的“4265”仍然沿用新志中记载的贞观户数，因此本书没有采用。翁著和冻著中均采用《通典》的户数记载，即为6395户。其四，关于西州的户数问题。如前所述，西州是贞观年间所设置，和成州一样，在天宝元年（742）改为交河郡，直到乾元元年（758）才改回西州之名。旧志中记载其“天宝领县五，户九千一十六，口四万九千四百七十六”②。冻著中将西州天宝户列为6466户虽有一定道理，但笔者认为他疑似将“旧领”数据作为天宝年间数据。天宝之后西州与唐王朝之间信息阻断，后世的户口统计数据肯定是难以报送至唐王朝的。因此笔者认为旧志中的天宝领数据9016户应该极为接近天宝之时的数据。而梁著中将西州户数列为19016，其依据为何暂未发现，存疑。

关于上述问题的争议主要集中在天宝年间的数据上，尤其是集中于口数的尾数的争议上。从人口史的研究视角来看，上述口数的争议无疑是具有很大学术价值的。但结合本书的研究需要和具体的研究情况，笔者认为综合学界的不同认识和史料的记载已经能帮助本书进行进一步的研究。

---

① 《旧唐书》卷38《地理志》，中华书局1975年版，第1419页。

② 《旧唐书》卷40《地理志》，中华书局1975年版，第1645页。

通过表2-2的统计可以发现，开元年间的户数虽然存在部分州的缺失，但与表2-1相比较，从贞观年间到开元年间，户口的整体变化是十分明显的。在关内道地区，几乎所有州的户数都表现出2至3倍的增长。但表2-1中存在异常的鄜州、坊州、延州的户数增长在此仍然值得注意。以鄜州为例，贞观年间户数为1703户，到开元年间暴增至30185户，增长了十几倍，而与其相邻的坊州和延州的户数增长均在2倍左右。到开元、天宝年间，坊州的户数增长了近7000户，延州户数也有少数增加，鄜州反而减少了近7000户。这种情况，是否与区域内的人口隐匿现象、人口迁移现象有关呢？暂时存疑。在陇右道地区，贞观年间和开元年间的户数相比，总体基本都是增长的，但增长幅度远没有关内道地区大。如陇右、河西道中，秦州、渭州、成州、鄯州、凉州等州的户数增长是最快的，最高的达到了约5倍之多。这种情况，与当时的军事行动和边地屯垦是分不开的，后文将详细进行讨论。

从开元到天宝的户口数字来看，由于年代相距较近，关内道大部分地区的户数增长速度显著放缓，只有陇州的户数增长较快，达到约4倍之多。在陇右道地区，户数的变化则呈现减少的趋势，而与陇右道接壤的岐州、泾州、陇州、会州等州的户数则呈现明显增长的特点。这种情况与中唐时期陇右道地区的唐蕃战事是有密切关联的，在很大程度上是人口迁移的结果。

天宝到元和之间，由于安史之乱和吐蕃等的骚扰，“永泰之后，河朔、陇西，沦于寇盗。元和掌计之臣，尝为版簿，二方不进户口，莫可详知”①，因此陇右道地区元和时期的户数不见记载。在关内道地区，户数急遽减少，基本都是10倍乃至100倍的锐减。一方面是战争造成的人口死亡，另一方面则是人口的大规模迁移和隐匿。这种情况给唐代后期的人口研究造成了极大的困难。元和之后，全国多数道的人口出现

① 《旧唐书》卷38《地理志》，中华书局1975年版，第1393页。

不同程度的下降。陇右道地区在失陷之后不复见于唐廷的户口记载，关内道各州的人口则减少至天宝年间的十分之一不等。

综上所述，唐代西北地区的人口从贞观到开元，再到天宝年间整体上是不断增加的。在开元、天宝之际大部分州府的户数都达到唐代的顶峰。天宝年间，陇右道地区各州府的户数开始出现减少的趋势，直到陇右道相继失陷，该地区的户数应该是持续减少的，不复开元年间的口数。而关内道的西部边州在天宝之际反而出现户数增加的趋势，与这一时期的人口迁移是有很大关系的。本节已经理清整个唐代西北诸州的户数增减趋势，但这仅仅是赋税制度下的户数统计。以此为基础，下一节将对该地区的人口进行尽可能全面的复原。

第二节　土地承载力视角下的常住人口推测

承载力最初是物理学上的一个概念。马尔萨斯在其《人口原理》一书中引入人口承载力的概念。在 20 世纪中叶，土地人口承载力的研究就已经广泛展开，研究的根本目的就是探讨一个区域内的人口、粮食和土地所能持续供养的人口数量。[①] 这个概念的研究结果本身具有前瞻性和预测性，其研究的主要对象是人口、粮食产量和土地的生产能力，为未来区域内的人口生存压力提供预测。换言之，土地承载力概念适用的前提是一定区域内的人口和土地之间的关系。目前无法对中古时期的土地生产能力进行数理层面的计算和分析，因此下文中对该概念将有所取舍增益，对西北地区区域内的人口进行推测。

虽然上文中提到，唐代西北地区的人口因战乱而出现隐匿和迁移的情况，但由于整个西北地区面积广大，考虑到唐代的交通和政策问题，笔者认为西北区域内部的人口迁移应当是占据主流的。如元和年间，丰

---

① 封志明《土地承载力研究的源起与发展》，《自然资源》1993 年第 6 期。

州天德军旧城遭损坏，军理所转移至他处，“先是缘边居人，常苦室韦、党项之所侵掠，投窜山谷，不知所从”，等到后来天德军筑新城时，“遂有三万余家移止城内”①，在西北内陆地区，出于地形和距离的原因，就地短距离迁徙的情况应该还有很多。换句话说，笔者假定整个西北地区唐代的人口流动绝大部分都是在西北地区这一区域内部进行的。这些人口不仅包括赋税户籍所载的户口，还包括长时期的驻军、隐匿户、僧人、游牧族群等，他们都生存在这片土地上，最终都要依靠区域内部土地的生产力来进行生产生活。因此笔者拟对唐代生活在这一区域内部的其他人口数量进行探讨。

一、长期驻军数量

（一）唐代西北地区军事形势变化概述

唐前期面临着与隋代极其相似的军事形势。吐谷浑在隋末时，又重新控制了河湟地区并且“屡寇河右，郡县不能御焉”②。唐初，李轨割据政权勾结突厥占据河西之地，唐高祖以伏允质子为筹码让其出击李轨，随后与隋初相似，唐与吐谷浑之间也遣使不断、开市贸易，其目的仍然是稳固力量相对弱小的吐谷浑，将防御重点转向突厥。贞观八年（634）的“赵德楷事件”成为唐与吐谷浑战事的导火索，是年十一月，吐谷浑寇凉州，执行人鸿胪丞赵德楷，帝遣使晓敕，十返，无悛言。③ 贞观九年（635），李靖、侯君集、李道宗等人率兵近10万奉命出击吐谷浑，“君集、道宗行空荒二千里……次星宿川，达柏海上，望积石山，览观河源”④。这次前所未有的大规模战事给吐谷浑造成了毁灭性打击，波及范围远逾黄河

---

① 《元和郡县图志》卷4《关内道四》，中华书局1983年版，第114页。

② 《隋书》卷83《吐谷浑传》，中华书局1973年版，第1845页。

③ 《新唐书》卷221《吐谷浑传》，中华书局1975年版，第6225页。

④ 《新唐书》卷221《吐谷浑传》，中华书局1975年版，第6226页。

源、赤水，导致吐谷浑再无力对抗后起的吐蕃而被攻灭。

贞观九年（635）唐军之所以能全力解决吐谷浑的问题，与贞观初率先灭东突厥部落不无关系。东突厥在武德年间就不断袭扰唐朝北方诸州，在西北方向波及陇州、渭州、绥州、秦州等地，直逼关中，比隋朝时要深入许多。武德九年（626），颉利可汗更是挥师攻至武功、高陵，刚经历玄武门之变的太宗与之在渭河便桥结盟乃退。这次妥协也坚定了太宗灭突厥的决心，贞观四年（630），唐灭东突厥，将疆域拓至大漠。唐朝与突厥的战事先是集中于北部长城沿线，后蔓延至整个关内道北部乃至关中。

在唐朝解决突厥与吐谷浑问题后，诸羌和西域诸部纷纷遣使入贡，唐前期所面临的主要军事威胁转为吐蕃。吐蕃在吐谷浑衰落后，开始直接与唐进行军事接触。史料所见，自贞观十二年（638）起，吐蕃与唐军在吐谷浑故地对峙，吐蕃先后破党项、白兰诸羌，寇弘州、松州，但直至龙朔三年（663），唐朝与吐蕃间的战事依然相对较少，这与太宗朝的和亲、全力廓清突厥及薛延陀的政策不无关系。

自高宗龙朔三年（663）六月起至武周长寿元年（692）为唐朝与吐蕃西北战事的第一阶段，该阶段战事主要表现为唐朝与吐蕃对吐谷浑旧地的争夺，波及天山以南的西域地区。咸亨元年（670）四月，“吐蕃陷龟兹拨换城，废安西四镇”，为遏制吐蕃在西域的攻势，唐朝决定在东线牵制吐蕃，于是以“薛仁贵为逻娑道行军大总管，以伐吐蕃”[①]，随后薛仁贵大败于大非川。这次惨败使战线向后大大推移，仪凤元年（676）三月，“吐蕃寇鄯、廓、河、芳四州”[②]。直至武周长寿元年（692）王孝杰败吐蕃、克四镇之时，唐军才初步扼守住吐蕃的攻势。这一阶段战事的波及范围主要集中于河湟地区吐谷浑旧地、安西等地，双方在此反复进退。

---

① 《新唐书》卷3《高宗本纪》，中华书局1975年版，第68页。

② 《新唐书》卷3《高宗本纪》，中华书局1975年版，第72页。

万岁通天元年（696）至景龙四年（710）为唐朝与吐蕃西北战事的第二阶段。万岁通天元年（696）“吐蕃寇凉州，都督许钦明死之”①。此时吐蕃已经将军事触角伸至河西走廊，这就意味着吐谷浑旧地在此时已经落入吐蕃之手。久视元年（700）七月吐蕃寇凉州，陇右诸军州大使唐休璟败之于洪源谷，与此同时，后突厥默啜部也开始寇陇右。景龙四年（710）三月，以河源九曲予吐蕃。至此，唐朝与吐蕃战事的波及范围因后突厥的袭扰而再次后移，此阶段战事主要集中在河西走廊的陇右、盐州之地，唐军已经完全失去对吐谷浑旧地的控制。

开元元年（713）至天宝十三载（754），是唐朝与吐蕃西北战事的第三阶段。开元二年（714）八月吐蕃寇边，“薛讷破吐蕃于渭川西界武阶驿，斩首一万七十级”②。随后直至开元十五年（727），吐蕃在东北方向虽偶有寇边，但没有大规模战事见于记载。其间西北地区仅有开元八年（720）突厥寇甘、源的记载。开元十一年（723），王晙持节巡边，开元十三年（725）正月，“葬朔方陇右、河西战亡者”③，可见此时西北战事渐少。从开元十五年（727）王君㚟与吐蕃战于青海起，到天宝十三载（754）与吐蕃在河西走廊和河湟地区呈对峙状态止，这一阶段战事的波及范围又推进到青海湖地区，但大多数仍然集中在河西走廊和河湟地区沿线，唐军遏制了吐蕃又要东进的意图。

天宝十四载（755）爆发的安史之乱彻底改变了西北地区唐代前期的军事形势，导致西北地区的大片“失陷”。自安史之乱起直至穆宗长庆四年（824），平定藩镇叛乱的战争频繁而激烈，陇右关中地区也屡屡被卷入其中。据王效锋统计，平定安史之乱及后续藩镇势力的近 70 年中，直接发生在关中、陇右地区的战事有 20 次，与之临近的河南、

① 《新唐书》卷 4《则天皇后本纪》，中华书局 1975 年版，第 96 页。
② 《旧唐书》卷 8《玄宗本纪》，中华书局 1975 年版，第 174 页。
③ 《新唐书》卷 5《玄宗本纪》，中华书局 1975 年版，第 131 页。

河东地区竟有 59 次之多。[1] 以较为著名的“香积寺会战”（757）和“朱泚之乱”（783）为例，便可知局部战事波及范围之大，这两次战事均以保卫京师为主要目的。香积寺会战期间，肃宗从灵武返回岐州，郭子仪率军由河东转至凤翔，甚至有回纥兵来援；朱泚之乱中，灵武、盐州、夏州、朔方等节度使也率军至泾阳。其后又有以黄巢起义为代表的一系列战事，也波及关中地区。

学界较为一致的观点认为，唐朝陇右地区的“失陷”与安史之乱有很大关系。安史之乱期间，陇右兵力内调平叛，西州、河西走廊、陇右大部先后失陷，连唐都长安也一度被吐蕃攻破。总体而言，这一时期陇右道大部失陷，对外防御方面，战线内缩至灵州、武州一线。

（二）史籍所载节度、军镇及其兵马数量

人口史学界对唐代的驻军数量很少提及，究其原因可能是唐代前期仍然延续之前的府兵制，士兵来源主要是赋税版籍所载的丁数。但从土地承载的视角来看，这些士兵在西北区域内或长期驻防或长途征战，其消耗的粮草大多数也是该区域内部的农业生产所提供。到开元年间，募兵制正式成为常制，西北地区驻军对粮草的消耗更多的是倚仗驻地军屯和就地和籴，其生产和消耗对区域内农业发展的影响不容小觑，这种情况下就必须要考虑驻军数量的问题。

唐初尚未统一全国之时，在武德三年（620）把之前在关内道地区设置的十二道改为军，“军置将、副各一人，以督耕战……军有坊，置主一人，以检察户口，劝课农桑……凡民年二十为兵，六十而免”[2]，这是唐初府兵制之下兵农合一的一种表现。和前文关中地区的户口数相比较，也能看出关中地区的丁口情况。现将十二军列表如表 2-3 所示。

---

① 王效锋《唐代中期战争问题研究》，陕西师范大学博士学位论文，2012 年。

② 《新唐书》卷 50《兵志》，中华书局 1975 年版，第 1324~1325 页。

表 2-3　武德年间所置军、府简表

道名称	军府名称	后所在州府	道名称	军府名称	后所在州府
万年道	参旗军	京兆府	宁州道	折威军	宁州
长安道	鼓旗军	京兆府	岐州道	平道军	岐州
富平道	玄戈军	京兆府	豳州道	招摇军	邠州
醴泉道	井钺军	京兆府	西麟州道	苑游军	岐州
同州道	羽林军	同州	泾州道	天纪军	泾州
华州道	骑官军	华州	宜州道	天节军	京兆府

到贞观十年（636）之时，唐朝把上述军府改为折冲府，在当时控制的全国范围内设置折冲府 634 个，其中关内就有折冲府 261 个，几乎占据了其中的半数。如果把关内的折冲府都按照上府 1200 人的规模来算，常备府兵数达到了近 30 万人，算上轮番上役的人数，常备府兵的人数应该更多。虽然这体现了唐朝“内重外轻”的军事布防格局，但从府兵的性质来考虑，这也是关中地区青壮年丁口较多的一个侧面反映。

唐王朝平定西北之后，同时面临着来自吐谷浑、突厥的军事压力，尤其是在平定高昌之后，面积广阔的西北地区需要长时间的军事驻防。而府兵制由于其特殊性，是不适合这种长时期远征的。唐长孺先生认为，唐代前期，府兵固然是重要的军事力量，但其首要任务只是宿卫（限于南衙）以及近戍，在征行中从来不占重要地位。武周以后，甚至在宿卫中也不占重要地位。① 处于长时期防卫西北边防的需要，唐代前期在西北边地设置军镇，但一直到武周、高宗之时，仍然是以征发“兵募”为主。贞观十四年（640）平定高昌之后，唐朝设置西州，“岁遣千余人，远事屯戍，经年离别，万室思归，去者资装，自须营办，既费刍粟，倾其机杼”②。整个西北地区“岁调山东丁男为戍卒，缯帛为军资，有屯田以资

① 唐长孺《魏晋南北朝隋唐史三论》，武汉大学出版社 2013 年版，第 327 页。
② （宋）王溥《唐会要》卷 95《高昌》，中华书局 1955 年版，第 1702 页。

糗粮，牧使以娩羊马。大军万人，小军千人，烽戍逻卒，万里相继”①。这种“兵募”在开元之前的很长一段时间内是边地军镇的主要军队来源。军士在疲于战争之际仍然要考虑回家的问题，因此逃亡的情况较多。如张仁愿在河套地区筑三受降城，中宗景龙二年（708）时“仁愿表留年满镇兵以助其功。时咸阳兵二百余人逃归，仁愿尽擒之，一时斩于城下”②。这种军士逃亡的情况在唐前期应该是不鲜见的。这一阶段的驻军多数来源于版籍所载的丁口，他们出征往往是为了免除征发期间的赋役。

开元二十五年（737），为了解决上述问题，玄宗下诏“取丁壮情愿充健儿长任边军者，每岁加于常例，给田地屋宅，务加优恤，使得存济”③，至此，募兵制逐渐成为常态。开元前后之际，历经唐初一百余年的发展，整个西北地区形成了数个大的军镇，现依据《资治通鉴》的记载统计如表2-4所示，可以说表中所列的兵马数据是唐王朝较为鼎盛时期在西北地区的兵马数量。值得注意的是，表中各军镇的设置时间并非唐初之时，而是唐王朝在与吐蕃、突厥反复争夺之后较为稳固的情况下所新设置的时间。

表2-4　天宝元年西北地区军镇及兵马数量表

军镇名	置所	设置时间	兵马总量（名、匹）	所辖军、守捉	军、守捉兵马数量（名、匹）
安西	龟兹	开元六年（718）	兵24000 马2700		
北庭	庭州	先天二年（713）	兵20000 马5000	瀚海军 天山军 伊吾军	兵12000 兵5000 兵3000

① 《旧唐书》卷196《吐蕃传》，中华书局1975年版，第5236页。
② 《旧唐书》卷93《张仁愿传》，中华书局1975年版，第2982页。
③ 《册府元龟》卷124《帝王部·修武备》，中华书局1960年影印版，第1491页。

（续表）

军镇名	置所	设置时间	兵马总量（名、匹）	所辖军、守捉	军、守捉兵马数量（名、匹）
河西	凉州	景云二年（711）	兵 73000 马 17300	赤水军 大斗军 建康军 宁寇军 玉门军 墨离军 豆卢军 新泉军 张掖守捉 交城守捉 白亭守捉	兵 33000 兵 7500 兵 5300 兵 8500 兵 5200 兵 5000 兵 4300 兵 1000 兵 500 兵 1000 兵 1700
朔方	灵州	开元九年（721）	兵 64700 马 13300	经略军 丰安军 定远军 西受降城 中受降城 东受降城 振武军	兵 20700 兵 8000 兵 7000 兵 7000 兵 6000 兵 7000 兵 9000
河东				云中守捉 大同军	兵 7700 兵 9500

（续表）

军镇名	置所	设置时间	兵马总量（名、匹）	所辖军、守捉	军、守捉兵马数量（名、匹）
陇右	鄯州	开元二年（714）	兵 75000 马 10000	临洮军 河源军 白水军 安人军 振威军 威戎军 漠门军 宁塞军 积石军 镇西军 绥和守捉 合川守捉 平夷守捉	兵 15000 兵 4000 兵 4000 兵 10000 兵 1000 兵 1000 兵 5500 兵 500 兵 7000 兵 11000 兵 1000 兵 1000 兵 3000

数据来源：《资治通鉴》卷 215《唐纪三十一・玄宗天宝元年纪》。表中马匹数量引自穆渭生《唐代关内道军事地理研究》。

上表是依据《资治通鉴》所载的数据汇总而来，并将其归在“天宝元年”条。但在“陇右道”条中，各军、守捉的兵数之和为 64000，而不是总管兵的 75000；同时马匹数量也与《元和郡县图志》中的记载有差异。鉴于《元和郡县图志》中也有相关军镇兵马的记载，在此不妨将其汇总进行比较。

表 2–5　《元和郡县图志》所见唐代西北节度及兵马数量

节度名	置所	设置时间	兵马总量（名、匹）	所辖军、守捉	军、守捉兵马数量（名、匹）
朔方	灵州	开元二十一年（733）	兵 64708 马 24300	经略军 丰安军 定远军 西受降城 （天德军） 中受降城 东受降城 振武军	兵 20700 马 3000 兵 8000 马 1300 兵 7000 马 3000 先天二年（713） 兵 5500 兵 7000 马 1700 兵 6000 马 2000 兵 7000 马 1700 兵 9000 马 1600
陇右	鄯州	开元二十一年（733）	兵 75000 马 10600	临洮军 河源军 白水军 安人（仁）军 振威军 威戎军 漠门军 宁塞军 积石军 镇西军 绥和守捉 合川守捉 平夷守捉	兵 15000 马 8400 兵 14000 马 653 兵 4000 马 500 兵 10000 马 350 兵 1000 马 500 兵 1000 马 50 兵 5500 马 200 兵 500 马 50 兵 7000 马 100 兵 11000 马 300 兵 1000 兵 1000 兵 3000
河东				云中守捉 大同军	兵 7700 马 1200 兵 9500 马 5500

（续表）

节度名	置所	设置时间	兵马总量（名、匹）	所辖军、守捉	军、守捉兵马数量（名、匹）
河西	凉州	武德二年（619）	兵73000 马18800	赤水军 大斗军 建康军 宁寇军 玉门军 墨离军 豆卢军 新泉军 张掖守捉 交城守捉 白亭守捉（白亭军） 建昌军	兵33000马13000 兵7500马2400 兵5300马500 兵1700马500 兵5200马600 兵5000马400 兵4500马400 兵7000 兵6500马1000 兵1000 兵1700 ——
北庭	庭州	开元二十一年（733）	兵20000 马5000	瀚海军 天山军 伊吾军 清海军	兵12000马4200 兵5000马500 兵3000马300 ——

综合《新唐书》、《旧唐书》、《元和郡县图志》和《资治通鉴》的记载可以发现，《元和郡县图志》和《资治通鉴》所载的兵数有一定出入，主要集中在河西道、陇右道诸军。学界多数观点认为这些兵马数量的不同应该是史料传抄过程中的谬误所致，但并没有太多确实可信的论据。笔者认为，理解上述兵、马数记载的差异，应该从当时的军事形势着手，因为驻军数量的多少与当时的军事形势是有直接关系的。

（三）驻军兵马数差异的军事形势解读

整个唐代在西北地区所面临的军事形势是不断变化的，战线的反复推移意味着边地驻军数量肯定是有所变动的，尤其是在河西、陇右地区，不同时期的驻军数量有所不同便很容易理解了。

表 2-4 是依据《资治通鉴》整理而得，其时间为天宝年间。表中记载河西军镇设置的年份为景云二年（711），其中新泉军有兵 1000 人，张掖守捉有兵 500 人，宁寇军有兵 8500 人。表 2-5 中则记载河西节度使是武德二年（619）设置，其中新泉军有兵 7000 人，张掖守捉有兵 6500 人、马 1000 匹，宁寇军有兵 1700 人、马 500 匹。考宁寇军、新泉军的设置和废弃时间，能大致理清表 2-4、2-5 中所记载的河西兵马数据的时间断限。

史载，“新泉军，在会州西北二百余里”①，“开元五年废为守捉”②；“宁寇军，在凉州东北千余里”③，“故同城守捉也，天宝二载为军。军东北有居延海”。④ 按照唐代的军事制度，“大曰军，小曰守捉”，新泉军在开元五年的驻军规模由大变小，宁寇军的规模在天宝二年由小变大。与此同时，在大历十二年（777）五月辛亥，代宗下诏“自都团练使外，悉罢诸州团练守捉使”⑤，这就意味着守捉制度是在代宗之前存在的。因此可以推测，上述两表中所载的兵马数量大多数应该是大历之前的，并且极有可能是开元至天宝年间的数据。同时，上述证明也能表明表 2-5 中的数据是在开元五年（717）之前的。

前文中已述，万岁通天元年（696）至景龙四年（710）为唐朝与吐蕃西北战事的第二阶段。此阶段战事主要集中在河西走廊的陇右、盐州之地，唐军已经完全失去对吐谷浑旧地的控制，整个河西走廊成为战事前沿。因此便能理解为何表 2-5 中，张掖守捉所辖兵马的数量竟然达到惊人的 6500 人、1000 匹，会州西北的新泉军也是满员配置，达到

① 《旧唐书》卷 38《地理志》，中华书局 1975 年版，第 1386 页。

② 《新唐书》卷 37《地理志》，中华书局 1975 年版，第 973 页。

③ 《旧唐书》卷 38《地理志》，中华书局 1975 年版，第 1386 页。

④ 《新唐书》卷 40《地理志》，中华书局 1975 年版，第 1045 页。

⑤ 《资治通鉴》卷 225《唐纪四十一·代宗大历十二年纪》，中华书局 1956 年版，第 7245 页。

了7000人。而这一时期的宁寇军按照其兵马规模来看，应该还没有被设置成军。宁寇军设置的主要目的是抵御北方的突厥等游牧族群，其军事目的和定位与丰州的受降城是一致的。在景云年间，西受降城设置之后，“朔方无复寇掠，减镇兵数万人”①。同样是为了防御突厥的灵州定远军，满员本应该是7000人，在先天二年（713）之时，驻军却只有兵5500人。这些证据表明在西北地区的北部边疆，突厥等游牧族群的寇掠已经大为减少，西北地区的北部边地驻军也相应减少，由此也能理解表2-5中宁寇军数量何以如此之少。

关于河源军的数量问题，《旧唐书》之《志》及《资治通鉴》都记载为兵4000人，《元和郡县图志》则记载为14000人。二者间一万人的数量差该如何解释呢？以下两则史料或许能给我们提供一点思路。

1. 仪凤中……时吐蕃赞婆及素和贵等贼徒三万余屯于良非川。常之率精骑三千夜袭贼营，杀获二千级，获羊马数万，赞婆等单骑而遁。擢常之为大使，又赏物四百匹。常之以河源军正当贼冲，欲加兵镇守，恐有运转之费，遂远置烽戍七十余所，度开营田五千余顷，岁收百余万石。开耀中，赞婆等屯于青海，常之率精兵一万骑袭破之，烧其粮贮而还。②

2.（开元）二十九年春，金城公主薨，吐蕃遣使来告哀，仍请和，上不许之。使到数月后，始为公主举哀于光顺门外，辍朝三日。六月，吐蕃四十万攻承风堡，至河源军，西入长宁桥，至安仁军，浑崖峰骑将盛希液以众五千攻而破之。③

以上两条史料记载的均是唐朝与吐蕃之间的战事情况，并且都有关

① 《元和郡县图志》卷4《关内道四》，中华书局1983年版，第117页。
② 《旧唐书》卷109《黑齿常之传》，中华书局1975年版，第3295页。
③ 《旧唐书》卷196《吐蕃传》，中华书局1975年版，第5235页。

于河源军的记载。在仪凤年间，吐蕃屯兵 3 万余，黑齿常之率精骑三千夜袭破之；到开耀年间时，同样是进行袭击，黑齿常之率领的精兵达到万骑。由此可见，吐蕃在青海边地的屯兵是越来越多的，与之相对应，在开耀之际，河源军的兵员数量也肯定是远大于万人的，因而 14000 人的记载应该是符合该军的规模的。开元二十九年（741）六月，吐蕃军队四十万进攻承风堡，随后转向河源军以西，直至安仁军防地。此时的安仁军必定是全力迎战，结果“浑崖峰骑将盛希液以众五千攻而破之”，笔者推测，这应该是安仁军的绝大部分兵力。而史载安仁军是开元七年郭知运所置，远在积石军以西的唐蕃前线，所以此时的积石军处于后方，其兵员数量应该是相应减少的。

综合以上信息，笔者认为表 2-4 中的数据相对符合天宝初年的军事形势，其记载的兵员数量也多数以开元、天宝年间为主。表 2-5《元和郡县图志》中的数据则是各个时期兵员数量的汇总。总体而言，上述两表中的数据能体现出唐朝在西北地区的最大规模常驻军数量——近 26 万之多，并且到元和之时，很多军镇还维持着与唐初相近的驻军规模。至于唐代后期，由于陇右失陷，关内道地区也是战乱不断，不仅户口流失极其严重，就连各个军镇的驻军也是频繁调动进行平叛战争，其数量是很难详细统计的，因此本书暂时没有对此进行讨论。上述长时期驻军的数量给农业地理研究提供了一项很重要的数据，那就是军队的屯垦和粮食消耗问题，拟在下文中进行讨论。

二、其他人口数量

（一）隐匿户、客户、僧尼的数量

客户及其他类型的人口数量本是人口史研究中的问题，本书拟不做细致讨论，仅结合人口史学界的研究成果对西北地区的其他类型的人口进行大致探讨。通观整个唐代，可以发现人口隐匿和人口逃亡现象是一直存在的。这些人口隐匿或逃亡的原因不尽相同，但其中大多数都是之前户口版籍所载的著籍户口，其逃亡或者隐匿直接影响着原籍地或逃亡地的农业生产。

唐代的人口隐匿或逃亡情况最初只见于版籍户逃避军镇的征役。如武德二年（619）十月，唐高祖下诏“其义士募力，有背军逃亡者，自武德二年十月二十日以前罪无轻重皆赦除之”[①]。另一种情况则是各种赋役和杂役的压力造成人口逃亡。贞观十三年（639），阿史那叛乱，再加上“云阳石然，自冬至五月不雨”，魏征借此五行异常之际进言：

> 贞观初，频年霜旱，畿内户口并就关外，携老扶幼，来往数年，卒无一户亡去。此由陛下矜育抚宁，故死不携贰也。比者疲于徭役，关中之人，劳弊尤甚。杂匠当下，顾而不遣。正兵番上，复别驱任。市物襁属于廛，递子背望于道。脱有一谷不收，百姓之心，恐不能如前日之怗泰。[②]

通过这则史料可知，贞观初和贞观十三年间，人口逃亡原因是轮番上阵的府兵制加上各项杂役，导致当时人口的生存压力倍增。如前所述，到高宗、武周时期，唐朝在西北地区对吐蕃的军事行动比贞观年间更为频繁，这一时期关中和陇右道地区处于一种连年旱灾的气候干旱期，逃户的现象更加严重。据《旧唐书》载，武周长安年间（701—704），“天下户口，亡逃过半，租调既减，国用不足”[③]。由于陇右道、关内道地区处于战事前沿地带，是各类徭役和兵役的主要承担区域，并且是西北地区战事的发生之地，“亡逃过半”的现象是极有可能存在的。以表2–1中贞观十三年的户数为基准，考虑到至高宗、武周时期的人口增长因素，

① （宋）宋敏求《唐大诏令集》，商务印书馆1959年版，第477页。
② 《新唐书》卷97《魏征传》，中华书局1975年版，第3878页。
③ 《旧唐书》卷88《韦嗣立传》，中华书局1975年版，第2867页。

那么整个西北地区在武周时期的亡逃之户是不低于20万户的。

关于唐代中后期的“浮逃户”“客户”，唐长孺先生等学界前辈已有详细论述，在此不再做无谓的重复性工作。笔者仅就有关“客户”“逃户”的数量问题进行探讨。《唐会要》中专列“逃户”条，足以表明唐代时逃户现象的严重程度。现摘录其中关于景云二年（711）逃户的情况如下：“往年，人乐其业，而安其土。顷年，人多失业，流离道路。若此者，臣粗言之，不可胜数。然流离之人，岂爱羁旅而忘桑梓？原不得已也。然以军机屡兴，赋敛重数，上下逼促，因为游民。”①

军事行动背后的繁重赋税是逃户的重要原因。到开元年间宇文融括户的时候，客户“杂于居人者十之一二矣”。冻国栋认为这里的“十之一二”是以开元十二年所得客户为准，他还认为未被括出的更多。② 笔者认为，宇文融括户之时未被括出的情况虽然很多，但假括、超括的情况也有很多。未被括的户口包括官员家属、僧人等“色役”户。“凡富人多丁者，率为官为僧，以色役免（新志载‘以宦、学、释、老得免’）；贫人无所入则丁存。故课免于上，而赋增于下。是以天下残瘁，荡为浮人”。③ 这种情况在整个唐代都是存在的，赋税名目越多，规避偷逃的方法也越多。至于宇文融所括得的80余万户，也含有下层州县为夸大功绩而虚报的成分。史载“于是诸道括得客户凡八十余万，田亦称是。州县希融旨意，务于获多，皆虚张其数，亦有以实户为客者”，州县官员纷纷虚张其数，甚至用实户来充当客户的情况也是常见的。所以，开元之际的客户所占比重在十分之一应该是没有太大偏差的。折合下来，开元年间宇文融所括出的西北地区的客户数量至少达到了8万余户、30余万口。这还仅仅是客户的数量，逃入周边游牧部落和隐入山林中的数量应该也不少，但目前无法确定其具体数量。

---

① 《唐会要》卷85《逃户》，中华书局1955年版，第1561页。

② 冻国栋《中国人口史》第2卷《隋唐五代时期》，复旦大学出版社2002年版，第157页。

③ 《旧唐书》卷118《杨炎传》，中华书局1975年版，第3421页。

上述这些隐匿的户口多数仍然居住于西北地区内部，其生产和生活仍然有赖于西北地区的农牧业。以河西走廊地区的沙州为例，大谷文书第2835号“甘凉瓜肃所居停沙州逃户”文书，又称“长安三年（703）括逃使牒并敦煌县牒”，其记载内容如下：“甘凉瓜肃所居停沙州逃户。牒奉处分，上件等州，以田水稍宽，百姓多悉居城，庄野少人执作。沙州力田为务，大小咸解农功。逃迸投诣他州，例被招携安置。常遣守庄农作，抚恤类若家僮……”①

由此可以知道，长安年间沙州地区的逃户大多数都进入河西走廊沿线的瓜州、甘州、肃州、凉州等地。这些州县对逃户大多都进行安置，让逃户在当地进行农作生产，虽然其地位很低，但都直接参与了当地的农业生产。

另外一个值得考虑的是僧人群体的数量。僧人群体在唐初也按规定受田。唐令规定：“凡道士给田三十亩，女冠二十亩；僧、尼亦如之。”② 但其名籍是不入平常的户籍制度的，所以整个唐代寺院的僧侣数量是极为可观的。武周之时，出现了“天下僧尼滥伪相半”的情况。③ 中宗时，“公主外戚皆奏请度人为僧尼，亦有出私财造寺者，富户强丁，皆经营避役，远近充满”④。到唐代中后期，剃度僧尼成为多个节度使和许多地方官员敛财的手段之一。天宝年间，“御史崔众于河东纳钱度僧尼道士，旬日间得钱百万”⑤，富户官僚竞相花钱剃度僧尼的直接目的就是逃避各项繁重的赋役。

谢和耐的研究认为，自隋代起，大寺庙的数量一般维持在4000所

---

① 唐耕耦、陆宏基《敦煌社会经济文献真迹释录》第2辑，全国图书馆文献缩微复制中心1990年版，第326~327页。

② 《唐六典》卷3《尚书户部》，中华书局1992年版，第74页。

③ 《新唐书》卷125《苏瓌传》，中华书局1975年版，第4398页。

④ 《旧唐书》卷96《姚崇传》，中华书局1975年版，第3023页。

⑤ 《旧唐书》卷48《食货志》，中华书局1975年版，第2087页。

左右，这种局面一直维持了3个多世纪。[①] 僧道群体被当时的朝臣看成是不劳而获的代表。德宗之时，朝臣就曾进言："一僧衣食，岁计约三万有余，五丁所出，不能致此。"[②] 然而，僧尼群体的存在并不仅仅是耗费社会钱财，就寺院经济在唐代的整体状况来看，僧尼群体控制了相当数量的土地、劳动力乃至铜等贵金属，这与统治阶层的利益是相悖的。

从农业地理的角度来看，僧尼群体的存在表面上是减少了封建国家的赋税收入，但从本质上来说僧尼群体仍然是唐代西北地区农业中一个重要的生产群体。关内道地区尚且不表，在河西走廊地区，仅仅从敦煌文书中的记载便可发现某些线索。P.3410文书《沙州僧崇恩处分遗物凭据》（840）中记载，僧人崇恩的财产包括耕地60余亩，田庄数处，粮食3石，驴、马、牛共计10余头（匹），依附的人口4人，其余还有衣物、金银器具等。[③] 其中最为关键的是他所拥有的土地、牲畜和依附人口。更多的敦煌文书记载表明，僧尼群体除了经营自己的土地，还涉及粮食、种子的借贷、买卖，土地出租以及雇工进行农业生产。到唐代后期，僧尼群体和寺院经济控制下的附庸人口数量众多，土地等生产资料更是数量可观。因此不得不考虑整个僧尼集团的数量问题。

薛平拴推测，在天宝年间，整个今陕西省境内的僧尼、道士大概有4.5万人，其中没有包含僧尼群体所附庸的奴婢的数量。[④] 冻国栋通过研究认为，中唐以后僧尼、道士加上附庸的奴婢的数量在110万上下。[⑤] 以此为基础，按天宝元年的口数求出僧、道及奴婢占总人口的比例约为0.022，平均下来，在天宝年间整个西北地区的僧、道及奴婢

① 〔法〕谢和耐著，耿昇译《中国5—10世纪的寺院经济》，上海古籍出版社2004年版。

② 《旧唐书》卷127《彭偃传》，中华书局1975年版，第3580页。

③ 唐耕耦、陆宏基《敦煌社会经济文献真迹释录》第2辑，全国图书馆文献缩微复制中心1990年版，第150~153页。

④ 薛平拴《盛唐时期陕西人口研究》，《中国历史地理论丛》2001年第2辑。

⑤ 冻国栋《中国人口史》第2卷《隋唐五代时期》，复旦大学出版社2002年版，第174页。

数量约为 14 万人。虽然这个数据可能存在误差，但考虑到整个河西走廊地区唐代佛教的发展情况，这个数据在某种程度上能提供一些参考。

还有诸如乐工、后宫、杂户、官户等一系列人口，目前人口史学界也难以确定其大致数额。从历史农业地理的角度来看，这类人口数量相对较少且与农业的关系也较小，没有实在的研究意义，因此不讨论。

（二）游牧族群的人口数量估测

在人口史领域，有关唐代的游牧族群数量的研究成果为数较少。崔明德对唐代西北地区的少数民族人口进行过研究[①]，但其研究的地域范围已经大大超出本书所指，并且其人口数据和论证过程也值得商榷。和历史上大多数时期一样，唐代的西北地区活跃着众多的游牧族群，这些游牧族群或与唐朝对抗，或受唐朝所设置的羁縻府州的管辖但不上版籍户口，所以这些族群的人口数量在史料中是没有具体记载的。目前为止，我们虽然知道唐代西北地区的大部分区域都是以畜牧业为主的，若想细致研究当时畜牧业的规模和区域分布，人口的数量就是不能回避的问题，但这些以游牧为主的族群的人口数量在史料中并没有明确的记载，因此只能从其他角度进行大致的估测。所幸本节研究的目的并不是人口史研究中极其严格的具体的数量研究，而是推测出一个大致的人口规模及其分布，为后文中唐代西北地区畜牧业的发展提供一个研究参考。

由于唐代西北地区的游牧族群名称繁多，其源流、世系和相互关系也极为复杂，笔者结合民族史研究的成果和史料记载对唐代西北地区主要游牧族群的名称及其关系进行如下汇总。

---

① 崔明德《唐代西北少数民族人口初探》，《历史研究》1997 年第 5 期。该文的研究范围涵盖今中亚和蒙古地区，其所得数据 700 万人为天宝年间数据，并且其论证过程值得商榷。

表 2-6 唐代西北地区诸族群的名称及其大致活动范围

族群名称	所辖（衍）族群	活动范围
麹氏高昌		高昌
龟兹		龟兹
于阗		于阗
西突厥	沙陀、阿史那氏、突厥十姓	西域、河西、六胡州、云州、朔州
东突厥	粟特，异姓突厥，铁勒九姓的薛延陀、回纥、仆固，西州回鹘，甘州回鹘，漠南回鹘	关内道北部、河西、西域诸羁縻州、高昌故地、甘州、河套地区
后突厥	默啜、突骑施	西域、河西—关内道北部沿线
吐谷浑		青海
党项	诸羌	陇右、关内道北部

上表中只是简略地列出唐代西北地区诸游牧族群的大致情况，其实际情况远比表中要复杂得多，尤其以突厥诸部、铁勒诸部和党项诸羌的活动最为复杂。各个族群部落时而相互攻伐，时而联合攻伐他部，时而从属于另外一个较为强大的族群，其流动性和融合性极强。因此下文中以和唐王朝对抗、对唐王朝产生过重大军事威胁的游牧族群为例，以唐代的年号为序，对主要游牧族群的人口数量加以推测。

唐初之时，高昌地区正处于麹氏高昌时期，此时的高昌是从属于突厥的。到贞观十四年（640）侯君集平高昌之时，高昌“胜兵万人”，之后唐在此设置西州，“分兵略定，凡三州、五县、二十二城，户八千，口三万，马四千”。到开元时期，如上文表 2-2 的统计，高昌地区的户数达到了 11647 户，如果按照置西州之时的户口比率来算，当地的人口数量已经是远超 4 万口的。天宝年间的户口数量前文已列，就不再罗列。这个数字只是唐代编户中记载的人数，有学者研究认为，高昌地区的民族构成极为复杂，在唐置西州之后，这里先后有铁勒、突厥、突骑施、粟特等族群活动。[①] 到唐代中后期之后，该地区附近先后活跃着很多游牧族群，因此可以推测到唐代中后期，这里的人口总量是不低于5万的。

目前能见到的有关龟兹、焉耆、疏勒和于阗人口的记载不多。其虽然在唐的羁縻之下，但整个唐代屡次反叛或被其他族群所征服。史载龟兹"有城郭屋宇，耕田畜牧为业。……有良马、封牛。饶蒲萄酒，富室至数百石"。贞观二十年（646），龟兹王"有众五万，逆拒王师……（郭孝恪）前后破其大城五所，虏男女数万口"[②]，加上其兵败后又纠集的突厥兵万余人，由此可知在其辖地地域范围内至少有7万余人。焉耆"胜兵二千余人，常役属于西突厥"；疏勒，"胜兵二千人"；于阗，"胜兵四千人"，"及阿史那社尔伐龟兹，其王伏阇信大惧，使其子以驼万三百匹馈军"[③]。史籍中有关上述三个族群的人口记载只有其士兵的数量，如果按照前文高昌的兵、民比例来算，在贞观末年，这三个族群的人数能达到4万人。其中于阗一次性能献出一万余头骆驼，由此推知其经营畜牧业的人口数量也不在少数。值得注意的是，上述西域族群都不同程度地受控于西突厥诸族群，或被役使，或有联姻现象，因此其人口数也极有可能与西突厥有一定程度的重合。

唐初之时在关内道地区面对的是东突厥诸部。自武德四年（621）起，东突厥诸部频繁袭扰唐朝边地，自代北直至河西走廊均受其劫掠。武德九年（626），东突厥颉利可汗甚至挥师进攻至武功、高陵，直达渭水北岸，突厥这次的进军规模达到了十余万骑。此时的东突厥先后统治着铁勒族群的回纥、薛延陀等部。武德年间，薛延陀可汗夷男率其部

① 董永强《四至八世纪吐鲁番的多民族问题探索》，陕西师范大学博士学位论文，2007年。
② 《旧唐书》卷198《龟兹传》，中华书局1975年版，第5303~5304页。
③ 《旧唐书》卷198《西戎列传》，中华书局1975年版，第5301、5305页。

落7万余家附于突厥。[①] 由此可以推断，加上附属的薛延陀等部的人口，结合高昌的兵、民比例，武德年间活跃在西北地区的东突厥的人口是不低于70万的。贞观之初，突厥治下的诸部族先后叛乱，史载："颉利政乱，薛延陀与回纥、拔野古等相帅叛之。颉利遣其兄子欲谷设将十万骑讨之，回纥酋长菩萨将五千骑，与战于马鬣山，大破之。欲谷设走，菩萨追至天山，部众多为所虏，回纥由是大振。"[②]

在诸部落相继叛逃之后，贞观四年（630），李靖讨伐东突厥时"斩万余级，俘男女十余万"[③]。而更多的人口则融入薛延陀、回纥。归附唐朝的东突厥部族被安置在黄河河套以南的关内道北部地区，设置羁縻州府，如思摩部在贞观年间的人口就有10万余人。换言之，此时的东突厥在被回纥打败之后，仍然有不低于20万的人口活跃在关内道北部至河西走廊以北地带。

东突厥灭亡之后，随之兴起的是薛延陀部。贞观十五年（641），薛延陀纠集同罗、仆固、回纥等部，联兵20万进攻安置于定襄故城的思摩部，屯兵于今呼和浩特地区。前文中已述，武德年间薛延陀夷男部只有7万余户、30万人左右。考虑到人口增殖因素，此时的薛延陀部在融合铁勒其他部族之后，其人口数是不低于80万的。

与此同时，东突厥灭亡之后的回纥开始兴起，其一直活动在西域及河西地区，先后有西州回鹘和甘州回鹘等较为出名的族群，《旧唐书》载，回纥族群的人口数量在永徽三年平阿史那贺鲁之时，"右骁卫大将军契苾何力率燕然都护所部回纥兵五万骑讨之"[④]，此时的回纥兵为5万，显然并不是其全部兵力。按照西州的兵民比例，此时的回纥人数至

---

① 《资治通鉴》卷192《唐纪八·太宗贞观元年纪》。该记载是贞观二年，但按胡注，夷男在贞观元年就已经叛离东突厥。结合旧志突厥的记载，笔者认为贞观元年薛延陀、回纥等部叛离颉利可汗的可能性更大，因此推断夷男附东突厥应该是武德年间的事情。

② 《资治通鉴》卷192《唐纪八·太宗贞观元年纪》，中华书局1956年版，第6045~6046页。

③ 《旧唐书》卷67《李靖传》，中华书局1975年版，第2479页。

④ 《旧唐书》卷194《突厥传》，中华书局1975年版，第5186页。

少在 22 万以上。在宝应元年（762）为“万余人”[①]，显然是没有统计到河西失陷后的回纥各个族群。到贞元六年（790），其人口数量为 5 万；开成年间则达到了 9 万；会昌年间达到了 10 万。这种人口数量的显著增长显然与河西地区失地的收复有关。

吐谷浑的活动范围大致位于今青藏高原东北部的青海省及其附近地区。唐初，吐谷浑和东突厥几乎同时在西北地区的南北两个方向进行袭扰。在解决掉北方的突厥寇边问题之后，贞观九年（635），李靖、侯君集、李道宗等人率兵近 10 万奉命出击吐谷浑，“侯君集、任城王道宗引兵行无人之境二千余里……进逾星宿川，至柏海”[②]。唐朝出击吐谷浑用兵近 10 万，表明在唐初之时吐谷浑的军队数是不低于唐军的半数的。隋代的记载也能印证这个推论，史载“隋炀帝时，其王伏允来犯塞，炀帝亲总六军以讨之，伏允以数十骑潜于泥岭而遁，其仙头王率男女十余万口来降”[③]。这还只是吐谷浑的一个部落头领所率领的人数。随后，投降内附的十余万口都“寻复追还”。贞观九年（635），李靖“破天柱部落于赤海，收杂畜二十万。大亮俘名王二十，杂畜五万，次且末之西”[④]。如此多的牲畜数量可以类推其支撑的人口数量之多。考虑人口增殖因素，到贞观九年（635）之时其人口肯定是不低于 20 万的。

龙朔三年（663），吐谷浑被吐蕃所灭。之后其部族一部分迁于凉州，一部分逃亡至祁连山，更多的则被吐蕃所控制。咸亨三年（672），逃亡至祁连山到凉州一带的吐谷浑诺曷钵部被唐朝迁徙到灵州地域，置安乐州以羁縻之。至于这部分内徙的吐谷浑族群人数有多少，史料中并

---

① 《旧唐书》卷 195《回纥传》，中华书局 1975 年版，第 5202 页。
② 《资治通鉴》卷 194《唐纪十 · 太宗贞观九年纪》，中华书局 1956 年版，第 6112～6113 页。
③ 《旧唐书》卷 198《吐谷浑传》，中华书局 1975 年版，第 5297、5298 页。
④ 《新唐书》卷 221《吐谷浑传》，中华书局 1975 年版，第 6226 页。

未明确提及。仅仅在讨论如何安置这些部落时，凉州都督郭元振的进言中有所提及：

> 吐谷浑近秦、陇，则与监牧杂处；置丰、灵，又迩默啜；假在诸华，亦不遽移其性也。前日王孝杰自河源军徙耽尔乙句贵置灵州，既其叛，乃入牧坊掠群马，瘢夷州县，是则迁中土无益之成验。往素和贵叛去，于我无损，但失吐谷浑数十部，岂与句贵比邪？①

上述史料中，被迁徙到灵州的吐谷浑族群并不仅仅有逃亡至凉州一带的诺曷钵部，还有长寿元年（692）王孝杰从河源军所迁移的耽尔乙句贵部。从郭元振所言中可以推知：其一，吐蕃在灭亡吐谷浑后退却，有一部分吐谷浑部族仍然生活在吐谷浑故地；其二，吐谷浑部落的内附时间持续了数十年，且有叛逃归其旧地的情况；其三，先后安置于灵州附近的吐谷浑部族达到了“数十部”。这个人数无法具体得知，如果按照开皇年间吐谷浑一部名王的口数4000余人来算②，先后安置于灵州附近的吐谷浑部族至少有8万余口。

换言之，吐谷浑大部分部众仍然是生活在今青藏高原东北缘地带，被吐蕃所统治，成为吐蕃军事行动的主力。在吐蕃攻陷河西陇右地区之后，吐谷浑族群的活动范围远达西域、河西走廊地带。唐代中后期的广德元年（763），“吐蕃寇陷泾州……以吐谷浑、党项羌之众二十余万，自龙光度而东……”③ 吐蕃兵制被称为“大料集”，“大料兵，率三户出一卒，虏（吐蕃）法为大调集”④，若按照吐蕃征发士兵的“大料集”

---

① 《新唐书》卷221《吐谷浑传》，中华书局1975年版，第6227~6228页。

② 《隋书》卷83《吐谷浑传》（中华书局1973年版，第1844页）中记载：开皇八年有吐谷浑名王“拓拔木弥请以千余家归化”。

③ 《旧唐书》卷196《吐蕃传》，中华书局1975年版，第5237页。

④ 《新唐书》卷222《南蛮传》，中华书局1975年版，第6278页。

兵制，广德年间吐谷浑和党项的人口达到了 60 万户。但这“二十余万”并没有像其他史料记载那样明确表明是“发兵”，而是“率众”。贞元三年（787），“（崔）瀚诱赂蕃中给役者，求其人马真数，凡五万九千余人，马八万六千余匹。可战者仅三万人，余悉童幼，备数而已”[①]。若依据该史料分析，上述广德年间的吐谷浑、党项诸部众“二十余万”也极有可能并不都是作战的士兵。照此比例折合算来，广德年间这次军事行动中的作战兵力为 8 万余人，按照“三户出一卒”的大料集原则，则“二十余万”应该是吐蕃所役使的治下的吐谷浑等部族的人数无疑。而结合下文中党项的分布及数量，有理由相信这 20 余万人中，吐谷浑部众是占绝大多数的。

唐初，党项经常和吐谷浑一起进犯西北边界，说明其大部是从属于吐谷浑的。贞观五年（631），唐太宗扫除北方的突厥之后，党项先后投降内属的人口达到了 30 万口之多。[②] 这些党项部众一开始被安置在今青海黄河沿岸地带。龙朔三年（663）吐蕃灭吐谷浑后，这些党项部众开始部分内迁。在高宗年间，这些党项羁縻府州先后迁至关内道的庆州、银州等地，被银州、灵州都督府管辖的内迁党项羁縻府十二、州二十八。[③] 到天授三年（692）的时候，这些内附的党项部众“凡二十万口，分其地置朝、吴、浮、归等十州，仍散居灵、夏等界内”[④]。《资治通鉴》载，天授三年（692）二月，“己亥，吐蕃党项部落万余人内附，分置十州”。胡注“长寿元年”曰：“是年……九月，改元长寿。自四月以前犹是天授三年。”[⑤] 周伟洲先生认为，这是龙朔年间受吐蕃控制的党项部落在此时也

① 《册府元龟》卷 998《外臣部·奸诈》，中华书局 1960 年影印版，第 11712 页。

② 《旧唐书》卷 3《太宗本纪》（中华书局 1975 年版，第 42 页）记载：“是岁，党项羌前后内属者三十万口。”

③ 周伟洲《唐代党项》，三秦出版社 1988 年版，第 36 页。

④ 《旧唐书》卷 198《党项传》，中华书局 1975 年版，第 5292 页。

⑤ 《资治通鉴》卷 205《唐纪二十一·则天长寿元年纪》，中华书局 1956 年版，第 6482、6477 页。

内附唐朝。换言之，在公元700年前后，党项的人口至少有21万人，活动区域在灵州、夏州和河西走廊区域。到安史之乱后，唐初迁徙至陇右北部地区的党项部众开始向庆州、夏州、灵州一线迁移，而唐初内徙的一部分党项则继续东移至银州、绥州一带。这些党项部众与后来迁徙至此的突厥部众混杂在一起，其人口数量不得而知。由此可以大致推测，考虑到人口增殖因素，在唐代中后期，党项族群的人数是不低于30万的，其主要活动地区已经转移到关内道北部的庆州、夏州、灵州、银州、绥州一带。

西突厥在归附唐之后受安西大都护府的羁縻。和东突厥不同，西突厥的人口和兵马数量史料中很少提及。西突厥在统叶护可汗时期，“控弦数十万，霸有西域，据旧乌孙之地”①，但这是整个西突厥辖地之内的兵数，在本研究地域范围内的兵数不得而知。永徽年间，苏定方征阿史那贺鲁之时，“其俟斤懒独禄以众万余帐来降，定方抚之”，则只是西突厥的一部。“贺鲁率胡禄屋阙啜、慑舍提暾啜、鼠尼施处半啜、处木昆屈律啜、五弩失毕兵马，众且十万，来拒官军”。② 贺鲁所纠集的“十万”兵马应该是西突厥本部的大部分兵马，由此可以推知，在西突厥覆亡前夕，其人数应该是不低于45万的。其覆亡之后，西突厥人口多数仍然活跃在其旧地。关于西突厥部族的内迁，有两段史料值得注意：一是“垂拱（685—688）已后，十姓部落频被突厥默啜侵掠，死散殆尽。及随斛瑟罗才六七万人，徙居内地，西突厥阿史那氏于是遂绝”③。二是开元三年（715），十姓突厥诸部落归降唐朝，前后被安置在河南地的突厥部族有万余帐，约有5万人。这两条史料所记载的是否为同一事件？史料中并未注明。按《资治通鉴》记载，开元年间十姓突厥的内附是先后分为数批，而垂拱年间十姓部落的内徙是一次性的。因此笔者推测上述两条记载应该是不同时期的两个事件，同时，按唐

① 《旧唐书》卷194《突厥传》，中华书局1975年版，第5181页。
② 《旧唐书》卷83《苏定方传》，中华书局1975年版，第2778页。
③ 《旧唐书》卷194《突厥传》，中华书局1975年版，第5190页。

制，垂拱年间内徙的十姓突厥也应该是被安置在“河南地”的。

在平定突厥之后的很长一段时间内，唐朝所面临的军事压力主要来自吐蕃和党项诸部。直到后突厥默啜部兴起之前突厥族群再无力发起大的军事进攻。此阶段活跃在突厥旧地的部族主要是西突厥之后的突骑施和东突厥之后的后突厥默啜部。突骑施本为异姓突厥，在西突厥覆亡之际兴起。突骑施乌质勒在圣历二年（699）时“胜兵三十万”，显而易见这是其搜罗的突厥其他部落的兵数，折合下来其人口数应该不低于100万。在其衰微之后的开元年间，“突骑施别种车鼻施啜苏禄者，裒拾余众，自为可汗。苏禄善抚循其下，部种稍合，众至二十万，于是复雄西域”[①]。这仍然是其搜罗的突厥遗部。折合下来其人口数约为80万。肃宗至德后，受吐蕃攻势的影响，突骑施开始衰微。“斛瑟罗余部附回鹘。及其破灭，有特庞勒居焉耆城，称叶护，余部保金莎领，众至二十万”[②]，这就意味着，突骑施的大部分人口都散落融入西域各族群中，排除战争的死亡人数，保守估计至德之后突骑施的人口是不低于50万的。

默啜部是在东突厥灭亡之后兴起的。“自天后已来，突厥默啜兵强气勇，屡冠边城，为害颇甚”。[③] 武周万岁通天元年（696），默啜向唐朝提出要求，请求归还之前安置在“六胡州”的突厥部众及单于都护府的辖地，在被拒绝后双方交恶，唐朝“遂尽驱六州降户数千帐，并种子四万余硕、农器三千事以与之，默啜浸强由此也”[④]。万岁通天二年（697），“默啜立其弟咄悉匐为左厢察，骨咄禄子默矩为右厢察，各主兵马二万余人。又立其子匐俱为小可汗，位在两察之上，仍主处木昆等十姓兵马四万余人，又号为拓西可汗”[⑤]。此时的默啜部兵力达到了8

① 《新唐书》卷215《突厥传》，中华书局1975年版，第6067页。
② 《新唐书》卷215《突厥传》，中华书局1975年版，第6069页。
③ 《册府元龟》卷993《外臣部·备御六》，中华书局1960年影印版，第11667页。
④ 《旧唐书》卷194《突厥传》，中华书局1975年版，第5168~5169页。
⑤ 《旧唐书》卷194《突厥传》，中华书局1975年版，第5169~5170页。

万余人，折合下来至少有人口30余万。在其西征攻灭突骑施娑葛之后，兵力更甚，可以推知此时的人口数应当是其峰值。从开元二年（714）起，后突厥的一部分部族开始内附。开元三年（715），“突厥十姓降者前后万余帐……制皆以河南地处之”①。这些被安置在“河南地”的突厥族群中，既有突骑施亡后的部族，也有后突厥的叛逃部族。总体而言，在开元初，被安置在关内道北部地区的突厥族群达到了近5万人。

但上述人口数量的估算显然是有以下限制性因素存在的。一是人口数量的地域性不明确，尤其是以突厥族群最为明显。东突厥的活动范围涵盖了今天蒙古高原的大部分地区，其在本书研究地域内的分布数量究竟有多少是很难确定的。二是战争的消耗和人口的自然增长率对人口数量的影响究竟有多大，本书难以确认。三是各个族群之间存在此消彼长的征服和被征服的关系，其人口数量肯定是有所重叠的。好在本书的研究旨趣并不只是为了论证其数量的多少，而是通过一个大致的动态发展过程来审视其对西北地区农牧业发展的影响。而上述限制性因素是唐代西北地区各个族群人口数量估算中都有的因素，排除这些共有的限制性因素，其大致趋势仍然是可以用来说明问题的。现对前文中估测的游牧族群的人口数量进行汇总，如表2-7所示。

表2-7　唐代西北地区游牧族群的口数及其对应的大致时间

族群名称	口数估算	大致时间
麴氏高昌	4万余口	贞观年间
	5万余口	唐中后期
龟兹	7万余口	贞观年间

① 《资治通鉴》卷211《唐纪二十七·玄宗开元三年纪》，中华书局1956年版，第6709～6710页。

（续表）

族群名称	口数估算	大致时间
焉耆、疏勒、于阗	4 万余口	贞观年间
西突厥	不低于 45 万	永徽年间
西突厥	内附 10 万余口	垂拱至开元年间
东突厥	70 万口	武德年间
东突厥	不低于 20 万口	贞观年间
薛延陀	30 万口	武德年间
薛延陀	不低于 80 万口	贞观年间
回纥	22 万口以上	永徽年间
回纥	1 万余口	宝应年间
回纥	5 万口	贞元年间
回纥	9 万口	开成年间
回纥	10 万口	会昌年间
突骑施	不低于 100 万口	圣历年间
突骑施	80 万口	开元年间
突骑施	50 万口	至德以后
默啜	30 余万口	万岁通天年间
默啜	内附 5 万余口	开元年间
吐谷浑	不低于 20 万口	贞观年间
吐谷浑	内附 2 万余口	咸亨至长寿年间
吐谷浑	20 万口	广德年间
党项	30 余万口	贞观年间
党项	21 万余口	天授年间
党项	不低于 30 万	天宝以后

上表中，有关西北地区游牧族群的人数记载及估算主要集中在开元以前的唐代前期，这与唐代所面临的边疆形势是一致的。到东、西突厥

覆亡之后，伴随着唐代政局的稳定和吐蕃政权的崛起，整个西北地区的游牧族群问题也逐渐在史料中淡出，这一情况也与天宝之后西北失陷和唐朝内战有关。诸族群之间的统领关系也极为复杂，这导致了人口数量估算的重复。典型代表就是突厥的东、西、后及铁勒诸族的突骑施、薛延陀等族群，他们多数是在前一统领覆亡之后，搜罗残部继而形成新的组织体系，其人口数量具有继承性。同时，每一游牧部落在溃亡之际，几乎都有内附于唐的情况。这些内迁的游牧族群多数被集中安置在关内道北部的"河南地"，最终使该片区域的族群构成更为复杂。从人口总量上来看，在唐太宗至武周时期，剔除可能重复计算的人口，活动在整个西北地区的游牧族群的人口总量尚有近 250 万人，其规模几乎达到本区域内编户人口规模的一半。

本章小结

本章对西北地区唐代的人口数量问题进行了讨论。在第一节中，笔者对典籍记载的版籍户口进行了考订。目前人口史学界对《新唐书》、《旧唐书》、《元和郡县图志》和《通典》中户数记载的时间存有争议，笔者在此基础上，对贞观年间、开元年间、天宝年间和元和年间的户口数据进行了汇总和辨析，得出如下结论：

第一，贞观年间的户口方面。从户口总量上看，关内道地区的户口数达到了 38 万余户、170 余万口；陇右道地区的户口数则为近 5 万户、19 万余口。在关内道地区，户口主要集中于关中平原地区，雍、岐、同等州的口数占整个关内道地区的 80%以上。在陇右道地区，户口主要集中于河西走廊沿线的凉州、甘州、沙州以及洮水、渭水附近的河州、岷州和秦州，这些州的户口数占整个陇右道地区的 60%左右。由此可以发现，唐初陇右道地区的人口分布相对均匀，关内道地区的人口则重点集中在京畿附近。其中，延州、鄜州、坊州三州的户数和口数之比显著有异于其他州府，鄜州的户口比为 30.07，延州、坊州的户口比均在 1.5 左右。其原因不知为何，暂时存疑。

第二，贞观到开元年间的户口问题。通过考订，可以发现从贞观年间到开元年间，户口的整体变化是十分明显的。在关内道地区，几乎所有州的户数都表现出 2 至 3 倍的增长。前述鄜州、坊州、延州的户数增长仍然值得注意。以鄜州为例，贞观年间户数为 1703 户，到开元年间暴增至 30185 户，增长了十几倍。在陇右道地区，靠近关内道的诸州府，如秦、鄯、凉等州的户数增长速度明显高于关内道地区各个州府，达到了约 5 倍之多。

第三，开元到天宝年间的户口问题。由于年代相距较近，关内道大部分地区的户数增长速度显著放慢，只有陇州的户数增长较快，达到约 4 倍之多。在陇右道地区，户数的变化则呈现出减少的趋势，而与陇右道接壤的关内道岐州、泾州、陇州、会州等州的户数则呈现明显增长的特点，与整体增长速度放慢的趋势明显不同。前文中数据异常的鄜州、坊州、延州三州在此阶段继续存在异常。坊州的户数增长了约 7000 户，鄜州反而减少了约 7000 户。

第四，从天宝到元和年间的户口问题。此阶段陇右道及其以西大部分州府的户口数据缺失，关内道地区大部分州府户口数据呈现断崖式减少局面。这无疑与陇右道地区的失陷、唐朝的藩镇战争是有关系的。但更多的则与人口隐匿现象、户口上报制度消弭等因素有关。

以上，笔者对西北地区版籍所载的户数进行了探讨，但这仅仅是关于农耕族群为主体的赋税人口的数量记载。西北地区自秦汉以来都活跃着诸多的游牧族群，为了抵御他们的袭扰，唐朝在西北地区维持了数目相当庞大的驻军，再加上隐匿户口的现象，这些未入版籍的人口的存在是绝对不能忽略的。因此，第二节从人口承载的视角出发，对生活在唐代西北地区地域范围内的版籍以外的人群尽可能全面地进行了考订。

首先是长期驻军的数量问题考订。综合《新唐书》、《旧唐书》、《元和郡县图志》和《资治通鉴》的记载，可以发现史料中对军、镇、守捉的记载存在原封不动的互相传抄和矛盾的地方。在对西北地区唐代的军事形势进行梳理之后，可以发现上述史料中记载的兵马数据相对符合天宝初年的军事形势，其记载的兵员数量也多数以开元、天宝年间为主。总体而言，唐朝在西北地区的最大规模常驻军数量有近 26 万之多，并且到元和之时，很多军镇还维持着与唐初之时相近的驻军规模。这为本书后续进行军屯的相关研究提供了基础。

其次是关于隐匿户口相关的探讨。这一部分探讨涉及逃户、客户、僧道的问题，他们虽未入版籍，却直接参与了农业生产，因此也予以考订。结果显示，整个西北地区在武周时期的亡逃之户是不低于 20 万户的。在开元年间整个西北地区的客户数量至少达到了 8 万余户、30 余万口。在天宝年间整个西北地区的僧、道及奴婢数量约为 14 万人。由于史料的缺乏，在此难以进行动态的数量估算，仅能得出某一个时间段的隐匿户口数据，但这些数据也足以给后续研究提供一些帮助。

最后是游牧族群人口数量的估测。本节结合民族史研究的成果，大致梳理了西北地区唐代游牧族群的世系及其关系。在此基础上，按照时间顺序对西北地区游牧族群的数量进行估测，最后列表 2-7 进行展示。虽然该项研究存在诸多值得商榷的细枝末节，但在整体结论上仍然是足以支撑后续研究的。单从人口总量上来看，在唐太宗至武周时期，剔除可能重复计算的人口，活动在整个西北地区的游牧族群的人口总量有近 250 万人，其规模几乎达到本区域内编户人口规模的一半。这就意味着，在后续的农业地理研究中更应该重视这些游牧族群与西北地区唐代农业的互动关系。

第三章　土地垦殖的规模

西北地区的大部分区域在唐代都处于农牧交错地带以西，农牧分界线的中、西部分也在此来回摆动。这种特殊的农牧业形势是农耕业和畜牧业不甚稳定所造成的结果。农耕业发展的不稳定往往意味着农耕用地的废弃或者开垦。对西北地区唐代的农业而言，农耕用地开垦的主要形式包括军事屯垦和民间垦殖。军事屯垦往往是朝廷或者地方军镇、州府所为，总体来看，和百姓的自有耕地是有别的。同时，唐朝的军事屯垦也存在占用百姓私有耕地的现象。如开元八年（720）诏曰“（关内同州地区）先有百姓挂籍之地，比来召作作主，亦量准顷亩，割还其官屯熟田，如同州有贫下欠地之户，自辨功力，能营种者，准数给付余地，且依前官取”[①]；宰相李元纮反对在关内设置屯田时认为：“百官所退职田，散在诸县，不可聚也；百姓所有私田，皆力自耕垦，不可取也。”[②] 由此可见，朝廷或者军镇的屯垦行为和百姓的自有私田耕作是两类不同性质的农耕行为。并且，唐代的西北军事行动中，在军事屯垦之外，屡屡有和籴粮食来解决军队粮食供应不足的记载，且和籴的粮食

① 《册府元龟》卷678《牧守部·兴利》，中华书局1960年影印版，第8102页。

② 《旧唐书》卷98《李元纮传》，中华书局1975年版，第3074页。

总量也相当可观。这也能说明，在军事屯垦之外尚有地位极其重要的百姓私人种植需要进行考虑。因此对西北地区唐代的整体农耕情况进行考察很有必要。本章将以屯垦为线索对西北地区唐代的农耕业进行分析，梳理各小区域内军事屯垦的进程、成效及其时空特征，进而从均田及人口层面对军屯以外的民间垦殖规模进行合理推算并总结其时空特征。

第一节 农耕业的制度保障及屯垦必要性的阶段变化

一、制度保障——均田制是否施行的争议、军事屯垦制度的奉行

屯垦是古代农业活动中一种重要的农业生产行为。在一定程度上，屯垦所及之处往往意味着农耕区边缘的退缩或者前进。由此，屯垦行为也就有了时间过程和空间过程。在对唐代西北屯垦本身展开研究之前，需要先理清一些重要的条件，其中之一便是制度条件——均田制的问题。

根据唐史学界的研究，唐代的屯垦在大多数情况下是一种国家行为。在屯垦的研究中又有“屯田”和“营田”的名称之辨，李宝通通过研究认为二者本没有太多区别，但在唐代经历了从词义互代向分离使用的过程。[①] 同时，唐代是否施行均田制也在很长时期内存在争议。而均田制是否施行本身也是影响唐代西北屯垦的重要因素之一。现将唐史学界主要观点综述如下。

学界讨论最多的是均田制在唐代是否实行的问题。在新中国成立以前，已经有过诸多探讨[②]，大多数学者认为均田制并没有具体施行。1954 年，邓广铭发表《唐代租庸调法研究》一文，他认为唐代史籍中完全没有记载均田制何时废止的事，同时，唐初的均田令也是一种具

---

① 李宝通《唐代屯田研究》，甘肃人民出版社 2001 年版，第 59~82 页。

② 胡戟等主编《二十世纪唐研究》，中国社会科学出版社 2002 年版，第 311~312 页。

文。[①] 邓广铭完全否定均田制的观点很快引起反响。乌廷玉认为，唐初“出现大量无主荒地”，均田制确实得到了推行，“均田户所领的土地，是国有荒地，并不是私有土地”，通过引证关中、关东及沙州的“受田”“退田”史实，作者认为均田制度的实行是普遍的，只不过是“打了一些折扣”。[②] 韩国磐也认为，“唐初实施过均田制，不过很不彻底”，反对观点所列举的敦煌材料只能证明均田制实施得不彻底，而不能否认其存在。[③] 在20世纪50年代和80年代兴起的关于均田制是否施行的争论中，可以发现新出土的敦煌文书总能引起新的讨论热潮。翁俊雄则对唐初中原地区的均田制施行进行了探讨，他认为，不管是中原地区还是敦煌地区，“永业田和口分田基本都是户内继承，很少有还公的可能”，考虑人口增殖，唐初的均田制推行都有一个宽乡趋于狭乡化的过程。[④]

上述争论中许多论点都是基于对唐代田令的不同解读，事实上，唐代田令在《天圣令》发现之前一直是有错漏缺失的。1999年，明抄本宋《天圣令·田令》的发现，使《唐令·田令》得以复原。[⑤] 因此，有学者认为，《唐令·田令》的复原使得原有的均田制是否施行的争论已经没有了意义，因为“按《田令》规定，由政府实际收授田土是均田制的实行，把各户原有田土登记为已受田，或以户内账面调整方式进行土地还授，也是均田制的实行”[⑥]。耿元骊则在分析了唐代“均田制”概念起源及其研究过程后认为，唐代只有“田令”而无“均田令”，把“田令”视为“均田令”应当说是个历史性的误解，“均田制”“不是唐代存在的一种制度，只是后人的一种解释方法，是一种学术观点而非

① 邓广铭《唐代租庸调法研究》，《历史研究》1954年第4期。

② 乌廷玉《关于唐朝均田制度的几个问题》，《东北人民大学人文科学学报》1955年第1期。

③ 韩国磐《唐代的均田制与租庸调》，《历史研究》1955年第5期。

④ 翁俊雄《唐初中原地区均田制实行情况初探》，《北京师范学院学报（社会科学版）》1989年第6期。

⑤ 戴建国《唐〈开元二十五年令·田令〉研究》，《历史研究》2000年第2期。

⑥ 杨际平《〈唐令·田令〉的完整复原与今后均田制的研究》，《中国史研究》2002年第2期。

唐人政治、经济生活中的实践”。[①]

上述争论过程因篇幅所限未能一一列举。虽然关于均田制是否推行的争论看似仍没有结束，但在一定程度上来说，倾向于均田制在唐代得到施行的观点是居于主导地位的。笔者在下文行文中更倾向于这种主要观点。

军事屯垦制度是唐初定都关中之后，基于当时的军事情况和社会环境而采取的一种粮草供应政策。这一制度在汉代时就已经存在，可以说唐初是沿用了这一制度。无论从军粮供应的现实需要层面还是从官员的政绩考课层面来讲，这一政策在武周后期的西北地区被极力推行，一直到唐末，唐朝中枢和地方官员、将领将其奉若圭臬。

二、屯垦必要性的转变——以军屯为例

（一）武德至贞观初屯垦的必要性

相关研究认为，隋朝在西北地区的屯田虽然成效甚微[②]，但其规模和范围仍然是相当可观的。经历隋末大乱之后，西北地区的屯田被不同程度废止。唐初的武德年间，唐王朝尚未统一，西北地区仍然在割据势力、游牧势力的控制和袭扰之下。虽然唐王朝在军事层面上节节胜利，但从农业基础和粮食供给层面上来看，此时的唐王朝又是极其脆弱的，其士兵来源和粮草供应严重依赖关中地区。

经过隋末的连年战争，原来的农耕区人口流失严重，竞相沦为兵寇，加上自然灾害的影响，出现“群兵竞起，海内饥荒”的局面。[③] 不仅是民间饥荒连连，就连军队的军粮供给都出现了问题。史载，武德年间，“秦王世民引兵自龙门乘冰坚渡河，屯柏壁，与宋金刚相持。时河

---

① 耿元骊《唐代“均田制”再研究——实存制度还是研究体系》，《社会科学战线》2011 年第 11 期。

② 李宝通在《唐代屯田研究》一书中认为，隋朝的西北屯田成效是相当低的，原因在于军屯虽有成效但民屯的规模是相对缩减的。

③ 《旧唐书》卷 53《李密传》，中华书局 1975 年版，第 2211 页。

东州县，俘掠之余，未有仓廪，人情恇扰，聚入城堡，征敛无所得，军中乏食。世民发教谕民，民闻世民为帅而来，莫不归附，自近及远，至者日多，然后渐收其粮食，军食以充”[①]。龙门前线与关中平原相距并不远，而此时的唐军军粮供应竟然出现问题，除了交通运输的影响因素，关中地区的粮食供应不足恐怕也是极为重要的一个原因。

唐初在平定一系列的割据政权之后，因为战乱，整个关内道乃至河西陇右地区的农耕业处于凋敝的边缘。武德六年（623），唐高祖李渊说道：“隋末丧乱，豺狼竞逐。率土之众，百不存一。干戈未静，桑农咸废。凋弊之后，饥寒重切。”[②] 贞观初，李大亮进言：“河西氓庶，积御蕃夷，州县萧条，户口鲜少，加因隋乱，减耗尤多。突厥未平之前，尚不安业；匈奴微弱已来，始就农亩。”[③] 可以看出，在贞观初年以前，由于受战乱的影响，唐朝所控制地域内的农业在长时期内普遍衰落严重，无论是军队的军粮供应，还是普通百姓的口粮问题，都成为唐朝首要解决的问题。武德年间，张俭在朔州“大教民营田，岁收谷数十万斛。虽霜旱，劝百姓相振赡，免饥殍，州以完安”[④]。贞观二年（628），唐太宗更是下令“沃衍有屯田之州，则置营田使”[⑤]。其后西北地区的诸边州基本都有营田使官职的存在。

以上种种史料表明，初唐政权在扫平地方割据势力进行统一大业的过程中就面临着恢复社会稳定的问题。为解决粮食问题而进行屯田无疑是促进社会稳定的一个重要途径。早在武德年间，李渊就初定均田租、庸、调法，其根本目的是巩固初唐政权的经济基础，而各种赋役得以执行的前提就是推行均田制。兑现均田制就需要鼓励军民在隋末动乱中产

---

① 《资治通鉴》卷188《唐纪四·高祖武德二年纪》，中华书局1956年版，第5872页。
② 周绍良主编《全唐文新编》，吉林文史出版社2000年版，第17页。
③ 《旧唐书》卷62《李大亮传》，中华书局1975年版，第2388页。
④ 《新唐书》卷111《张俭传》，中华书局1975年版，第4133页。
⑤ 《新唐书》卷49《百官志》，中华书局1975年版，第1316页。

生的无主荒地上进行屯垦。总体而言，维护政权初期的稳定性，解决新生政权的粮食供应问题是这一阶段进行屯垦的主要目的，但屯垦并不是唯一的方法，因此对唐朝而言，这一阶段屯垦的必要性远不及唐代中后期那么迫切。

（二）贞观至天宝年间屯垦必要性的变化

唐初所面临的民生凋敝、农耕废弛的情况在贞观年间已经大有改观。贞观初年，在肃清威胁关中地区的梁师都等割据政权之后，唐朝开始着手廓清西北方向游牧部落的威胁。前文第二章中已经讨论了唐代军事形势的时空变化过程，贞观年间的军事形势对唐朝极为有利。

> 贞观中，李靖破吐谷浑，侯君集平高昌，阿史那社尔开西域，置四镇。前王之所未伏，尽为臣妾，秦、汉之封域，得议其土境耶！于是岁调山东丁男为戍卒，缯帛为军资，有屯田以资糗粮，牧使以娩羊马。大军万人，小军千人，烽戍逻卒，万里相继，以却于强敌。①

正如史料中记载的那样，太宗时期唐朝的疆域远大于高祖武德年间，甚至超越了秦汉之时的范围。随着贞观年间唐朝军事行动的胜利，唐朝在西北方向的军事行动开始转变成防御驻守。北部的丰州、夏州和西北部的河湟地区、河西走廊和西域地区也因此留守有大量的驻军。前文的论述表明，自从贞观年间西北局势稍显稳固之后，唐朝在西北地区的军队规模长期维持在26万之多，尚不包括京畿附近大量的折冲府兵。这些军队最初仍然以轮番上阵的府兵为主，其粮草供应多数为府兵自带，这一情况显然是不适合长时期边地驻军的。换言之，这一时期粮食需求量最大的是开边之后的驻防军队。

---

① 《旧唐书》卷196《吐蕃传》，中华书局1975年版，第5236页。

解决边地军队粮食需求的方法有粮食转运、和籴、就地屯垦等方法。以上几种方法各有优劣，分别适用于不同的军事形势背景。粮食转运一般适用于距离粮食产地或者仓储较近且交通相对便利的情况，如关内道地区的豳、原等州；和籴法一般是就地和籴或者是和籴之后转运至其他地方，贞观年间，张俭在代州劝“蕃人”营田，“每年丰熟。虑其私蓄富实，易生骄侈，表请和籴，拟充贮备，蕃人喜悦，边军大收其利”[①]。但这两种方法并非长久之计，往往只能解决驻军短时期内的粮食问题。在河西和西域地区，路途遥远且需要长时期驻守，边地屯垦成为解决粮食问题的最佳选择。贞观十四年（640）平定高昌之后，唐朝设置西州，“岁遣千余人，远事屯戍，经年离别，万室思归，去者资装，自须营办，既费刍粟，倾其机杼”[②]，从士兵来源到粮草装备全靠兵源地供给的方式显然是不适合长期驻防的。到唐朝与吐蕃对峙时期，边地屯垦成为双方都较为重视的一种解决军粮问题的途径。

贞观初，突厥铁勒部内附，唐朝在其旧地设置瀚海都护府，由于其距离关中较远外加粮草转运不便，“诏（李）素立领之……乃开屯田，立署次，虏益畏威”[③]。关内道的丰州、夏州也是如此，两州处于黄河沿线边地，承担着关内道地区重要的军事防守任务。永淳初，王方翼为夏州都督，“属牛疫，民废田作，方翼为耦耕法，张机键，力省而见功多，百姓顺赖”[④]。天授初，娄师德为左金吾将军，检校丰州都督，“衣皮袴，率士屯田，积谷数百万，兵以饶给，无转饷和籴之费”[⑤]。武则天夸赞其“往还灵、夏，检校屯田，收率既多，京坻遽积。不烦和籴之费，无复转输之艰”[⑥]。由此可见，在娄师德灵、夏屯垦之前，关内道北部的边防重镇——灵州、夏州

① 《旧唐书》卷83《张俭传》，中华书局1975年版，第2776页。
② 《唐会要》卷95《高昌》，中华书局1955年版，第1702页。
③ 《新唐书》卷197《李素立传》，中华书局1975年版，第5619页。
④ 《新唐书》卷111《王方翼传》，中华书局1975年版，第4135页。
⑤ 《新唐书》卷108《娄师德传》，中华书局1975年版，第4092页。
⑥ 《旧唐书》卷93《娄师德传》，中华书局1975年版，第2975页。

已经饱受军粮不足的困扰，和籴法和长途转运粮草虽然能给予一定保障，但其弊端也是极其明显的。娄师德的屯垦之举显然解决了两州的粮草困局，因此他的就地屯垦才被朝廷视为一项重大的政绩。

在河湟地区、河西以及西域地区，吐谷浑政权和突厥政权的威胁先后得以解除，但小规模的袭扰依然存在。其后崛起的吐蕃政权也开始不停地对唐朝的辖地进行袭扰。因此唐朝在河西、河湟、西域地区长时期驻军防守成为常态。如肃州城在高宗永徽年间“时州城荒毁，又无壕堑，数为寇贼所乘。方翼发卒浚筑，引多乐水环城为壕。又出私财造水碾硙，税其利以养饥馁，宅侧起舍十余行以居之。属蝗俭，诸州贫人死于道路，而肃州全活者甚众，州人为立碑颂美”[①]。由于距离关中地区较远，军粮的供应成为西北地区军事行动的制约因素。远距离的粮食转运与和籴显然是得不偿失的，因此就地进行屯垦是长时期驻军保障粮食的最佳选择。

在某种程度上来说，屯垦的成效关系到边地城池的失陷与否，因此这一时期的边地屯垦显然是被上升到国家安全的高度之上，屯垦的必要性也自然可想而知。但这一时期兵制的改革是屯垦得以在整个西北诸军镇施行的重要原因。开元二十五年（737），为了解决上述问题，玄宗下诏“取丁壮情愿充健儿长任边军者，每岁加于常例，给田地屋宅，务加优恤，使得存济”[②]，至此，募兵制逐渐成为常态。与以前轮番戍边的制度相比，戍边军队的职业化使边州的土地、房屋等财产安全和士兵捆绑在一起，在原有的国家粮食供应出现不足的情况下，就地屯垦成为边地士兵生存的不二途径。

（三）安史之乱后西北屯垦必要性的转变

如本书第二章所述，安史之乱之前，唐朝和吐蕃、突厥等部落在西北地区长时期对峙，在关内道北部、陇右道的东部至西域一线布置了相

① 《旧唐书》卷185《王方翼传》，中华书局1975年版，第4802页。
② 《册府元龟》卷124《帝王部·修武备》，中华书局1960年影印版，第1491页。

当数量的军队。长时期的驻军是西北地区进行屯垦的客观现实需求。而随着安史之乱的爆发，西北地区屯垦的现实需求发生了重大改变。

为了平定安史之乱，原先镇守河西及西域的将士被召回平叛，并且大多数士兵最终并没有再次返回原驻地。如高仙芝所率领的西域戍卒、哥舒翰任陇右节度使时所辖的河陇军队等，大多数都开赴关中地区，随着战事失利或逃亡或转移。史载哥舒翰在封常清、高仙芝战败之后被委以重任，率领“河陇、朔方兵及蕃兵与高仙芝旧卒共二十万，拒贼于潼关”[①]。第二章中笔者已经推测，唐朝在西北地区长时期驻军的数量最多有 26 万左右，如果这里的“二十万”所言不虚的话，则可以想象，整个西北地区的边防驻军基本悉数被拉回关中进行平叛。这就意味着西北地区原有的屯垦体系在短时期内丧失了大量的劳动力和安全保障，此时的唐朝已经无暇顾及西北地区的屯垦。

在安史之乱及后续的平叛战争之时，西北地区的大部分地区渐次被吐蕃蚕食，在边地渐次失陷的过程中，原有的屯垦成果如农田、水渠等水利设施均因战乱而损失严重。以灵州为例，大历十三年（778），“虏大酋马重英以四万骑寇灵州，塞汉、御史、尚书三渠以扰屯田，为朔方留后常谦光所逐，重英残盐、庆而去”[②]。贞元八年（792）四月，“吐蕃寇灵州，掠人畜，攻陷水口城，进围州城，塞水口及支渠以营田”[③]，又寇泾州，掠田军千人（《新唐书·吐蕃传》载）。换言之，河陇地区的屯田在失陷之际均不同程度地受到战争的影响甚至于被废弃。

到长庆之际，唐朝与吐蕃之间的战争基本结束，在此之前西北地区适于屯垦的区域分别被吐蕃和唐朝控制。在吐蕃方面，军事行动从游走式的袭扰变成了长期驻守。虽然吐蕃的经济方式以畜牧业为主，从唐代前期朝廷的战果来看，动辄俘获数万乃至十万的牛羊杂畜表明吐蕃的军粮供应仍

① 《旧唐书》卷 104《哥舒翰传》，中华书局 1975 年版，第 3213~3214 页。

② 《新唐书》卷 216《吐蕃传》，中华书局 1975 年版，第 6092 页。

③ 《旧唐书》卷 196《吐蕃传》，中华书局 1975 年版，第 5257 页。

然多为所驱赶的牲畜，但随着战事的发展，粮食供应也成为吐蕃军队行军的重要保障。其行军之时的“大料集”和劫掠粮草的记载表明粮食对吐蕃军队后期的军事行动至关重要。在天宝之际吐蕃军队就有抢收唐军粮食的记载：每岁积石军麦熟，吐蕃辄来获之，无能御者，边人谓之“吐蕃麦庄”。[①] 在驻守西域及河西之后，吐蕃军队就更需要稳定的粮食供应，在之前唐军屯垦的基础上就地屯垦也就成为几乎唯一的可能。

对唐朝而言，一方面是边地州县的失陷导致原有的屯垦之地被迫放弃，进而使边境的军事形势雪上加霜；另一方面则是随着战线的盈缩进退，新的边境需要极力推行屯垦才能站稳脚跟，保证粮食供应。因此在中晚唐之际，边地屯垦处于一种极为窘迫的境地，大中年间的秦州是为一例：

> [大中三年（849）] 八月，凤翔节度使李玭奏收复秦州，制曰：……其秦、威、原三州及七关侧近，访闻田土肥沃，水草丰美，如百姓能耕垦种莳，五年内不加税赋。五年已后重定户籍，便任为永业。温池盐利，可赡边陲，委度支制置闻奏。凤翔、邠宁、灵武、泾原守镇将士，如能于本戍处耕垦营田，即度支给赐牛粮子种，每年量得斛斗，便充军粮，亦不限约定数。[②]

与此同时，随着唐朝混乱形势的发展，内地的耕地被大量荒废，基于恢复国家经济的需要，内地屯垦也屡见于史册。内地屯垦也是中晚唐之际的一种迫切现实需求。

综上，本节从社会层面对西北地区唐代屯垦的必要性进行了论述，可以发现西北地区的屯垦条件在整个唐代处于不断变化之中。初唐武德至贞观初，由于政权刚刚创立，西北地区的关内道北部地区被勾结突厥势力的

---

① 《资治通鉴》卷 215《唐纪三十一・玄宗天宝六载纪》，中华书局 1956 年版，第 6878 页。

② 《旧唐书》卷 18《宣宗本纪》，中华书局 1975 年版，第 623、624 页。

割据势力占据，唐朝在关内地区进行屯垦的主要目的是巩固政权的稳定。汉晋时期进行屯垦的地区此时大部分仍然在唐朝的控制之外。贞观中后期一直到天宝初，是唐王朝经略西北的重要阶段，这一时期西北地区的游牧部落逐渐被唐朝和吐蕃分而控制，出于军事防守的需要，双方在适宜屯垦的边地大兴军屯。安史之乱之后，唐朝忙于平叛战争和随后的削藩内战，吐蕃趁机侵占了西北地区大部。经历唐蕃对峙和内战之后，为应对边疆危机和经济危机，内地屯垦和边地屯垦成为唐朝发展农业的重要选择。吐蕃在取得西北地区的州县之后，长时期的驻守也迫使其重视农业垦殖。总体而言，仍处于传统农业社会的唐朝，尽管在不同时期进行屯垦的必要性不尽相同，但西北地区的屯垦行为一直有进行下去的社会需求支撑。

第二节　军事屯垦的规模及成效

军事屯垦所占用的土地多数为无主荒地或者是无人开垦的闲暇隙地，虽然到唐代后期有抢占民间耕地的现象，但从整体来看西北地区的军事屯垦和民间垦殖是相互区分的。现对其面积进行如下估算。

一、屯田数量的直接换算

《唐六典》中有军事屯垦数量的明确记载，关于该记载的确切时间，学界虽然有争议，但大致上来看属于开元年间的数据是没有问题的。现将《唐六典》中有关西北地区军屯的记载整理如下。

表 3-1　《唐六典》所载西北地区军屯数量表

屯名称	屯数量	顷数换算	屯名称	屯数量	顷数换算
大同军	40	2000	伊吾	1	50
云州	37	1850	天山	1	50

（续表）

屯名称	屯数量	顷数换算	屯名称	屯数量	顷数换算
朔州	3	150	渭州	4	200
长春[1]	10	500	秦州	4	200
单于	31	1550	成州	3	150
定远	40	2000	武州	1	50
东城	45	2250	岷州	2	100
西城	25	1250	莫门军	6	300
中城	41	2050	临洮军	30	1500
胜州	14	700	河源	28	1400
会州	5	250	安人（仁）	11	550
盐池[2]	7	210	白水	10	500
原州	4	200	积石	12	600
夏州	2	100	富平	9	450
丰安	27	1350	平夷	8	400
赤水	36	1800	绥和	3	150
甘州	19	950	平戎	1	50
大斗	16	800	河州	6	300
建康	15	750	鄯州	6	300
肃州	7	350	廓州	4	200
玉门	5	250	兰州	4	200
安西	20	1000	北使[3]	2	60
疏勒	7	350	南使	6	180
焉耆	7	350	西使	10	300
北庭	20	1000	盐州监牧	4	120
			军器[4]	4	200
总计	663 屯 32570 顷				

注：1. 长春，指长春宫，唐代在此设置长春宫使，以同州刺史领之，而不归司农寺管辖。因此笔者将其垦田视为军垦，而非司农寺所

属垦田。2. 盐池屯垦受司农寺节制，详见下文。3. 北使、南使、西使为唐代监牧所设立机构，其中北使在关内道辖区，西使、南使在陇右道辖区。其屯数折合的顷数下文中有详细论述。4. 军器监所屯田。

上表中的军事屯垦形式多样，有州镇屯、军屯、监牧屯垦等类别，每屯的单位面积自然也不尽相同。

首先，州、镇、军屯的单位面积。“司农寺每屯三十顷，州、镇诸军每屯五十顷”①，表中长春宫的屯垦本来应该归司农寺管辖，但由于长春宫远离长安，且有明确记载表明长春使是同州刺史兼领，因此笔者认为其单位应该与军屯是一致的。诸军屯的规模又有“大者五十顷，小者二十顷”② 的区别，本书该如何取舍呢？元和年间，为解决振武军的粮食问题，宰相李绛“因募人为十五屯，每屯百三十人，人耕百亩”③。这则史料给我们提供了一个参考，那就是元和年间振武军的屯田中每屯的面积达到了 130 顷。前文中的亩产论证过程证明该数据的可信性极高。那么这里每屯的面积远大于唐朝规定的最大“五十顷”的原因是什么呢？笔者推测其一是土地生产能力的限制，由于土壤肥力有限，时至今日西北地区仍然存在数量较大的类似“易田制”的休耕之地，这种情况在唐代的西北地区应当是广泛存在的。要保证产量只能使每屯的单位面积增加。其二是官员考核时垦地面积多寡是衡量标准之一。史载“廉使奏吏之能者有四科，一曰户口增加，二曰田野垦辟，三曰税钱长数，四曰率办先期”④，虽然这是考核地方官员的标准之一，但率军屯边的将领也多数以此为政绩标准，屯垦面积在很大程度上自然也是越大越好的。因此取每屯“五

① 《新唐书》卷 53《食货志》，中华书局 1975 年版，第 1372 页。
② 《唐六典》卷 7《尚书工部》，中华书局 1992 年版，第 223 页。
③ 《新唐书》卷 53《食货志》，中华书局 1975 年版，第 1373 页。
④ 《新唐书》卷 52《食货志》，中华书局 1975 年版，第 1355、1356 页。

十”顷的单位来换算唐代的州、镇和军屯面积是可行的。

其次，军器监和诸监牧屯垦的单位面积。军器监最早是武德年间在太原所置的北都军器监，在贞观年间废，开元年间才重新设置，但史料中均明确标明为“北都军器监”。关于军器监的设置，“新旧《志》及《通典》并同，而《六典》不载，未详”[①]，《唐六典》中将“军器”的屯数列入陇右道之中，可见该“军器”不同于北都军器监。由于史料限制，本书暂将其视为 50 顷每屯，至于其具体位于何处、为何有屯田则暂时存疑。

监牧是唐代设置的管理国家畜牧业的机构，由太仆寺负责。上表中出现的北使、南使、西使、盐州监牧是统领诸监牧的机构。“诸群牧别立南使、北使、西使、东使，以分统之”[②]，盐州监牧是后来设立的与北使平级的机构。其中北使、盐州监牧在关内道，南使和西使在陇右道。那么，诸监牧所屯垦的土地每屯有多少顷呢？正史中并没有详细的记载。从《岐邠泾宁四州八马坊颂碑》中可以窥知一二，碑文载“八坊营田一千二百三十余顷，析置十屯……岁中收贮二万五千石”[③]。该碑文有两种解读的可能，一种是将营田一千二百三十顷从监牧分离出去设为十屯，那么每屯为一百二十三顷，马俊民、王世平等人持此观点[④]；另一种则是从一千二百三十顷营田中分离出十屯。结合“岁中收贮二万五千石”的记载，可以认为这些产量是析置“十屯”的粮食产量。那么第一种理解中每顷的产量为 20.33 石，每亩的产量为 0.2 石，与唐代亩产 1 石左右的平均值相比显然有悖于常识，因为八坊所在的岐邠泾宁之地基本都是水草相对丰美的地区，屯垦的产量不至于如此之低。第二种理解中，根据总产量可以得出每屯 2500 石的产量，如果每

---

① （清）王鸣盛《十七史商榷》，上海书店出版社 2005 年版，第 714 页。

② 《唐六典》卷 17《太仆寺》，中华书局 1992 年版，第 486 页。

③ 《全唐文》卷 361《岐邠泾宁四州八马坊颂碑》，中华书局 1983 年版，第 3672 页。

④ 马俊民、王世平《唐代马政》，西北大学出版社 1996 年版，第 50 页。

屯按“大者五十顷，小者二十顷”来算，每顷产量分别为50石、125石，折合每亩0.5石、1.25石，两个结果似乎都不太符合唐代亩产的平均水平，这又该如何解释呢？史载，司农寺总“……宫苑、盐池、诸屯等监”，“诸屯，监一人……掌营种屯田，句会功课及畜产簿帐，以水旱蝝蝗定课。屯主劝率营农，督敛地课”。[①] 由此可以推测，虽然诸监牧一开始是受制于太仆寺，但随着军镇和监牧的相互重叠，监牧屯垦之地开始归司农寺管辖，诸监牧的屯垦行为是受制于司农寺的。由此，监牧所屯垦的土地中，每屯应该是30顷，以此计算《岐邠泾宁四州八马坊颂碑》中的亩产量为0.83石，已经极为接近唐代的平均水平了。

基于以上论证，笔者在表3-1中对西北地区唐代的军事屯垦面积进行了换算。结果显示，本研究区域内的军事屯垦达到了663屯、32570顷。而开元年间“天下屯总九百九十二”，可见有三分之二的军事屯垦集中在西北地区。通过表中的数据，可以发现代北地区至丰州地区的三受降城一线是关内道北部地区的屯垦重心；灵州、凉州、鄯州、河州分别是区域内的屯垦中心；安西、北庭是西域地区的屯垦中心。整体而言，屯垦的面积从东往西逐渐减少，与自然环境的地域分异规律相符合。

二、基于军队数量的屯田成效的间接验证

根据表2-5，可以知道开元天宝之际西北地区的军镇分布，如果能知道每个士兵每年的粮食消耗，就能算出每个军镇的粮食需求量，进而结合唐代田地的平均亩产量估算每军镇需要屯垦多少土地才能够自给。最后用反推的结果与上文中表3-1所得结果相互校对，能更准确地复原西北地区的军事屯垦规模及其成效。在进行验证研究之前，需要明确两个关键性指标，其一是士兵的人均年粮食消耗量，其二是唐代粮食的

① 《新唐书》卷48《百官志》，中华书局1975年版，第1263页。

平均亩产量。

关于唐代士兵人均年粮食的消耗量，张泽咸先生认为，每兵每年食粮七石二斗，其依据是陈子昂的《上蜀川军事》一文中对松潘驻军的描述："闻松潘等州屯军数不逾万，计粮给饷，年则不过七万余石可盈足。"① 由此可知当地驻军每人每年耗粮七石有余。另有建中年间，京兆尹严郢所言，如果在丰州屯田"每岁人须给钱六百三十，米七斛二斗，私出资费，数又倍之"②，因此学界多认为唐代的人均粮食消耗为七石二斗。但结合杨际平先生的研究可以发现，计粮给饷中的粮食及所消耗的"米""粟"是存在不同的折算方式的。杨际平先生依据《夏侯阳算经》中"粟五斗为粝米三斗"的折算记载，认为"米七斛二斗"合粟为十二斛、合谷十四斛以上。③ 西北地区在唐代的屯田收获，多以粟若干石为记载，而松潘地区的军事屯垦是以米来计算粮食消耗的，并且所给的粮食应该是粮与饷的混合折算。根据敦煌资料《唐（8 世纪中期）河西支度营田使户口给谷簿》中的户口计粮量可以知道，河西地区丁男的年给粮量为 8 硕。④ 从事农业生产的普通丁男年给粮尚且需要 8 石，高强度、高风险的行军戍守士兵的待遇是没有理由低于普通百姓的。开元年间，唐朝规定"镇戍地可耕者，人给十亩以供粮"⑤，结合后文中每亩产粮 1 石的标准，则每个军人的口粮是 10 石左右。这也说明杨际平先生的观点是更为可信的。因此，陈子昂上书中所说的是每位士兵每年的粮和饷折合粟为 12 石左右是较为合适的。基于此，笔者拟采用 12 石作为唐代士兵人均年粮食消耗的标准。

而唐代粮食的平均亩产量为每亩 1 石似乎已经被学界所公认。其

---

① 《全唐文》卷 211《上蜀川军事》，中华书局 1983 年版，第 2134 页。

② 《唐会要》卷 89《疏凿利人》，中华书局 1955 年版，第 1620 页。

③ 杨际平《上海藏本敦煌所出河西支度营田使文书研究》，《杨际平中国社会经济史论集·唐宋卷》，厦门大学出版社 2016 年版，第 38 页。

④ 〔日〕池田温《中国古代籍账集录》，北海道大学文学部纪要 1971 年版，第 236~242 页。

⑤ 《新唐书》卷 53《食货志》，中华书局 1975 年版，第 1372 页。

中，吴慧经过研究认为开元时稻谷亩产1.07石、粟亩产1石[①]，其论证过程较为详细可信。根据西北地区的自然环境特点，本书全部以亩产粟1石为西北地区的粮食亩产标准。现依据以上数据指标对西北地区唐代的军事屯垦成效进行验证。

表3-2　西北地区唐代州、镇及驻军需粮与产粮对比表

道	州、镇、军、守捉	兵马数量（名、匹）	军屯面积（顷）	年需粮量（石）	屯垦产量（石）
关内道北部地区	长春		500		50000
	单于		1550		155000
	胜州		700		70000
	会州		250		25000
	盐池		210		21000
	原州		200		20000
	夏州		100		10000
	北使		60		6000
	盐州监牧		120		12000
	经略军	兵20700 马3000		338400	
	丰安军	兵8000 马1300	1350	135000	135000
	定远军	兵7000 马3000	2000	174000	200000
	西受降城	兵7000 马1700	1250	135000	125000
	中受降城	兵6000 马2000	2050	132000	205000
	东受降城	兵7000 马1700	2250	135000	225000
	振武军	兵9000 马1600		156000	
合计		兵64700 马14300	军屯 12590顷	年需粮 1205400石	屯垦年产 1259000石

① 吴慧《中国历代粮食亩产研究》，农业出版社1985年版，第154页。

（续表）

道	州、镇、军、守捉	兵马数量（名、匹）	军屯面积（顷）	年需粮量（石）	屯垦产量（石）
河湟陇右地区	渭州		200		20000
	秦州		200		20000
	成州		150		15000
	武州		50		5000
	岷州		100		10000
	富平		450		45000
	平戎		50		5000
	河州		300		30000
	鄯州		300		30000
	廓州		200		20000
	南使		180		18000
	西使		300		30000
	军器		200		20000
	临洮军	兵 15000 马 8400	1500	432000	150000
	河源军	兵 14000 马 653	1400	187590	140000
	白水军	兵 4000 马 500	500	63000	50000
	安人（仁）军	兵 10000 马 350	550	130500	55000
	振威军	兵 1000 马 500		27000	
	威戎军	兵 1000 马 50		13500	
	漠门军	兵 5500 马 200	300	72000	30000
	宁塞军	兵 500 马 50		7500	
	积石军	兵 7000 马 100	600	87000	60000
	镇西军	兵 11000 马 300		141000	
	绥和守捉	兵 1000	150	12000	15000
	合川守捉	兵 1000		12000	
	平夷守捉	兵 3000	400	36000	40000
合计		兵 74000 马 11103	军屯 8080 顷	年需粮 1209090 石	屯垦年产 808000 石

（续表）

道	州、镇、军、守捉	兵马数量（名、匹）	军屯面积（顷）	年需粮量（石）	屯垦产量（石）
云朔地区	朔州 云州 云中守捉 大同军	 兵 7700 马 1200 兵 9500 马 5500	150 1850 2000	 128400 279000	15000 185000 200000
合计		兵 17200 马 6700	军屯 4000 顷	年需粮 407400 石	屯垦年产 400000 石
河西走廊地区	甘州 肃州 赤水军 大斗军 建康军 宁寇军 玉门军 墨离军 豆卢军 新泉军 张掖守捉 交城守捉 白亭守捉	 兵 33000 马 13000 兵 7500 马 2400 兵 5300 马 500 兵 1700 马 500 兵 5200 马 600 兵 5000 马 400 兵 4500 马 400 兵 7000 兵 6500 马 1000 兵 1000 兵 1700	950 350 1800 800 750 250	 786000 162000 78600 35400 80400 72000 66000 84000 108000 12000 20400	95000 35000 180000 80000 75000 25000
合计		兵 78400 马 18800	军屯 4900 屯	年需粮 1504800 石	屯垦年产 490000 石

（续表）

道	州、镇、军、守捉	兵马数量（名、匹）	军屯面积（顷）	年需粮量（石）	屯垦产量（石）
西域地区	疏勒		350		35000
	安西		1000		100000
	焉耆		350		35000
	北庭		1000		100000
	瀚海军	兵 12000 马 4200		270000	
	天山军	兵 5000 马 500	50	75000	5000
	伊吾军	兵 3000 马 300	50	45000	5000
合计		兵 20000 马 5000	军屯 2800 顷	年需粮 390000 石	屯垦年产 280000 石
总计		兵 254300 马 55903	军屯 32370 顷	年需粮 4716690 石	屯垦年产 3237000 石

需要交代的是，根据学界的研究成果，上表中诸州、使等的屯田当为开元末的数据。同时，由于史料中并没有直接证据表明上述诸州的屯垦是民垦，将其列为军垦的原因如下：其一，有研究表明唐代的边地屯垦自始至终绝大多数是军事屯垦，开元年间兴盛的民间垦殖集中于内地。[①] 其二，上文所引大谷 3786 号文书已经表明，在西域地区，大规模军屯记录之外尚有数量不少的烽、燧、戍的屯垦散布于军镇周边，这些烽燧的垦田很可能没有归入军屯的总量。李并成先生对河西走廊地区烽燧屯垦的研究也能给本书提供研究支撑。由此，笔者把有军事屯垦地点的州屯数量列入上表，作为军事屯垦的一部分进行考虑。

① 李宝通《唐代屯田研究》，甘肃人民出版社 2001 年版，第 175 页。

同时，以上表格中笔者也考虑到了战马的耗粮量。史载“以时为差。春、冬日给蒿一围，粟一斗，盐二合；秋、夏日给青刍一围，粟减半”[①]，该记载指的是官乘马的粮草消耗量。汉代时就有卫青、霍去病击匈奴“乃粟马十万”的记载，颜师古注曰：以粟秣马也。[②] 唐高宗时期，刘仁轨上言平新罗之计时有“宜厉兵粟马，乘无备，击不意，百下百全”[③] 之说；仪凤年间也有“八月庚子，避正殿，减膳，撤乐，损食粟马”[④] 的记载。元稹的“万束刍茭供旦暮，千钟菽粟长牵漕”一诗说的是德宗时唐朝买马充实闲厩的事情，养马所需不但有“茭”，还有“粟”“菽”等粮食作物。因此，唐代的马匹饲养管理中以粟喂马的情况应该是一种常态。

与乘用马在厩内饲养不同，唐代的战马闲时多数在监牧地放养，而监牧多数设置在农牧过渡地带水草丰美的地区，其对粟、菽的需求相对而言是较少的。但即便如此，在春、冬之时仍然需要喂养粮食来越冬保膘。凉州故地、今甘肃武威的气象记录显示，这里的年无霜期在 150 天左右。以此为标准折算每匹战马春、冬耗粟约 200 斗，秋、夏耗粟约 100 斗，年平均消耗粟 300 斗，约合 30 石。战时战马多养在军队驻扎之地，更多是依靠人工喂养，其粮食消耗和监牧散养相比只多不少。后唐天成年间，范延光回答明宗李嗣源有关战马的问题时有“一马之费，可养步卒五人。三万五千匹马，十五万兵之食也”[⑤] 之说，可见战马消耗粮食之大。因此本书在表 3-2 中将战马的粮食消耗考虑在内，取值为每匹马年消耗粟约 30 石。

表 3-2 也能反映出西北地区唐代军屯粮食需求量的差异。河西

---

① 《唐六典》卷 11《殿中省》，中华书局 1992 年版，第 331 页。

② 《资治通鉴》卷 19《汉纪十一·武帝元狩四年纪》，中华书局 1956 年版，第 640 页。

③ 《新唐书》卷 108《刘仁轨传》，中华书局 1975 年版，第 4082 页。

④ 《新唐书》卷 3《高宗本纪》，中华书局 1975 年版，第 73 页。

⑤ 《新五代史》卷 51《范延光杂传》，中华书局 1974 年版，第 577 页。

走廊地区、河湟陇右地区及关内道北部地区的需粮量依次递减，云朔地区虽然在本研究范围内所占范围较小，但其需粮量依然和整个西域地区持平甚至略多。这种粮食需求的空间特点与兵马数量的布局是直接挂钩的，由此可见唐代在西北地区的战略布局及其重心所在。

通过屯垦产量和所需军粮之间的差额，还能看出一个区域军粮的自给情况。关内道北部地区兵马年需粮约 120.54 万石，当地军屯的年产量约为 125.9 万石，基本能做到收支平衡。云朔地区兵马年需粮约 40.74 万石，当地军屯年产粮约 40 万石，大致也能勉强自给。河湟陇右地区兵马年需粮约 120.909 万石，当地军屯年产粮只有约 80.8 万石；河西走廊地区兵马年需粮约 150.48 万石，当地军屯年产粮只有约 49 万石；西域地区兵马年需粮约 39 万石，当地军屯年产粮约 28 万石。由此可见，除了关内道北部地区和云朔地区的军事屯垦勉强能自给，西域、河湟乃至河西走廊地区都有重大的军粮缺口。整体来看，西北地区的年军粮缺口有近 150 万石之多。

在区域内部，军粮需求和产出的差别也很大。关内道北部地区的丰安、定远及三受降城的军事屯垦在满足自身粮食消耗之外还有很大盈余，成为区域内部军粮供应的保障之地，因此，屡有从这里转运粮草支援他处的记载。河湟陇右地区以河州和鄯州为中心的诸军也都能达到收支平衡的状态，甚至有几处守捉能够做到有所盈余。而河西走廊地区仅有甘州及其附近的建康军能够略有盈余，其他诸军的粮食缺口基本都在自身屯垦产粮的数倍以上，西域地区更是如此。

由此可见，即便在风调雨顺的年份，河湟陇右地区、河西走廊地区和西域地区的诸军镇仍然存在军粮不能完全自给的问题。所以一遇丰年，史料中便出现对该地区官员政绩大书特书的情况。那么，面对这种军粮短缺的问题，唐朝又是如何解决的呢？已有的研究表明，唐朝在西北地区设置有相对完善的仓储系统、转运系统。

此外，在民间就地和籴是补充军粮的重要途径之一。而民间的农耕生产情况如何？其垦殖规模和成效又如何呢？笔者将在下文中对这些问题进行详细探讨。

第三节　民间垦殖规模估算

与军事屯垦有短时期进退的特征不同，在文化意义上来说，农耕业在某一地区经过扎根和发展之后，其影响在短时期内是很难消除的。这些影响包括但不仅限于饮食结构、农业基础设施、从事农业的人群等方面。以河湟地区为例，贞元二十年（804），吕温出使吐蕃经过原河源军驻地，作《经河源军汉村作》一诗："行行忽到旧河源，城外千家作汉村。樵采未侵征虏墓，耕耘犹就破羌屯。金汤天险长全设，伏腊华风亦暗存。暂驻单车空下泪，有心无力复何言。"①

此时的河湟地区已经被吐蕃占领四十余年，而诗中所描述的仍然是城镇、村落、耕耘、樵采等农耕文明特有的人文景观，表明这里的农耕业仍然是持续进行的。换言之，在有农耕条件和农耕基础的地区，无论被哪一政权控制，农耕业依然有着顽强的生命力。从魏晋以来一直到唐末五代时期，从河湟地区到河西走廊乃至西域地区，诸如此类的例子在史料和出土文献中屡屡出现。

在传统的农耕区域，地方官员主导的地区垦殖和百姓的自发耕作占据地区农耕形式的大部分比例。从人口数量上来看，西北地区的农业人口要远远高于长时期的驻军人数，单从人口的口粮供需量来推测，西北地区粮食生产和消耗的主体还是生活在这一区域内部的百姓。史料中有河西、西域、关中地区在军粮不足时从民间和籴粮草的记载，这也在一定程度上说明西北地区民间的垦殖规模是不小的。

---

① 《全唐诗》卷371《吕温二》，中华书局1999年版，第4179页。

与军事屯垦不同，民间垦殖的情况在史料中并没有详细的记载。而事实情况是，无论是边地的军事屯垦区附近还是远离边地的关内道地区，农耕业一直都是百姓生存的根基。除了弥补军事需粮的缺口，百姓还需要承担各式赋税，需要基本的生存条件，在情理和现实中，民间的垦殖生产活动也一定是持续进行的。但从史料的角度来看，西北地区的大部分区域并没有关于民间垦殖的记载，因此，只能从其他角度对其进行旁证。同时，前文的研究也表明整个西北地区在唐代的社会环境变幻复杂，并不是所有时段都有农耕发展所需要的稳定的社会条件。因此，本书结合史料和研究需要，也截取开元天宝之际作为研究的时间剖面，以便于在时间上和上文中军事屯垦的时间剖面相对应，在同一时间剖面上对西北地区的农业垦殖进行尽可能全面的研究。

一、垦殖面积的重建模式及方法流程

和军事屯垦规模的重建相比，复原西北地区唐代民间垦殖规模的方法就稍显繁琐。一种方法是尽管史料中很少有民间耕地面积的记载，但依据人口数量，结合唐代的均田制度，可以大致重建一个应授耕地面积的数据体系。另一种方法，利用人均粮食的消耗量、粮食作物的单产可以求出维持一定规模人口生存所需的耕地量。本书拟将这两种方法所得的结果相互验证并进行合理的修正，在此基础上对军屯和民垦的关系进行分析。该研究模式是汪桂生、颉耀文等人在重建黑河流域历史时期耕地面积之时所用的一种研究方法①，该方法在民间耕地面积记载不详的情况下具有很大的可行性。结合本书的研究需要，现将该模型调整后如图 3-1 所示。

---

① 汪桂生、颉耀文等《明代以前黑河流域耕地面积重建》，《资源科学》2013 年第 2 期。

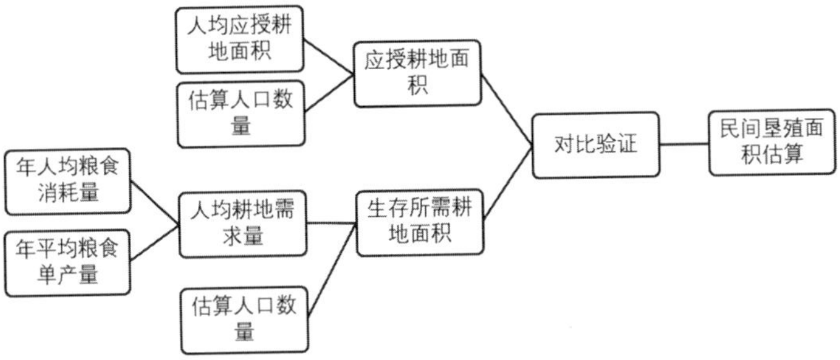

图 3-1　西北地区唐代民间垦殖面积估算的模型及流程

应授耕地面积=人均应授耕地面积×估算人口数量；生存所需耕地面积=人均耕地需求量×估算人口数量；人均耕地需求量=年人均粮食消耗量×年平均粮食单产量。

二、垦殖面积重建的指标选择

第一，人均应授耕地面积的确定。方法之一是依据均田制的执行标准进行换算。前文已经指出，唐代施行均田制是被大多数学者所接受的观点。武德七年（624）“初定均田租、庸、调法，丁、中之民，给田一顷，笃疾减什之六，寡妻妾减七，皆以什之二为世业，八为口分”[①]。这就表明唐初在政策上是每丁给田 100 亩，其中 80 亩是口分田。但这只是宽乡授田的标准，到武周之时就已经出现永业田足而口分田不足的情况，开元年间更是如此，这种变化背后的原因及当时各地的解决方法显然不是本书探讨的主要内容。有学者通过吐鲁番出土文书认为，西州将官田授给百姓、一丁 10 亩的标准在唐代具有全国性的普遍意义。[②]虽然杨际平先生撰文认为唐代西州的这种人为的“官田给百姓”的制

① 《资治通鉴》卷 190《唐纪六·高祖武德七年纪》，中华书局 1956 年版，第 5982 页。
② 卢向前《唐代西州均田制的普遍意义》，载于《文史》第 44 辑，中华书局 1998 年版。

度不能纳入均田制范畴[①]，但这种情况确实是西州地区面对口分田不足之时普遍采用的授田制度。如果以此为标准，采用卢向前先生的观点，按平均每户5.94人来计算[②]，则户均授田接近60亩，与唐代中期户均授田的数值是接近的。

方法之二是依据文献记载进行推理。《通典》载："西汉每户所垦田，不过七十亩，今亦准此约计数。"[③] 这应该是天宝年间民间垦殖面积相对真实的写照。同时，开元年间唐朝规定"镇戍地可耕者，人给十亩以供粮"[④]，如此可以推知开元天宝之际人均耕地是10–12亩左右，与上文中西州一丁10亩的授田标准是接近的，因此暂取人均10亩作为人均应授耕地面积指标。

第二，人均耕地需求量的确定。这里的人均耕地需求量是指保障农民个体基本生存状况的农业生产所需的耕地数量。人均耕地需求量是通过年人均粮食消耗量和年平均粮食单产量两个指数来确定的。年平均粮食单产量在前文中已经交代清楚，可以取值为每亩1石。而年人均粮食消耗量，通过前文所引京兆尹严郢的话，丰州屯田"每岁人须给钱六百三十，米七斛二斗，私出资费，数又倍之"[⑤]，可以知道建中年间，唐代的丁役人均年粮食消耗为七石二斗。又根据敦煌资料《唐（8世纪中期）河西支度营田使户口给谷簿》中的户口计粮量可以知道，河西地区丁男的年给粮量为8硕。[⑥] 因此，可以认为唐代农民的年人均粮食消耗量在8石左右，则人均耕地需求量为8亩。

---

① 杨际平《〈唐令·田令〉的完整复原与今后均田制的研究》，《中国史研究》2002年第2期。

② 梁方仲《中国历代户口、田地、田赋统计》，中华书局2008年版，第121~127页。

③ （唐）杜佑《通典》卷6《食货六》，中华书局1988年版，第85页。

④ 《新唐书》卷53《食货志》，中华书局1975年版，第1372页。

⑤ 《唐会要》卷89《疏凿利人》，中华书局1955年版，第1620页。

⑥ 〔日〕池田温《中国古代籍账集录》，北海道大学文学部纪要1971年版，第236~242页。

三、西北地区天宝年间民间垦殖面积的估算

以上是西北地区唐代民间垦殖面积估算模型中关键指标的确定过程。现依据上述模型和指标对天宝年间民间垦殖的面积分别进行估算，汇总如下表所示。

表 3-3　西北地区天宝年间民间垦殖面积估算

道州	天宝口数	应授耕地面积换算（亩）	生存所需耕地面积换算（亩）
关内道	4594414	45944140	36755312
雍州	1967100	19671000	15736800
岐州	380463	3804630	3043704
同州	408705	4087050	3269640
丹州	87625	876250	701000
华州	213613	2136130	1708904
豳州	135250	1352500	1082000
陇州	100148	1001480	801184
宁州	224837	2248370	1798696
原州	33146	331460	265168
泾州	186849	1868490	1494792
庆州	124336	1243360	994688
鄜州	153714	1537140	1229712
坊州	120208	1202080	961664
延州	100040	1000400	800320
绥州	89111	891110	712888
银州	45527	455270	364216
夏州	53104	531040	424832

（续表）

道州	天宝口数	应授耕地面积换算（亩）	生存所需耕地面积换算（亩）
灵州	53163	531630	425304
盐州	16665	166650	133320
会州	26662	266620	213296
宥州	32652	326520	261216
胜州	20952	209520	167616
丰州	9641	96410	77128
麟州	10903	109030	87224
河东道	32463	324630	259704
朔州	24533	245330	196264
云州	7930	79300	63440
陇右道	584604	5846040	4676832
秦州	109700	1097000	877600
成州	21508	215080	172064
渭州	24520	245200	196160
鄯州	27019	270190	216152
兰州	14226	142260	113808
河州	36886	368860	295088
武州	15313	153130	122504
洮州	15060	150600	120480
岷州	23441	234410	187528
廓州	24400	244000	195200
叠州	7674	76740	61392
宕州	7199	71990	57592
凉州	120281	1202810	962248
甘州	22092	220920	176736

（续表）

道州	天宝口数	应授耕地面积换算（亩）	生存所需耕地面积换算（亩）
肃州	8476	84760	67808
瓜州	4978	49780	39824
伊州	10157	101570	81256
沙州	32234	322340	257872
西州	49476	494760	395808
庭州	9964	99640	79712
总计	5211481	52114810	41691848

上表中所用到的人口数据是根据史料汇总而成的，根据前文研究，确认其时间断限在天宝初年是没有问题的。同时，这些人口基本可以看作是开元、天宝之际承担赋役的人口数。有研究认为，均田制在开元之际就已经破坏殆尽，与之对应的户籍编造也常年没有更新。杨际平先生则认为，均田制真正“名实俱亡”的直接原因是安史之乱及其引发的社会大动荡和户籍制度、赋役制度的变化。[①] 在对唐代西北地区的人口进行梳理的时候笔者就已经注意到，开元年间存在数量巨大的隐匿人口。也就是说，上表中所用到的人口数据并不包含隐匿的人口数量。

开元年间仅宇文融的一次括户就至少清理出 80 余万户，其中西北地区的客户数量至少达到了 8 万余户、30 余万口。而客户仅仅是户籍之外隐匿人口的一种，在此之外还有很多的浮逃人口无法具体统计。冻国栋先生依据《文苑英华》及《通典》的记载认为“开元、天宝年间逃户约占全国著籍总户数的 30%上下”[②]，如果按照这个标准来算，占据户籍人数 30%的隐匿人口可谓规模巨大。

① 杨际平《北朝隋唐均田制新探》，岳麓书社 2003 年版，第 398 页。
② 冻国栋《唐代人口问题研究》，武汉大学出版社 1993 年版，第 117 页。

根据表3-3可以发现，在理论上本研究区域内应授耕地的面积是远大于百姓生存所需的耕地面积的。应授耕地的峰值也出现在关内道及诸道地形、水源条件相对较好的州。根据敦煌吐鲁番文献资料及相关研究可以知道，在西州地区很多百姓的应授之田在数额上是无法保证足额的，因而衍生出很多与分配耕地相关的土地制度。这在一定程度上表明，唐代中期之后，连远离关内的西州地区都面临人多地少的困境，人口密度更大的关内地区的耕地紧张情况就可想而知了。因此，上表中很多地区的应授之田只是一个理论数据，百姓生存所需耕地面积才更接近区域内部的耕地数量。

从土地承载的整体视角来看，无论是隐匿户还是著籍户，他们都生存在西北地区内部，这一点第二章已经论证，这些人口一样都需要区域内部的耕地产出来维持生存。因此将隐匿人口维持生存所需的耕地数量也考虑在民间垦殖范围内是更为合理的。据此，可以将隐匿人口按照著籍人口的30%来进行换算。结果显示，天宝年间关内道地区的民间生存所需耕地约为47781905.6亩；河东道的云朔地区约为337615.2亩；陇右道地区约为6079881.6亩；西北地区的总数约为54199402.4亩。

本章小结

本章对西北地区唐代的土地垦殖规模进行了探讨。在第一节中，笔者对农耕业得以发展的制度及屯垦的必要性进行了梳理。均田制的实施在制度层面使承担赋役的百姓有了耕地。西北地区的军事环境和粮食供给问题使军事屯垦成为唐代前中期军事行动中的重要组成部分。而民间垦殖是西北地区农耕业发展的主要方式。

结合本书第二章中军队数量的研究，本章第二节中用军队的数量和单位士兵的粮食消耗量对唐代军事屯垦的成效进行数理层面的分析。由于史料所限，只有开元年间的记载较为全面，因此选取开元末年作为时间剖面进行数据估算。结果显示，河西走廊地区、河湟陇右地区及关内道北部地区的需粮量依次递减，云朔地区虽然在本研究范围内所占范围较小，但其需粮量依然和整个西域地区持平甚至略多。在军粮供给平衡方面，除了关内道北部地区和云朔地区的军事屯垦勉强能自给，西域、河湟乃至河西走廊地区都有重大的军粮缺口。整体来看，西北地区的年军粮缺口有近150万石之多。在区域内部，军粮需求和产出的差别也很大。关内道北部地区的丰安、定远及三受降城的军事屯垦在满足自身粮食消耗之外还有很大盈余。河湟陇右地区以河州和鄯州为中心的诸军也都能达到收支平衡的状态，甚至有几处守捉能够做到有所盈余。而河西走廊地区仅有甘州及其附近的建康军能够略有盈余，其他诸军的粮食缺口基本都在自身屯垦产粮的数倍以上，西域地区更是如此。

第三节从地区整体性的视角出发，认为农耕业除了军事屯垦，生活在西北地区的百姓也是拥有耕地的，也是需要进行垦殖来维持生产生活的。因此，本节对西北地区民间的垦殖进行了估算。估算采用两种方法，一种方法是依据人口数量，结合唐代的均田制度，大致重建一个应授耕地面积的数据。另一种方法是利用人均粮食的消耗量、粮食作物的单产，求出维持一定规模人口生存所需的耕地量。最后，再对两组数据进行适当修正，得出一个相对更为合理的估算数据。同样是受限于史料，加上为了使整体性视角的研究相对完善，笔者选取天宝初年之时为时间剖面进行估算。

总体结果显示，关内道地区是明显的狭乡，虽然本区域内军事屯垦的面积是最大的，但和区域内总体耕地面积相比又显得微不足道。河东道的云朔地区则是另外一番景象，军事屯垦和民间垦殖的规模几乎同等，军事屯垦规模甚至要大于民间垦殖规模。所幸这两地区的军粮基本都能自给，因此对当地百姓而言，并没有太大的和籴压力。陇右地区则面临着截然不同的军、民垦殖情况。陇右道地区的民间垦殖面积约为

6079881.6 亩，而整个陇右道地区的军粮缺口达到了 1525890 石之多，除了远途转运粮草来弥补粮食缺口，就地和籴无疑是要该地区近四分之一的人口放弃口粮。由于缺乏扩大耕地面积所需的劳动力资源，无法进一步提高单位面积耕地的农作物产量，当地百姓的农耕生活境地也就可想而知。这显然是不利于当地农耕业健康发展的。但从另外一个层面来看，户籍数据表明这一时期这里确确实实是生活了这么多的人口。这些百姓能在如此高的战争、赋税与和籴压力之下生活下来，定然是还有另外的谋生之道。

第四章　土地垦殖的区域差异及时空特征

上文已经就西北地区土地垦殖的规模进行了整体论述。但是，囿于史料缺憾等原因，关于土地垦殖的规模本书无法做到全区域的时间轴梳理和跨区域的纵向比较。而历史农业地理的研究旨趣却决定了必须进一步理清区域内部的垦殖过程，去探索大区域内部是否存在小区域差异，并在时间和空间上对垦殖特征进行探析和展示。因此，本章将依据地形地貌和水资源特征对西北地区的土地垦殖进行小区域论述。随后，选取土地垦殖占比最大、时间轴连续性最好的关内道地区为例进行更小区域尺度的民间垦殖分析。

第一节　渭水流域垦殖区

一、地形地貌与水资源

渭水源自陇右渭州首阳县的鸟鼠山，其流域跨越陇右道东南部和关内道南部地区。在陇右道地区，渭水主要流经岷州、渭州、秦州；在关内道区域，渭水及其支流主要流经原州、陇州、泾州、岐州、庆州、宁州、邠州、延州、鄜州、坊州、同州和京畿道等州县，是关内道地区极为重要的河流之一。

渭水流域的地形以山地、黄土高原为主。源头附近的渭州、秦州一带处于黄土高原和青藏高原的交界过渡地带，地貌以山地河谷为主。按《元和郡县图志》记载，本区域内山的数量较多，主要有嶓冢山、朱圉山、大小陇山、瓦亭山、鸟鼠山、安都山、龙马山、崆峒山等十余处山，几乎每一州县都有数处记载。即便是现在，这里的地形仍然是以山地为主。

渭水流经的关内道地区则属于典型的黄土高原地形区。流水侵蚀与堆积地貌在本区域随处可见。京畿地区附近是地势较为低平的关中平原。以关中平原为中心，南部地区是秦岭及其北坡的延伸山脉，按《唐六典》中的记载，在关中地区四周有“太白、九嵕、吴山、岐山、梁山，泰华之岳在焉”①，这些仅仅是“名山”，北偏西方向还有较为著名的子午岭、六盘山等山脉。从农业生产的角度来看，本区域对农业生产影响最大的还是一系列“原”的存在及其变迁。在长安附近，因为历史记载较为详细，目前已经被学界研究清楚的龙首原，就涵盖或毗邻了长安、万年两县境内的少陵原、凤栖原、鸿固原、毕原、白鹿原、长乐原、青龙原等较小的原。在长安的西北方向和东北方向则有董志原、周原、晋浩原等比较大的原。对于上述一系列原的范围及其古今差异演变，史念海先生已经有较为详细的论述，以此为基础来推断整个黄土高原地区原的变迁应该是没有问题的。唐代前期关内道地区的原远比现今要完整、广阔，到唐代中后期，许多原已经被流水冲刷侵蚀得不复唐以前的规模，其原因之一便是植被覆盖率的减少。

按《水经注》的记载，泾水、洛水、芒水、涝水、丰水、灞水等河流是渭水的主要支流。到唐代的时候，上述这些主要的支流仍然是存

---

① 《唐六典》卷3《尚书户部》，中华书局2014年版，第65页。

在的，由于黄土高原地区河流的侧蚀和下蚀尤为严重，众多支流河道的摆动情况暂时无法详细复原。但对于与农业生产息息相关的径流量的变化，史念海先生已经做了极为详细的考证。史先生通过渭河流域航运的变化情况来推断不同历史时期渭水的流量变化，他认为唐代时期渭水的流量和前代相比已经逐渐减弱。①

虽然渭水流域内的水资源在时间尺度上变化幅度较大，但与关内道的其他地区相比较，该区域的水资源仍然是相对丰富的，数量众多的二、三级支流在此无须赘述，单就流域范围内在史料中出现较多的水利工程的记载就可以窥知一二。由于地势较为平坦开阔，加上该地区的气候较为适宜农耕业的发展，从先秦到唐代的大多数时间里，本区域都是极为重要的农耕区。与农业生产相配套的水利工程的数量在一定程度上也能反映出本区域的水资源及其变化情况。

本区域的水利工程多以渠为主，间有陂、泽等稍加人工改造的湖泽。以湖泽为例，该区域内湖泽的规模也远比关内道北部地区要大，在数量上则以京畿附近为最多。如兰池陂、百顷泽、马牧泽、清泉陂等湖泽，其规模小的方圆数里，大的则有数百顷。这些湖泽和渠道一样，除了同州地区靠近黄河的通灵陂，大多数都是以渭水及其支流为主要水源而修建的。因此，可以从这些渠道的灌溉能力来考察渭水流域的水资源状况。以郑国渠为主的郑白渠系统在永徽六年（655）的时候能达到一万余顷的灌溉规模，即便到大历年间因为碾硙的原因而影响到渠道的流量时，仍然能灌溉六千二百余顷。从另外一种角度来看，大量碾硙的设置也正是当地水资源较为丰富的一种侧面表现。由此可以看出整个渭水流域内水资源是较为丰富的，所以才能为唐朝及以前的王朝在这里建都提供坚实的农业基础。

---

① 史念海《黄河流域诸河流的演变与治理》，陕西人民出版社 1999 年版，第 318 页。

二、屯垦的阶段特征

唐初定都长安之后，关中平原及其附近地区就承担了唐王朝统一战争的“后勤保障”职能。如前文所述，唐高祖在武德三年（620）把关中及其附近的十二道改为军，“军置将、副各一人，以督耕战……军有坊，置主一人，以检察户口，劝课农桑”[①]。据此推测，关中平原及其附近地区在武德年间应该普遍存在军事屯垦的现象。武德年间华州、同州的几则史料也验证了这个结论：华州的下邽县“东南二十里有金氏二陂，武德二年（619）引白渠灌之，以置监屯”[②]；同州的韩城在“武德七年（624），治中云得臣自龙门引河溉田六千余顷”[③]。“监屯”一职是专门为各州县进行屯垦所设；“治中”则是武德元年（618）由行军司马“改赞治曰治中”而来，“行军司马，掌弼戎政。居则习搜狩，有役则申战守之法，器械、粮糒、军籍、赐予皆专焉”。[④] 从有军事职务的官员涉足屯垦这一现象可以看出，武德之际的屯垦与各军的设置是有莫大关系的，换言之，武德之际关中地区的屯垦在空间上与十二军的分布范围是大致重合的。

贞观之际，唐朝的疆域范围已经大大拓展。“贞观中，李靖破吐谷浑，侯君集平高昌，阿史那社尔开西域，置四镇。前王之所未伏，尽为臣妾，秦汉之封域，得议其土境耶！于是岁调山东丁男为戍卒，缯帛为军资，有屯田以资糗粮，牧使以娩羊马”。[⑤] 短时期内对粮食需求极大的军事行动已经远离关中平原及其附近地区，到达今青海、新疆等地，如果仍然转运关中地区的粮草则显得得不偿失，就地屯垦也就成为解决

---

① 《新唐书》卷 50《兵志》，中华书局 1975 年版，第 1324~1325 页。
② 《新唐书》卷 37《地理志》，中华书局 1975 年版，第 964 页。
③ 《新唐书》卷 37《地理志》，中华书局 1975 年版，第 965 页。
④ 《新唐书》卷 49《百官志》，中华书局 1975 年版，第 1309 页。
⑤ 《旧唐书》卷 196《吐蕃传》，中华书局 1975 年版，第 5236 页。

军粮问题的有效途径之一。从另一方面来看，贞观中，关中地区的人口数量迅速增长，人多地狭的问题也越来越突出。“十八年（644），以京兆府、岐、同、华、邠、坊州隙地陂泽可垦者，复给京官职田”[①]，连官员的职田都要依靠开垦京畿附近州县的“隙地陂泽”才能兑现，可垦耕地数量的局促可见一斑。贞观二年之时，唐朝下诏“沃衍有屯田之州，则置营田使”[②]，结合本书第二章关于人口数据的研究结果，可以推测当时关中平原地区已经没有多余的土地来供军队进行屯垦。

太宗时期，在平高昌、破吐谷浑、定东突厥之后，军事行动的前锋已经直指河湟、西域地区。正如上文所引史料所言，唐朝在陇右地区因地制宜地发展畜牧业，设置牧使管理养羊、养马之事。关中平原的军事屯垦也随之转移至陇右以西。那么，与关中平原毗邻的陇右地区是否存在屯垦的情况呢？

唐史学界的研究成果表明，在太宗朝以后，陇右地区已经成为唐朝对抗吐蕃的战略缓冲地带，无论是驻军数量还是局部冲突的次数都是值得关注的。陇右地区在唐代前期承担了国家牧马、牧羊的重任，但在这片区域内存在的屯垦行为也是不容忽视的。

> 自贞观至麟德四十年间，马七十万六千，置八坊岐、豳、泾、宁间，地广千里，一曰保乐，二曰甘露，三曰南普闰，四曰北普闰，五曰岐阳，六曰太平，七曰宜禄，八曰安定。八坊之田，千二百三十顷，募民耕之，以给刍秣。……其后益置八监于盐州……
>
> 自万岁失职，马政颇废，永隆中，夏州牧马之死失者十八万四千九百九十。……其后突厥款塞，玄宗厚抚之，岁许朔方军西受降城为互市，以金帛市马，于河东、朔方、陇右牧之。既杂胡种，马

① 《新唐书》卷55《食货志》，中华书局1975年版，第1395页。
② 《新唐书》卷49《百官志》，中华书局1975年版，第1316页。

乃益壮。

天宝后，诸军战马动以万计。……十一载，诏二京旁五百里勿置私牧。十三载，陇右群牧都使奏：马牛驼羊总六十万五千六百，而马三十二万五千七百。[①]

以上史料为唐代前期陇右地区及其附近官营畜牧业规模的大概写照。其间，在贞观至麟德年间诸监牧的垦田达到了一千二百余顷，在天宝年间虽没有诸监牧的直接垦田数据，但依据前代的监牧运行模式——垦田“以给刍秣”可以推断，在牧马业衰败前夕的天宝之际，陇右诸监牧仍然存在数量可观的垦田。

另外一条史料也能佐证我们的推测。按《唐六典》所载，当时有规定“凡秣马给料，以时为差。春、冬日给蒿一围，粟一斗，盐二合；秋、夏日给青刍一围，粟减半”[②]，以牧马鼎盛之际有七十万匹马来计算，仅仅在春、冬之时每天喂马所需的粟就达到了 70 余万斗。如果仅仅依靠关中平原的粮食生产来供应诸监牧马匹的饲料需求是不现实的。抛开关中平原及其附近庞大的人口数量不谈，仅仅是皇室及百官粮食供应紧张的问题在玄宗之时才得以解决，“牛仙客为相，有彭果者献策广关辅之籴，京师粮禀益羡，自是玄宗不复幸东都”[③]。不仅是牧马的草料需要自给自足，连“牧人”“长户”的日常生活开销也要依靠监牧内的屯垦来维持。开元年间，陇右地区诸监牧“莳茼麦苜蓿一千九百顷，以茭蓄御冬”，“五使长户数盈三万，垦田给食，粮不外资”。[④] 与贞观至麟德年间监牧的垦田面积相比较，开元年间仅仅是种植牧草的耕地就达到了一千九百顷，维持三万户“长户”日常生活的粮食也来源于陇

① 《新唐书》卷 50《兵志》，中华书局 1975 年版，第 1337~1338 页。
② 《唐六典》卷 11《殿中省》，中华书局 1992 年版，第 331 页。
③ 《新唐书》卷 53《食货志》，中华书局 1975 年版，第 1373 页。
④ 《全唐文》卷 226《大唐开元十三年陇右监牧颂德碑》，中华书局 1983 年版，第 2283 页。

右监牧内的垦田，由此可见，唐代前期陇右地区的屯垦是不断进行的，其规模也越来越大。

安史之乱以后直至代宗大历年间，正史中的记载多数与平叛战争有关，关中平原及其附近的屯垦状态提及甚少。平叛战争及后续的吐蕃进攻长安对关中平原屯垦的影响自然是不小的。在贞观至开元年间，京畿官员的职田尚需要开垦关中地区的“隙地陂泽”才能予以兑现，可见当时关中地区传统可垦之处已经基本被垦。而在代宗大历四年（769）的十二月，代宗下敕中提到“今关辅垦田渐广”[①]，表明关辅地区的垦田存在一个由少到多的过程。据此可以推测天宝到大历年间，关中平原地区的垦田经历了一个由战争而废弃再到复垦的过程。同时，在大历之后关中平原的军事屯垦方向也经历了一个由东向西的转移过程。大历五年（770），“诸州置屯田并停，特留华、同、泽等三州屯”[②]。大历八年（773）八月“吐蕃寇灵州，郭子仪败之于七级渠”，同月“废华州屯田给贫民”。[③] 安史之乱中，华州及其附近地区是阻挡叛军西进的重要后勤保障地区，随着安史之乱的平叛，来自西部吐蕃的军事压力越来越大，再加上外逃难民的回归，为了重振关中农业，唐朝将东部的军事屯田废弃进而将屯垦方向转向关中平原的西部。大历年间，朱忠亮受诏“镇普润县，掌屯田”[④]，可见关中地区的屯田和当时的军事行动是同步进行的。

贞元年间，由于吐蕃的平凉劫盟，唐朝“召诸道兵十七万戍边”，并且认为此时的关中“为吐蕃蹂躏者二十年矣，北至河曲，人户无几，诸道戍兵月给粟十七万斛，皆籴于关中”。[⑤] 而此时关中平原的农业已

① 《旧唐书》卷48《食货志》，中华书局1975年版，第2092页。
② 《册府元龟》卷503《邦计部·屯田》，中华书局1960年影印版，第6036页。
③ 《新唐书》卷6《代宗本纪》，中华书局1975年版，第176页。
④ 《旧唐书》卷151《朱忠亮传》，中华书局1975年版，第4056页。
⑤ 《新唐书》卷53《食货志》，中华书局1975年版，第1374页。

经远不及开元之时，无法为戍边提供长时期的稳定的粮食供应。陇右地区原有的畜牧业和农耕业在经历“失陷”和战乱后，已经多数荒废。贞元年间，李元谅为陇右节度使时，治良原。“良原隍堞湮圮，旁皆平林荐草，虏入寇，常牧马休徒于此。元谅培高浚渊，身执苦与士卒均，菑翳榛莽，辟美田数十里，劝士垦艺，岁入粟菽数十万斛，什具毕给”。[①] 同一时期的邢君牙，时任右神策行营节度、凤翔陇州观察使，他在任时，“吐蕃连岁犯边，君牙且耕且战，以为守备，西戎竟不能为大患”[②]。刘昌任泾原节度时，“昌在边凡十五年，身率士垦田，三年而军有羡食，兵械锐新，边障妥宁”[③]。上述史料虽不免有溢美之词，但从中可以看出贞元年间关中平原及陇右地区的东部是唐朝军事防御的前线，当地的垦田也是取得一定成效的。

但此次的吐蕃劫盟事件及其以后的战事对陇右东部“边境”地区农耕业的影响也是极其巨大的。首先是对清水会盟时所划定的边界沿线诸州农业生产的直接破坏。按照清水会盟所划定的范围，吐蕃控制了兰州、渭州、原州及会州沿线，平凉劫盟之后，“吐蕃陷华亭及连云堡，驱掠邠、泾编户牛畜万计，悉送至弹筝峡。是秋，数州人无种麦者。甲戌，吐蕃驱二城之民数千人及邠、泾人畜万计而去……泾州恃连云为斥候，连云既陷，西门不开，门外皆为虏境，樵采路绝。每收获，必陈兵以捍之，多失时，得空穗而已”[④]。由于战事，沿边地区的耕牛和牲畜被掠，数州农作物的播种中断，并且在很长一段时间内作物的正常播种和收获也受到极大的干扰。其次，劫盟事件发生后，吐蕃在很长一段时期内开始虏掠青壮年劳动力。贞元八年（792）六月，“吐蕃千余骑寇

---

① 《新唐书》卷156《李元谅传》，中华书局1975年版，第4902页。

② 《旧唐书》卷144《邢君牙》，中华书局1975年版，第3926页。

③ 《新唐书》卷170《刘昌传》，中华书局1975年版，第5174页。

④ 《资治通鉴》卷233《唐纪四十九·唐德宗贞元三年纪》，中华书局1956年版，第7506页。

泾州，掠田军千余人而去”①，就是直接将屯田的军士俘掠而去从而达到破坏屯田的目的。类似的记载在这一阶段频频见于史料。如“吐蕃大掠汧阳、吴山、华亭等界人庶男女万余口，悉送至安化峡西，将分隶羌、浑等”，进攻陇州时“并焚庐舍，毁城壁，虏士众十三四，收丁壮弃老而去”② 等记载。总体而言，贞元年间的关中平原及其西部地区诸州的农耕业由于战事而受到极大的影响，与之相应的，由于战事的吃紧，当地的军事屯垦也随之而有所发展。

从宪宗元和年间到宣宗大中年间，唐朝与吐蕃在陇右地区先是经历了一个互有胜负，再到吐蕃势力退却的过程。关中平原地区的农耕业也有了一个相对稳定的环境。元和中杜佑说“今潼关之西，陇山之东，鄜坊之南，终南之北，十余州之地，已数十万家”③，表明关中平原的社会环境已经日趋稳定。在陇右和关中的交界地区仍然是这一阶段军事屯垦的重点区域。元和年间，李惟简“出为凤翔节度使，市耕牛佃具给农，岁增垦数十万亩”④，此时的节度使往往也有营田使的官职。唐史学界的研究成果表明，这一阶段吐蕃由于其内部矛盾等因素，其军事行动已经开始退缩，多在秋季之时例行劫掠，其余大多数时间均退守黄河沿线一带。元和十一年（816），唐朝在陇西、金城、平凉、天水，“置八坊为会计都领，其间善水草腴田皆隶之。后监牧使与坊皆废，故地存者一归闲厩，旋以给贫民及军吏”⑤，这一记载清楚地展示了这一时期屯垦向西发展的趋势。同时，元和末年，“天下营田皆雇民或借庸以耕，又以瘠地易上地，民间苦之”。穆宗即位后，“诏还所易地，而耕以官兵。耕官地者，给三之一以终身”。这一屯垦政策的变化无疑会

① 《资治通鉴》卷234《唐纪五十·唐德宗贞元八年纪》，中华书局1956年版，第7532页。
② 《旧唐书》卷196《吐蕃传》，中华书局1975年版，第5255页。
③ 《新唐书》卷215《突厥传》，中华书局1975年版，第6026页。
④ 《新唐书》卷211《李惟简传》，中华书局1975年版，第5951页。
⑤ 《新唐书》卷50《兵志》，中华书局1975年版，第1339页。

推动西部沿边的屯垦进程，沿边诸州也开始纷纷效仿，“后党项大扰河西，邠宁节度使毕諴亦募士开营田，岁收三十万斛，省度支钱数百万缗”①。这种招募兵士和民众的垦田模式一直延续到唐末，并且收效明显。

大中之际，先前丢失的“三州七关”也相继被收回，凤翔节度使李玭奏收复秦州，制曰：

> 其秦、威、原三州及七关侧近，访闻田土肥沃，水草丰美，如百姓能耕垦种莳，五年内不加税赋。五年已后重定户籍，便任为永业。温池盐利，可赡边陲，委度支制置闻奏。凤翔、邠宁、灵武、泾原守镇将士，如能于本戍处耕垦营田，即度支给赐牛粮子种，每年量得斛斗，便充军粮，亦不限约定数。三州七关镇守官健，每人给衣粮两分，一分依常年例支给，一分度支加给，仍二年一替换。其家口委长吏切加安存。官健有庄田户籍者，仰州县放免差役。……七关要害，三郡膏腴，候馆之残趾可寻，唐人之遗风尚在。②

上则史料中，秦州等三州的收回与吐蕃的军事退缩有关。由于吐蕃的袭扰已经大大减轻，边地的军事压力骤减。与唐代前期所记载的军事屯垦相比，这一时期唐朝对军人的垦田已经没有硬性规定，同时也允许百姓进驻原来军屯的州、关等边界地区，在屯垦工具、屯垦收入上给屯垦者以优惠政策。种种线索表明，这一时期军事屯垦已经不是关中—陇右道东部地区的主要农耕方式，这一变化与当时的政治形势、兵役制度等社会因素密切相关。

---

① 《新唐书》卷53《食货志》，中华书局1975年版，第1373页。

② 《旧唐书》卷18《宣宗本纪》，中华书局1975年版，第623~624页。

第二节　关内道黄河沿线垦殖区

一、地形地貌与水资源

云州、朔州大致相当于今天山西的大同、朔州以北地区，二州在军事层面上与丰州互为一体，屡有互相支援转运粮草的记载。这里适宜农耕的地区主要集中于大同盆地的桑干河沿岸冲积平原，四周均为海拔较高的山脉或者高原型丘陵，不适于农耕，如云中县城东侧的纥真山，其山“夏积雪霜”[①]。该地土壤也以沙黄土为主。按《水经注》言“干宝《搜神记》曰：‘昔秦人筑城于武周塞内以备胡，城将成而崩者数矣，有马驰走一地，周旋反覆，父老异之，因依以筑城，城乃不崩，遂名马邑。’”[②] 以此可以推测，该区域内土壤的黏着力也较差。在北偏西方向与云州、朔州接壤的是唐代关内道的单于都护府，依次往西是安北都护府辖地，该区域在军事上是三受降城所领的边地，在行政建制上属丰州。本区域以黄河为界，北岸的大多数地方属蒙古高原，居于阴山山脉南缘，地势与云州、朔州相比稍显平缓。以丰州为中心的河套平原在唐代以前就有较为发达的农耕业，该地地势低平，适于引水灌溉来发展农业。丰州以北地区则以荒漠草原和戈壁为主。

从丰州沿黄河而上，是对唐朝而言战略地位极为重要的灵州及其附近地区。这里的地形主体为今天的宁夏平原，东侧为黄土高原，西侧为贺兰山山脉。黄河自西南向东北贯穿全境，为河谷—山麓冲积平原类型，沿河两侧地势低缓，自汉代起至于唐代一直是边地军屯的重要区域。黄河沿岸所开凿的水渠等水利工程多能从上游自然分流，在下游汇

---

① 《元和郡县图志》卷 14《河东道三》，中华书局 1983 年版，第 410 页。

② 王国维《水经注校》卷 13，上海人民出版社 1984 年版，第 420 页。

于黄河。

被黄河“几”字形所包围的今鄂尔多斯高原地区，大致是唐代关内道中北部的宥州、夏州、胜州、盐州等州的范围。该区域又以鄂尔多斯高原为主体，其地势高差与黄土高原南部地区相比较则显得较为平缓。该地区在唐代就已经存在面积广大的沙地，如库结沙（库布齐沙漠）、毛乌素沙地。其间盐池和内流湖泊、沼泽广为分布。孙佳等人认为“毛乌素沙地在唐代为草地、湖滩、沙漠并存的景观”[①]。而鄂尔多斯高原东部沿黄河地带的胜州，则表现出不同的地形特征，由于靠近黄河且有相对较多的黄河水系支流，这里谷壑较多且多森林。贞元年间，唐德宗驳斥裴延龄时曾说“人言开元、天宝中侧近求觅长五六十尺木，尚未易，须于岚、胜州采市”[②]，可见，此地在唐代一度是长安城营修宫殿所需长木的采集、转运地。

以灵州和丰州为代表的沿黄河分布的诸州，以黄河为纽带沿途有众多河流直接注入黄河，并且在地势相对低平的河谷地带有历代修缮的渠道等水利工程。

会州位于关内道的最西端，是黄河流经关内道地区的上游地段。贞观八年，这里曾经因为“仓储殷实”[③] 而一度被改称为粟州。汉代至北魏之间，祖厉川一直是该地区最大的一条黄河支流，唐太宗贞观年间这里“仓储殷实”的局面在很大程度上与该河流的水资源较为丰富有关。同时，在开元七年的时候，因为黄河侧蚀严重，一度“渐逼州城”，刺史安敬宗修筑黄河堰来避免会州城被淹没。由此可见会州虽然地处干旱半干旱地区，但是在黄河及其支流沿岸地带，农业生产所必需的水资源的获取应当是较为便捷的。

灵州的地形地势较为低洼平坦，贺兰山的存在也在一定程度上隔绝

① 孙佳等《六胡州建城环境与唐代沙漠化研究》，《干旱区资源与环境》2008 年第 5 期。

② 《旧唐书》卷 135《裴延龄传》，中华书局 1975 年版，第 3721～3722 页。

③ 《元和郡县图志》卷 4《关内道四》，中华书局 1983 年版，第 97 页。

了西部地区沙碛的东移。黄河在这里漫流，形成了许多河漫滩冲积地带。从丰安军起往下游皋兰州河段，唐代史料中缺少详细记载，仅能从《水经注》中窥知一二。北魏时该段黄河的支流中较大的当为高平川，按谭其骧先生所主编《中国历史地图集》所示，在唐代时该支流名为蔚如水，是源自原州的葫芦河的下游。黄河进入唐代的回乐境内后，在其东侧有安乐川注入。黄河沿岸地势在这一段开始变得相对平坦开阔，唐以前的数个王朝都曾在这里进行屯垦，相继修建了一系列水利工程，较有代表性的当属薄骨律渠，该渠是北魏薄骨律镇将刁雍在前代旧渠的基础上修建的，在当时能达到灌溉四万余顷的规模①，算得上是一项规模较大的水利工程。到唐代时，虽然其灌溉能力已经大为缩减，但仍然能达到“一千余顷”的规模。② 还有特进渠，能溉田六百顷，《新唐书》记载该渠为长庆四年（824）“诏开”③，而《旧唐书》则记载为长庆四年（824）“疏灵州特进渠，置营田六百顷”④。结合整个唐代西北地区的战事进程中经常有游牧民族进攻屯田重镇时破坏渠道的记载，可以推测该渠应该和其他渠一样早已存在，或许是因为战争而被人为堵塞，后于长庆年间疏浚，因此笔者认为《旧唐书》的相关记载相对而言更为可信。此外，还有汉渠、胡渠、百家渠、御史渠、七级渠、光禄渠、千金陂等水利工程的记载，足以表明该地区的水资源状况。

丰州的水资源状况与上游的灵州相似，二者均属于黄河沿岸较为低平的地带，水资源利用较为方便，只要对前代的水利工程稍加修缮就能收到很大的农业生产效益，历史时期这里就因便于灌溉的条件而得新秦中、沃野等名。与灵州的渠道一样，唐代之时该地区的许多渠道都或多或少与前代有关。如丰州九原的陵阳渠，建中元年（780）一月时，就

① 《魏书》卷38《刁雍传》，中华书局1974年版，第868页。

② 《元和郡县图志》卷4《关内道四》，中华书局1983年版，第94页。

③ 《新唐书》卷37《地理志》，中华书局1975年版，第972页。

④ 《旧唐书》卷17《敬宗本纪》，中华书局1975年版，第510页。

曾“浚丰州陵阳渠”①，建中三年（782）的时候又“浚之以溉田，置屯，寻弃之”②。有唐一代，这里始终是唐王朝北部边防的前沿地带，但唐代文献中关于该地的河渠农垦类的记载较少。主要的河流有大同川、金河等河流，总体而言这里南有库结沙，北背阴山，水资源应当是相对缺乏的，金河泊“周回十里”，显而易见是蓄水功能为主的水利工程。正因为如此，乾元年间天德军驻地往西受降城迁移之时，对水患完全没有任何防范，“自后频为河水所侵，至元和八年（813）春，黄河泛滥，城南面毁坏转多”③。在此之前的元和七年（812）正月，“振武界黄河溢，毁东受降城”④，依据前文中的唐代温度和干湿状况的统计，可以发现此阶段降水突增和春季气温的异常升高是黄河三受降城段频繁水灾的原因。可以推测，东、西受降城在修建之时是没有把水灾因素放在主要防范地位的，换言之，水资源短缺的现象是本区域内的常态。

东受降城沿黄河往南依次是胜州、银州、绥州、延州和丹州。胜州境内有大葭芦水、小葭芦水、平河水等河流，其中平河水是隋文帝时开挖的水利工程，用来“以通屯仓”。与此同时，圁水和屈野河的记载在唐史中难觅其踪，笔者推测唐代之时这两条河流也是存在的，可能是当时河流径流量较小而不被记载。文献记载的数次党项诸部进犯连谷、银城的案例以及唐军追击、驱赶来犯的游牧者时所走的路线都是沿着窟野河行进的。如开元九年（721），“时叛胡与党项连结，攻银城、连谷，以据仓粮，（张）说统马步万人出合河关掩击，大破之，追至骆驼堰”⑤。严耕望先生将之称为张说出师之路⑥，该路线与后世的窟野河大致重合。到宋代之时，唐代因河所置的麟州城为镇西军所节度，“地形

---

① 《旧唐书》卷12《德宗本纪》，中华书局1975年版，第325页。
② 《新唐书》卷37《地理志》，中华书局1975年版，第976页。
③ 《元和郡县图志》卷4《关内道四》，中华书局1983年版，第113页。
④ 《旧唐书》卷37《五行志》，中华书局1975年版，第1360页。
⑤ 《旧唐书》卷97《张说传》，中华书局1975年版，第3052~3053页。
⑥ 严耕望《唐代交通图考》卷1，“中研院史语所”1985年版，第295页。

依险，三面孤绝，城中少水”①。据此可以推测，唐宋之际的窟野河的径流量可能极小甚至干枯，以至于其河床成为一条极为重要的行军路线。源于夏州，流经银州、绥州的无定河是本区域内较大的一支水系。在其源头的朔方县，十六国时期赫连勃勃登契吴山时曾经感叹这里“临广泽而带清流”②。在乌水附近，贞元七年（791）八月，“开延化渠，引乌水入库狄泽，溉田两百顷”。③ 这说明在夏州的东南部区域，无论是河流水还是湖泽水的存量均是不少的。与夏州北部的干旱缺水相比较，本区域的水资源应该是相对较为丰富的。

在今鄂尔多斯高原腹地的盐、宥、夏等州的大部分区域则属于内流区域。前文已述，该区域内部分布着库结沙和毛乌素沙地，就地形地貌单元的性质而言，这就意味着该区域的水资源是较为匮乏的。较有代表性的水资源也是以各个盐池为代表的咸水湖泽，因此本区域内各州无论是特产还是贡赋均与盐有关。

二、屯垦的阶段性特征

武德初年，唐军实际控制的势力范围最北只到延州一带。武德四年（621），李子和“拔户口南徙，诏以延州故城居之”④，北部的胜州等地“又陷梁师都”⑤。此时的延州是唐朝与梁师都交战的前线所在，其间梁师都和延州总管段德操多次交战于延州及其附近关隘。换言之，此时桑干河流域的云州、朔州一带仍然被隋末割据势力和东突厥所控制。此时这一区域内是否有军事屯垦进行不得而知，直至贞观年间桑干河流域的屯垦才见于记载。先是张公瑾为代州都督之时，为应对突厥的袭扰而

---

① （宋）曾公亮《武经总要》前集7卷17《麟府路》，中华书局1959年版，第29页。
② 《元和郡县图志》卷4《关内道四》，中华书局1983年版，第100页。
③ 《旧唐书》卷13《德宗本纪》，中华书局1975年版，第372页。
④ 《旧唐书》卷56《李子和传》，中华书局1975年版，第2282页。
⑤ 《元和郡县图志》卷4《关内道》，中华书局1983年版，第110页。

“置屯田以省馈运”[①]，其目的是为了减轻自并州地区运粮的压力，但关于其屯田的成效并没有详细的记载。任朔州刺史的张俭在贞观初年之时，“广营屯田，岁致谷十万斛，边粮益饶。及遭霜旱，劝百姓相赡，遂免饥馁，州境独安”；在李靖平定突厥之后，张俭又因为抚慰招安突厥的思结部落有功而被“即令检校代州都督。俭遂劝其营田，每年丰熟。虑其私蓄富实，易生骄侈，表请和籴，拟充贮备，蕃人喜悦，边军大收其利”[②]。《册府元龟》中则更为详细传神地记载了张俭屯田代州的效果：“蕃人喜悦，锐意营田，长城以北，有同中壤。”[③] 结合这两条史料可以大致推断，贞观之初云、朔、代三州区域内的屯垦规模在当时算是相当可观的，除了岁收十万斛的具体数字记载，归附的突厥人也参与当地的垦田，张俭甚至最早使用了“和籴法”来巩固当时的屯垦成果。与当时关中平原地区的屯垦成效相比较，贞观之际代北地区的屯垦成效可谓相当显著。

与云州、朔州临近的丰州一线区域在贞观之前同样受突厥及其支持下的割据势力的控制。贞观初，割据五原郡的张长逊投降，唐朝在其地设置丰州，但不久就废置。在平定突厥之后，唐朝将突厥降户安置于这里，设置丰州九原郡。一直到天授之前，史料中不见关于这里屯垦的记载，可以推测这里应该是突厥降户的游牧之地。

在贞观之后，灵州、丰州的屯垦往往是相互补充和唇齿相依的关系。天授初年，娄师德“兼检校丰州都督，仍依旧知营田事。则天降书劳曰：‘卿素积忠勤，兼怀武略，朕所以寄之襟要，授以甲兵。自卿受委北陲，总司军任，往还灵、夏，检校屯田，收率既多，京坻遽积。不烦和籴之费，无复转输之艰，两军及北镇兵数年咸得支给。勤劳之

① 《新唐书》卷89《张公谨传》，中华书局1975年版，第3756页。
② 《旧唐书》卷83《张俭传》，中华书局1975年版，第2776页。
③ 《册府元龟》卷397《将帅部·怀抚》，中华书局1960年影印版，第4722页。

诚，久而弥著，览以嘉尚，欣悦良深。’”[①]。娄师德在河源地区营田成就显著，因此武则天将他调至丰州后仍然“知营田事”，他往返灵州、夏州之间督管营田，收获之后“两军及北镇”的粮食够兵士支撑数年之久。这表明在灵州、夏州之间均存在屯垦的情况，并且灵州、夏州和丰州（北镇）之间存在粮食相互运输、补给的现象。但由于这一时期唐朝重点经营的是西北方向上的河西、西域及河湟地区，因此丰州、灵州之间的屯垦在这一阶段并没有过多的记载。

这种情况一直延续到开元天宝之际，由于远离关中地区，运粮不便，该区域内的屯垦应该是持续进行的。开元二年（714）二月，王晙受命持节朔方道行军总管时，玄宗诏曰：“丰安、定远、三城等军及侧近州军，宜依旧例，并受晙节制……兵须足食，理藉加屯，今正农时，务及耕种。”[②] 这就证明了至少在开元年间之前，河套平原上的丰州及三受降城和宁夏平原上的灵州在军事层面上是互为犄角的，两地的屯垦均没有因为远离唐蕃战事的前线而被搁置。天宝八载（749），唐朝在木剌山设置横塞军及安北都护府，诏郭子仪为使，“俄苦地偏不可耕，徙筑永清，号天德军”[③]。由此可见，木剌山的自然条件艰苦而不能进行耕作，进而有可能导致军粮供应出现问题，因此将横塞军治所转移至永清称为天德军。换言之，横塞军的迁移肯定要考虑屯垦是否便利的问题，这就证明了迁入地“永清”是有可耕作的土地的。如前文所述，在与吐蕃、回鹘的军事较量中，灵州、丰州在这一时期并不是军事行动的前锋地带，但即便如此，屯垦也被提到较高的位置。由此可见，在安史之乱之前，无论关内道和陇右道地区的军事形势如何变化，灵州、丰州两地的屯垦应该都是持续进行的。

---

① 《旧唐书》卷93《娄师德传》，中华书局1975年版，第2975页。
② 《唐大诏令集》卷59《王晙朔方道行军总管制》，商务印书馆1959年版，第315页。
③ 《新唐书》卷137《郭子仪传》，中华书局1975年版，第4599页。

经历安史之乱后，陇右道的大部相继失陷，关内道西部地区的会州乃至北部的盐州、夏州等也都在贞元前后相继陷于吐蕃，“盐州地当要害，自贞元三年西蕃劫盟之后，州城陷虏，自是塞外无保障，灵武势隔，西通鄜坊，甚为边患”[①]。由于通往关中的几条主要道路均被吐蕃切断，在很长一段时间内灵州孤悬于贺兰山下。这一时期灵州的屯垦情况从大历年间有关灵武的史料中可以推知一二。史载，代宗大历八年（773），“吐蕃六万骑寇灵武，践秋稼而去”[②]，大历十三年（778），吐蕃“虏大酋马重英以四万骑寇灵州，塞汉、御史、尚书三渠以扰屯田”[③]。在围困灵州而不克的情况下，吐蕃军队开始破坏灵州的渠道、庄稼。根据这些记载可以推断当时的灵州很大概率有充足的粮草储备和未曾间断的屯垦。自大历年间一直到贞元十年（794）之间，吐蕃围困灵州的次数不下十数次，但灵州一直没有被攻陷。除了双方兵力部署层面的因素，在粮食保障层面，粮草储备和就地屯垦之间哪个因素起主要作用呢？《册府元龟》中的一则记载值得注意：“（贞元）八年五月，以都官郎中郑克钧为灵夏二州运粮使。吐蕃之围灵州，军食绝。及吐蕃稍却，钧自夏州以牛马杂运米六万余斛致灵州，度支又于胜州沂河运云朔米万余斛。是秋，云州亦有积年，谷稻数万斛，人心颇固。”[④]

上述史料为理清这一时期灵州、丰州、胜州、云州等黄河沿线的屯垦及其关系提供了很多关键信息。第一，灵州在被围困其间，虽然屯垦没有间断，但由于垦田和相关水利设施不断被破坏，其粮食生产并不能长期自给。第二，灵州、夏州运粮使一职的设置，表明两州的粮食需要从外地转运，结合唐代交通道路的研究成果，可以推测贞元八年（792）的这次粮食转运经由坊州、鄜州一线，绕道夏州而至，所运送

① 《旧唐书》卷144《杜希全传》，中华书局1975年版，第3923页。
② 《资治通鉴》卷224《唐纪四十·代宗大历八年纪》，中华书局1956年版，第7221页。
③ 《新唐书》卷216《吐蕃传》，中华书局1975年版，第6092页。
④ 《册府元龟》卷484《邦计部·经费》，中华书局1960年影印版，第5787页。

的是加工过后的“米”，应该是在京畿附近加工之后的粟，其原产地不详。第三，云州、胜州附近屯垦生产的规模也相当大；胜州、云州虽然远离灵州地区，但由于均沿黄河分布，有溯流而上的运输条件。

综上所述，灵州、丰州、胜州和云朔地区的屯垦在政策层面上是彼此呼应的，诸州之间的屯垦收成能相互调运，在一定程度上形成了稳定的屯垦制度。除了上文中转运粮食到灵州的记载，沿黄河诸州之间相互转运的记载均较为常见。以丰州为例，“胡落池在丰州界，河东供军使收管。每年采盐约一万四千余石，供振武、天德两军及营田水运官健。自大中四年党项叛扰，馈运不通，供军使请权市河东白池盐供食”①。可以看出，在大中之前，丰州的振武军、天德军是存在营田的，因黄河而开展水运，并且有专人负责。但是他们生活所需的池盐产地归河东所管，在大中年间受到战事袭扰之后，他们所需的池盐要依靠河东供给。

那么，贞元前后灵州被围之时，为什么没有丰州转运粮食到灵州的记载呢？首先是地理条件限制了丰州粮食的转运。丰州和灵州之间虽有黄河相连接可以水运，但一遇战事极有可能就被迫中断，上文中从胡落池往天德军运池盐的道路遇到党项袭扰而“馈运不通”就是一个例子。陆路运输也极为艰难。灵州和丰州之间是面积广阔的乌兰布和沙漠、库布齐沙漠，在北魏年间，刁雍出任薄骨律镇将，他奉命往沃野（唐丰州附近）运粮时说：“臣镇去沃野八百里，道多深沙，轻车来往，犹以为难，设令载谷，不过二十石，每涉深沙，必致滞陷……百余日乃得一返，大废生民耕垦之业。”② 据此可以推测，唐代丰州、灵州之间的粮食转运也会遇到相似的问题，运输成本和运输效率在很大程度上限制了两地之间的粮食运输。其次，丰州的屯垦环境也极其艰难，本身的粮食生产也不太稳定。丰州及三受降城屯垦区居于北部边疆地带，和灵州所

---

① 《旧唐书》卷48《食货志》，中华书局1975年版，第2110页。

② 《魏书》卷38《刁雍传》，中华书局1974年版，第868页。

处的军事环境类似，一旦遭遇战事，其屯垦必将首先受到直接破坏。虽然史料中对这里屯垦的成就多有褒奖，但不能忽略这里地理环境对屯垦的制约。与灵州、云朔地区相比，这里的纬度较高，且降水量明显不如前者多。前文已经述及，横塞军驻扎之地“地偏不可耕”，因而迁移至永清，虽然永清这里有可耕之地，但有证据表明其“可耕”也只是相对而言。大历至贞元年间，李景略“乃拜丰州刺史、天德军西受降城都防御使。穷塞苦寒，地瘠卤，边户劳悴。景略至，节用约己，与士同甘蓼，凿咸应、永清二渠，溉田数百顷，储禀器械毕具”①。在经历数十年的屯垦之后，这里仍然是“穷塞苦寒”的“瘠卤”之地，可见这里屯垦条件之艰苦。一直到元和年间，振武军还有“饥”的记载：

元和中，振武军饥，宰相李绛请开营田，可省度支漕运及绝和籴欺隐。宪宗称善，乃以韩重华为振武、京西营田、和籴、水运使，起代北，垦田三百顷，出赃罪吏九百余人，给以耒耜、耕牛，假种粮，使偿所负粟，二岁大熟。因募人为十五屯，每屯百三十人，人耕百亩，就高为堡，东起振武，西逾云州，极于中受降城，凡六百余里，列栅二十，垦田三千八百余顷，岁收粟二十万石，省度支钱二千余万缗。②

可以说，一直到元和年间，丰州地区屯垦才达到整个唐代的高峰。但即便是这一时期的屯垦，效率也极低。招募而来的十五屯有劳动力1950人，若按“人耕百顷”来算，耕地195000顷，平均每顷的产量为粟0.97石，每亩产量0.0097石，显然是说不过去的。如果按照“人耕百亩”“垦田三千八百余顷”来算，其产量在每亩0.52-0.97石，结合

① 《新唐书》卷170《李景略传》，中华书局1975年版，第5177页。
② 《新唐书》卷53《食货志》，中华书局1975年版，第1373页。

当时全国的粮食单产量，笔者认为这一数据较为可信。根据《天宝元年西北地区军镇及兵马数量表》可知，在振武、中受降城、云州的屯垦地域内，长期驻军达到了3万余人，按张泽咸先生“每丁一年食粮七石二斗”[①] 的推断来计算，韩重华的这次屯垦也仅仅是勉强解决了区域内将士的口粮问题，并没有多余的口粮来供给他处。

在建中年间和贞元年间、元和年间、长庆年间，丰州、灵州先后出现过不少与屯垦有关的记载。前文表明，丰州及其附近地区在唐初就有屯垦的记载，距离建中年间最近的开元之际也有王晙在此屯田，灵州也是如此，历朝也都有屯垦的记载。通观本节所引史料可以发现丰州、灵州的屯垦有如下特征。

其一，贞元以后屯垦的主要劳动力群体已经开始有所变化。唐初之时，边地屯垦的主要劳动力以军镇驻扎地的士兵为主。到建中之时，丰州在屯田之时“发关辅民凿陵阳渠以增溉”[②]，这就表明至迟在此时百姓已经参与边地屯垦。元和年间，丰州屯垦的劳动力除了流放至此的犯人，更多的是直接招募的劳动力。“宪宗末，天下营田皆雇民或借庸以耕，又以瘠地易上地，民间苦之。穆宗即位，诏还所易地，而耕以官兵。耕官地者，给三之一以终身”。[③] 到长庆年间，由于招募百姓垦地弊端日久，甚至出现了所垦土地部分成为官兵私人财产的情况。

其二，屯垦的目的只是为了解决一时的粮食危机，缺乏持续的政策支持。以建中年间杨炎请求在丰州屯垦为例，其原因是长途转运粮草费用巨大且效率极低。“度支岁市粮于北都，以赡振武、天德、灵武、盐、夏之军，费钱五六十万缗，溯河舟溺甚众”。[④] 元和年间在丰州附近大开屯田的原因则更为直接——“振武军饥”，如此记载还有数例。

---

① 张泽咸《中国屯垦史·中》，农业出版社1990年版，第111页。
② 《新唐书》卷53《食货志》，中华书局1975年版，第1372页。
③ 《新唐书》卷53《食货志》，中华书局1975年版，第1373页。
④ 《新唐书》卷53《食货志》，中华书局1975年版，第1372页。

自唐初在丰州地域内屯垦以来，有数次在此重新进行屯垦的记载，这就表明历次屯垦均没有太好的连续性。

其三，多数属于复垦的范畴。这一特征往往与第二条特征相关联，在灵州地域内表现最为明显。已经有确切的证据表明在贞元年间灵州是有屯田进行的，与之相距不远的宪宗元和年间，李听为灵盐节度使时"部有光禄渠，久廞废，听始复屯田以省转饷，即引渠溉塞下地千顷，后赖其饶"①。长庆四年七月之时，"疏灵州特进渠，置营田六百顷"②。在极度依赖水利的灵州地区，灌溉渠道的兴废往往与屯垦的兴废是相伴相生的。无论是"复屯田"，还是疏通渠道，在很大程度上都是以之前的屯垦为基础的，可以认为这些都属于复垦的范畴。到大和年间时，"户部尚书、判度支王起请于邠宁、灵武置营田务，从之"③，在长庆年间之后灵州的营田又一度被搁置，所以才有"置营田务"一说，这在很大程度上也是复垦的又一条例证。

第三节　河湟垦殖区

一、地形地貌与水资源

河湟地区在狭义上是指青藏高原东北缘的黄河及其支流湟水沿线谷地。唐代鄯州和廓州的全部，河州、洮州和兰州的一部分辖区分布于此，唐代也一度设置营田大使统领数州营田事务。因此本节将上述唐代五州纳入河湟屯垦区范畴进行论述。

本区域处于青藏高原东北缘，地形以山地为主，河谷地貌发育。积石山、石门山等列于南侧，祁连山脉中的姑臧山和大雪山位于鄯州北

① 《新唐书》卷154《李听传》，中华书局1975年版，第4879页。
② 《旧唐书》卷17《敬宗本纪》，中华书局1975年版，第510页。
③ 《旧唐书》卷17《文宗本纪》，中华书局1975年版，第544页。

侧。湟水及其支流浩亹水、乌逆水从北侧汇入，沿途冲刷、沉积形成湟水谷地的狭长河谷冲积平原。黄河干流及洮水在廓州、河州、洮州和兰州曲折蜿蜒，沿岸河谷地带多有小型冲积平原形成。

洮水在唐代是一条重要的军事防御线，唐朝和吐谷浑、吐蕃曾先后在此反复争夺，其流域内的生产方式也是以畜牧业为主。并且该地降水稀少，“自洮、强南北三百里中，地草皆是龙须，而无樵柴，谓之强川”[①]。吐蕃统治洮水流域时，曾出现“洮水逆流三日，鼠食稼，人饥疫”[②] 的情况。根据现代自然地理学的研究，可以推测河水出现“逆流”的情况很大可能是下游河岸滑坡形成堰塞湖而导致的。这也说明在洮水附近是有部分农耕业存在的，但其对水资源的利用情况如何尚不清楚。结合该区域内频繁的战事记载，可见在隋唐之际影响洮水流域农业活动的主要因素应该是社会因素。因此，该时期洮水流域内与农业有关的水资源的利用程度应该是较低的。

以湟水为主体、沿黄河断续分布的河谷低地是陇右道东部地区一个重要的农耕区。湟水及廓州沿黄河分布的河谷地带地势相对开阔，在汉代之时就是较为重要的边境屯垦之地。唐代的廓州附近是宽阔平坦的黄河沿岸谷地，在汉代之时就因为便利的灌溉条件而被称为大小“榆谷”。湟水沿岸的鄯州一度是陇右节度使治所所在，沿湟水往上分布着诸多的驻军，如临洮军和河源军的人数就多达近六万人，并且这些驻军多数都有军屯。如河源军曾“垦田五千顷，岁收粟斛百余万。由是食衎士精，戍逻有备”，就连吐蕃也曾在此营田，“永隆二年（681），赞婆营青海，常之驰掩其屯，破之，悉烧粮廥”[③]。由此可以看出河湟地区的灌溉条件应该是相对便利的。

① 《资治通鉴》卷114《晋纪三十六·安帝义熙元年纪》，中华书局1956年版，第3580页。
② 《新唐书》卷216《吐蕃下》，中华书局1975年版，第6105页。
③ 《新唐书》卷110《黑齿常之传》，中华书局1975年版，第4122页。

二、屯垦的阶段特征

河湟地区的农耕历史悠久，但真正意义上的屯垦是在吐蕃灭吐谷浑之后。贞观九年（635），为彻底解决吐谷浑对河西地区的袭扰问题，侯君集、李道宗等人率领十万唐军一直进军至今天的黄河源头地区，至此，吐谷浑再无力发起大规模的进攻。唐朝封吐谷浑王慕容顺光为西平郡王，仍辖有其旧地。此时并没有唐军在河湟地区进行屯垦的记载，应该是唐军主力又退出了河湟地区。

贞观九年（635）至高宗永徽初，吐谷浑旧地渐次被吐蕃占领。而此时吐蕃军队的粮食补给制度中还没有出现屯垦的记载。这一时期吐蕃尚未完全占领西域地区和河湟地区的粮食产区，他们的食物供给除了随部落迁徙的牛、羊等牲畜，青稞、小麦、豆类等作物则由高原内部“雅隆河谷地带的农业区域提供”①，或者来源于北部的苏毗人部落。换言之，截至目前并没有研究表明这一时期吐蕃军队在河湟地区有过屯垦行动。

唐军在河湟地区的屯垦见于高宗仪凤三年（678）。在此之前的咸亨元年（670）四月，“吐蕃陷龟兹拨换城，废安西四镇”②，随后薛仁贵在吐谷浑旧地的大非川败于吐蕃军队。至此，唐朝与吐蕃在河湟地区开始了长时期的对峙与争夺。高宗仪凤三年（678），李敬玄征吐蕃失败后，唐朝与吐蕃随后有数年的对峙期，从李敬玄西征的娄师德因为有功，“充河源军司马，兼知营田事”③。虽然此时河源军的屯垦规模和效益不得而知，但无疑是为后来黑齿常之的屯垦打下基础的。高宗调露年间（679—680），黑齿常之为河源道经略大使“斥地置烽七十所，垦田

① 朱悦梅《吐蕃王朝军队给养方式探蠡》，《中国藏学》2009年第3期。
② 《新唐书》卷3《高宗本纪》，中华书局1975年版，第68页。
③ 《资治通鉴》卷202《唐纪十八·高宗仪凤三年纪》，中华书局1956年版，第6386页。

五千顷，岁收粟斛百余万。由是食衍士精，戍逻有备”[①]。此时的河源道大致辖有之后的河源军、宣威军等湟水沿岸等地。考察其产量，竟然达到惊人的每亩 2 石左右[②]，而唐代粟的亩产量也不过是每亩 1 石左右。[③] 这个数据的异常有两种可能性解释，其一，河湟地区可能仍然沿用汉代的量制，根据学界的研究成果可知唐代一石约合汉代的三石，折合下来为每亩 0.67 石，与丰州地区的屯垦产量相差不多。但这只是推测，尚难以找到确凿的证据。其二，亩产 2 石的记载所用的计量单位就是唐制的石。以此和现今青海省的粮食产量数据加以对比[④]，可以发现在农业科技越来越趋同的情况下，河湟地区小麦的产量是高于全国平均水平的。因此，黑齿常之于河源屯垦的数据是有一定可信度的，从中也可以看出河湟地区的农耕条件是相对优越的。

黑齿常之在河源进行屯垦之时，吐蕃军队也在青海湖沿岸地区驻扎，可能也有屯垦在进行。永隆二年（681），“赞婆营青海，常之驰掩其屯，破之，悉烧粮廥，获羊、马、甲首不赀”[⑤]。已有研究认为“屯”并非专指“屯田”，更多的是驻守的意思。但“营”字有制造、营造的意思，在字义上已经超越了简单的驻守，有进行生产活动的含义。在汉代之时就有“乃建立三营，屯田殖谷”[⑥] 的记载，可以推知“营”往往是与屯田有联系的。黑齿常之此次大破赞婆的胜果之一是“悉烧粮廥”，粮仓的存在表明吐蕃军队在青海湖附近是有农耕活动的。那么这些农耕活动是否属于军事屯垦呢？依据前文所引朱悦梅的研究成果可

---

① 《新唐书》卷 110《黑齿常之传》，中华书局 1975 年版，第 4121~4122 页。

② 按陈梦家先生在《汉简缀述》中所言：官文书上“石”称秩级而“斛”称俸禄之数，但在通常记量之时，则可以石代斛。后世著作多沿用此说，笔者也从其说。

③ 吴慧《中国历代粮食亩产研究》，农业出版社 1985 年版，第 161 页。

④ 按王立祥、廖允成主编的《中国粮食问题：中国粮食生产能力提升及战略储备》一书中所载，2010 年时青海省春小麦的单产位居全国第五位。

⑤ 《新唐书》卷 110《黑齿常之传》，中华书局 1975 年版，第 4122 页。

⑥ 《后汉书》卷 113《郡国志》，中华书局 1965 年版，第 3533 页。

知，吐蕃军队虽然少有直接参与屯垦的记载，但归附于吐蕃的吐谷浑族群善于农耕，他们在吐谷浑灭亡后仍然留在原地进行耕作，按吐蕃的军事制度，在战时被吐蕃军队编入行军队伍也是极有可能的。因此，黑齿常之所焚烧的粮仓是吐蕃军事屯垦的产物应当是没有问题的。

直至玄宗开元年间，河湟地区屯垦的记载在史料中几乎没有出现。整理这一阶段的史料可以发现，唐朝与吐蕃的政治形势、军事行动方向的转移是这一时期河湟地区少战事的主要原因。这一时期，吐蕃和唐廷都把经营的重点放在西域地区，加上吐蕃内部的斗争和动乱，唐朝与吐蕃在河湟地区实际上处于一种很微妙的对峙期。在这一时期，河湟地区的屯垦是一种什么状态呢？虽然没有直接的记载，但可以从军镇的设置上略加推测。由于长时期的对峙，军粮完全依靠从长安乃至河西地区输送显然是不切实际的。唐初的府兵有“居无事时耕于野，其番上者，宿卫京师而已。若四方有事，则命将以出”① 的职责。孟宪实等人在考察西州的府兵时也认为，西州的府兵“番上”并没有远赴京师而是就地值班。② 而“秦、成、岷、渭、河、兰六州，有高丽羌兵”的记载，表明陇右、河湟地区的府兵成分是十分复杂的。由于远离家乡，就地屯垦是府兵的职责也是其生存的必需选择。唐制规定“诸军各置使一人，五千人已上置副使一人，一万人已上置营田副使一人”③，同时，边地军屯在很大程度上也是边防镇帅军功政绩的一种表现，因此河湟地区的诸军在很大程度上均有屯垦在进行。武则天经常告诫娄师德曰“王师外镇，必藉边境营田”，并在延载元年（694）封娄师德为“河源、积石、怀远等军及河、兰、鄯、廓等州检校营田大使”④。这在一定程度上清楚地表明了唐军在河湟及兰州以东地区的屯垦情况。

---

① 《新唐书》卷50《兵志》，中华书局1975年版，第1328页。
② 孟宪实《唐代府兵“番上”新解》，《历史研究》2007年第2期。
③ 《旧唐书》卷43《职官志》，中华书局1975年版，第1835页。
④ 《旧唐书》卷93《娄师德传》，中华书局1975年版，第2976页。

鉴于以上军镇与边地屯垦之间的关系，考察河湟、陇右地区的军镇设置可以清楚地看出开元、天宝之际河湟地区的屯垦状况。现整理如表4-1所示。

表 4-1　河湟地区及其附近的军镇设置

军、镇名称	所在州	设置时间
河源军	鄯州	仪凤二年
积石军	廓州	仪凤二年
洮河军/临洮军	鄯州	仪凤年间/开元年间
白水军	鄯州	开元五年
天威军（原振武军）	鄯州	天宝八载（开元十七）
安人军	鄯州	开元七年
振威军	鄯州	开元年间
威戎军	鄯州	开元二十六年
绥和守捉	鄯州	开元二年
榆林军	兰州	不详
临洮军	临州（天宝三载置）	久视元年
合川郡守捉	叠州	贞观年间
莫门军	洮州	仪凤二年
宁塞军	廓州	仪凤二年
镇西军	河州	开元二十六年（开元三）
平夷守捉	河州	开元二年
振威军	河州	天宝十二载
天成军	河州	天宝十二载
宁边军（原宁塞军）	廓州	天宝十三载
威盛军	廓州	天宝十三载
金天军	廓州	天宝十三载

（续表）

军、镇名称	所在州	设置时间
武宁军	廓州	天宝十三载
耀武军	廓州	天宝十三载
黄沙戍	廓州	不详
神策军	洮州	天宝十三载
苏董戍	宕州	天宝十三载
交合戍	宕州	不详

注：表中资料依据《元和郡县图志》《新唐书》《旧唐书》《资治通鉴》《册府元龟》等史料综合而来。

通过表4-1可以发现，开元、天宝之际，有数个军镇存在前后更名的关系且驻地有所变动，如设置于开元年间的振武军因为没于吐蕃，后于天宝八载（749）被哥舒翰收回并更名为天威军。但大多数军镇都是在开元、天宝之时设置的，这与玄宗朝前后唐朝与吐蕃边界的东段关系复又紧张有关。依据前文中驻军与屯垦之间的关系可以推断，这一时期双方在河湟地区的屯垦强度也一定是很大的。《唐六典》中关于开元年间军屯的记载也能印证这一推断，由于学界对此已经有无数的引用和论述，本书不再赘录。

安史之乱爆发后，驻扎陇右的军镇多数开赴关内平叛，由于失去了先前屯垦的主要劳动力，河湟陇右地区的屯垦也随着领地的失陷而被废弃。一直到贞元年间，大部分时间这里被吐蕃占领，其屯垦情况也不得而知。到德宗兴元之际，唐朝在陇右地区东部一度略有军事优势，经历清水会盟后，此时开始出现在河湟地区复行屯垦的建议。

时两河罢兵，（韩）滉上言："吐蕃盗河、湟久，近岁浸弱，而西迫大食，北捍回鹘，东抗南诏，分军外战，兵在河、陇者不过五六万，若朝廷命将，以十万众城凉、鄯、洮、渭，各置兵二万为守御，臣请以本道财赋馈军，给三年费，然后营田积粟，且耕且战，则河、陇之地可翘足而复。”帝善其言，因访玄佐，玄佐请行。[①]

这一建议的执行效果不得而知，但随后的平凉劫盟意味着这一建议失去了执行的政治土壤。此后唐朝与吐蕃又在关内道的西部互相攻伐守战数十年，屯垦的前锋也一直处于河湟陇右以东地带。

唐朝在河湟地区的又一次屯垦机遇出现在大中年间。迫于内部分裂、国运式微，以及河西、西域地区军事行动的接连失败，唐朝此时在实际上已经收回了之前陷于吐蕃的“三州七关”。而此时的河湟陇右地区大部也都被张议潮的归义军所收复，唐朝是有进军河湟进行屯垦的时机的。但此时唐宣宗的态度却极为模糊，在朝臣建议屯垦“三州七关”时下诏：“三州七关地腴衍者，听民垦艺，贷五岁赋；温池委度支榷其盐，以赡边；四道兵能营田者为给牛种，戍者倍其资饷，再岁一代；商贾往来于边者，关镇毋何留；兵欲垦田，与民同。”[②] 听任民众和兵士自行垦种意味着唐朝此时没有进行军事屯垦的政治兴趣。靠近关中的“三关七州”地区尚且如此，更不用说远离关中的河湟地区。由此，这一诏书也标志着河湟陇右地区屯垦的逐渐落幕。

第四节　河西走廊垦殖区

一、地形地貌与水资源

河西走廊是唐代陇右道地区最为重要的屯垦区域，在行政建制上包括凉州、甘州、肃州、瓜州、沙州等州。该区域的地形地貌具有典型的

① 《新唐书》卷126《韩滉传》，中华书局1975年版，第4437页。
② 《新唐书》卷216《吐蕃传》，中华书局1975年版，第6107页。

内陆山地高原特征。从河西走廊东端的凉州起往西，山地高原占据着这片区域的大部分比例。合黎山（要涂山）、甘峻山为河西走廊的北界，北偏东方向是阿拉善高原地区。西至阿尔泰山，东至贺兰山，南至合黎山的狭长区域内广泛分布着第四纪以来形成的戈壁荒漠，包括现今广为人知的巴丹吉林沙漠和腾格里沙漠。在唐代，除了一度设置过的武安戍、白亭守捉等军事据点，这些沙碛地带鲜有农业活动的迹象。活跃在西北地区的游牧民族也经常因为这些荒漠的阻隔而称雄漠北，如隋唐之时的突厥，史载“至则天时，突厥强盛，铁勒诸部在漠北者渐为所并。回纥、契苾、思结、浑部徙于甘、凉二州之地”①。夹在合黎山、甘峻山和南部的祁连山之间的狭长地带就是河西走廊地区。与两侧的山地相比较，该区域地势较为平坦，在历史时期一直是军事屯垦的前沿重地，也是通往西域的一条交通要道。虽然其间也有沙地荒漠分布，但在凉州、甘州、沙州敦煌等地区，绿洲农业的存在使河西走廊地区在整个唐代屡屡被称赞为富庶之地。

本区域的水环境与西域地区有着极大的共性。河流基本以内流河为主且流量较小，土壤蒸发旺盛、水资源不足是该区域内水资源的特征之一。因此河西走廊上的甘、肃、瓜、沙等州，其农耕业均是以绿洲农业为主。与农耕业相关的水资源多以内流河和高山冰雪融水为主。

今石羊河是河西走廊东部的一条较大的内流河，其水系面积较为广阔。石羊河在北魏时期被称为马城河，其水上承姑臧武始泽，最终汇入休屠泽。唐代史料中关于凉州附近的河流记载较少，只能从有限的记载中加以推测。汉代时，出自姑臧南山的谷水北至武威入海，“武威，休屠泽在东北，古文以为猪野泽”②。北魏时的武始泽又有可能是自出姑臧南山的谷水潴留而成，并内流而终于休屠泽。到唐代武德初年“平

① 《旧唐书》卷199《铁勒传》，中华书局1975年版，第5349页。
② 《汉书》卷28《地理志》，中华书局1962年版，第1612页。

李轨，置凉州总管府”的时候，仍然有“州界有猪野泽”的记载。[①] 这就表明，休屠泽的主要补给水源——源于祁连山山脉的诸河流在唐代之时是依然存在的。这也从另一个角度证明，汉代至唐代间在凉州附近的屯垦是有充足的水源保证的。

黑河水系是河西走廊上又一较大的内流水系，唐代称之为弱水、张掖河。在汇集众多源自祁连山的支流之后，张掖河流经甘、肃两州，最终北上汇入居延泽。由于是内流河，又加上河流下游流沙广布，所以其下游段也被称为弱水。整个河西走廊地区灌溉农业的主体之一就位于张掖河及其支流沿线。在河流源头处的祁连山山麓地带，因为水资源充足，这里的林木资源也是有相当规模的，张掖县南一百里的雪山上，“多材木箭竿”；同时，畜牧业发展的条件也得天独厚，史载“张掖、酒泉二界上，美水茂草……宜放牧，牛羊充肥”；删丹县附近的焉支山“水草茂美，与祁连山同”。[②]

瓜州、沙州因越来越靠近内陆，其水资源量也越来越少，具体表现在河流数量的减少上。该区域内的河流主要是甘泉水、今疏勒河水系。由于海拔的关系，即使在今天，甘泉水、疏勒河流经的地区也有相当一部分区域是既没有灌溉条件也没有农业的无人区。本区域在唐代能被利用的水资源绝大部分集中在瓜、沙二州治所附近。位于甘泉河下游的沙州敦煌，是豆卢军驻防和屯垦的地方。敦煌文书中有关该地区的水渠和水源的记载极为详细，郑炳林、乜小红等人根据敦煌文书对敦煌地区的农耕用地和畜牧用地进行了复原和划分，其中就涉及当地水资源的分布情况。[③] 总体而言，瓜州、沙州两地的农业生产是紧紧分布在河流、湖泽周围的。由于内流河在汇入湖泽的过程中，其盐分不断累积，最终在河流下游形成盐度相对较高的低洼沼泽和湖泽，其周围是畜牧业的分布地域。

---

① 《旧唐书》卷 40《地理志》，中华书局 1975 年版，第 1640 页。

② 《元和郡县图志》卷 40《陇右道下》，中华书局 1983 年版，第 1021、1022 页。

③ 参见郑炳林《唐五代敦煌畜牧区域研究》，《敦煌学辑刊》1996 年第 2 辑。

二、屯垦的阶段特征

河西走廊地区的凉、甘、肃、瓜、沙等州，自东向西依次列于祁连山北麓的狭长地带内，在汉代时就一直是中央王朝通往西域的必经之路。由于其战略位置极为重要，历代诸多势力都在这里竞相争夺，因此其军事屯垦历史也极为悠久。

唐朝进驻河西最早可上溯到平定隋末李轨割据政权之后。李轨政权最为强盛之时，除了占据河湟地区的西平、枹罕等地，也占据了张掖、敦煌等地，“尽有河西五郡之地”。[①] 唐朝在得到以凉州为中心的“河西五郡”之后，以此为粮草根据地，先后解决吐谷浑和高昌问题。一直到高宗时期，河西走廊诸州都是唐朝安置周围游牧族群的地方。如贞观六年（632），突厥契苾何力“率众千余家诣沙州，奉表内附，太宗置其部落于甘、凉二州”[②]；龙朔三年（663），吐谷浑可汗诺曷钵等人“走依凉州，请徙居内地”[③]。安置来归的游牧族群到河西走廊地区的记载在武周时期仍然存在。因此有研究认为在武周之前，河西走廊地区的生产类型是以畜牧业为主的。

截至目前，并没有直接的史料表明河西走廊地区在武周之前的唐代进行过屯垦。但结合前文中河湟地区的军事形势，笔者认为迫于南方和西方吐蕃扩张的军事压力，河西走廊地区在唐初也应该是有相当规模的军事屯垦存在的。根据《全唐文》的记载，垂拱元年（685）前后，陈子昂上书武则天：

> 臣伏见今年五月敕，以同城权置安北府……顷至凉州，问其仓贮，惟有六万余石，以支兵防，才周今岁。虽云屯田，收者犹在，

① 《资治通鉴》卷184《隋纪八·恭帝义宁元年纪》，中华书局1956年版，第5746页。

② 《旧唐书》卷109《契苾何力传》，中华书局1975年版，第3291页。

③ 《资治通鉴》卷201《唐纪十七·高宗龙朔三年纪》，中华书局1956年版，第6336页。

此外略问其数，得亦不多……又至甘州，责其粮数，称见在所贮积者四十余万石。今年屯收，犹不入计……甘州地广粮多，左右受敌，其所管户，不满三千，堪胜兵者，不足百数。屯田广远，仓蓄狼藉，一虏为盗，恐成大忧……今瓜、肃镇防御，仰食甘州，一旬不给，便至饥馁……甘州状称，今年屯收，用为善熟，为兵防数少，百姓不多；屯田广远，收获难遍。[①]

这则史料表明，垂拱元年（685）之时凉州和甘州已经有相当数量的屯田，并且甘州的屯田距离州城较远，由于劳动力的限制，很难全部收获。同时，上述史料也透露出几点极为关键的信息。其一，由于屯垦的时效性较长，从开垦、播种到农作物成熟需要的时间较长，这就说明当时的甘州、凉州在垂拱之前就极有可能已经有了相当规模的屯田。其二，垂拱之际，凉州应该是河西走廊上规模最大的屯垦地区。六万余石的粮食储存勉强够驻军一年的消耗，说明驻军数量是极其庞大的。[②] 从另外一个角度来看，这也说明凉州的军事屯垦有充足的劳动力保障，因此其屯田规模也应该是最大的。其三，凉州的屯垦在时间上与黑齿常之在河湟地区的屯垦相距数年，结合当时的军事形势可以推断，在高宗之前，河西走廊地区作为河湟地区军事行动的后方，其屯垦出现的时间应该是不晚于后者的。其四，“今瓜、肃镇防御仰食甘州，一旬不给，便至饥馁”，清楚地表明至少在武周初期，河西走廊地区的屯垦主要集中在凉州、甘州、沙州。瓜州、肃州多受自然条件的限制，如“瓜州地多沙碛，不宜稼穑，每年少雨，以雪水溉田”[③]，能够进行屯垦的地方比较有限。

---

① 《全唐文》卷211《上西蕃边州安危事（三条）》，中华书局1983年版，第2140~2142页。

② 按前文中已引张泽咸先生“每丁一年食粮七石二斗”的推断来计算，陈子昂视察的时候是五月之时，6万石粮食够“今岁”（半年）的消耗，由此可推测凉州城此时的常驻军队至少应该有近2.5万人。《元和郡县图志》中所载凉州城内赤水军的数量为3.3万人，是为例证。

③ 《旧唐书》卷103《张守珪传》，中华书局1975年版，第3194页。

依据《中国历史地图集》和严耕望先生的研究，可以发现在距离和成本上讲，从甘州运粮至瓜州、肃州显然不是最优选择，何以屯垦条件相对良好的沙州没有供应粮食给瓜、肃二州？原因之一是沙州的屯垦规模可能也比较小，仅能维持自身地域内的粮食供需平衡。敦煌学领域已经研究得极为清楚，沙州的可垦区域主要集中在以敦煌为中心的绿洲之上，其生产能力是有限的。原因之二是当时的军事形势决定了这一粮食供需关系。高宗仪凤年间，安西四镇第二次陷于吐蕃，虽然经过裴行俭的短暂收复，但在垂拱二年（686）唐朝第三次被迫放弃了安西四镇。吐蕃军队“逾高昌壁，历车师庭，侵常乐县界，断莫贺延碛，以临我敦煌”[①]。此时的沙州已经岌岌可危，其屯垦也必然受到影响。

武周后期，河西走廊上的屯垦情况和之前类似，凉州、甘州仍然是屯垦的中心地。郭元振为凉州都督之时，“又遣甘州刺史李汉通辟屯田，尽水陆之利，稻收丰衍。旧凉州粟斛售数千，至是岁数登，至匹缣易数十斛，支廥十年，牛羊被野”[②]。此时的甘州、凉州基本上互为依靠，成为唐朝经营西域和河湟的重要补给地，屯垦自然也被放在极其重要的位置。

开元、天宝之际，河西走廊依旧面临严峻的军事压力。西部的沙州依然被吐蕃和突厥不断围困，东部的甘州、凉州更是突厥和吐蕃觊觎已久之地。根据前文的研究，笔者认为越是军事压力大的区域，其驻军规模就会越大，进而对屯田规模的需求就会越大，而事实正是如此。“开元中，置朔方、陇右、河西、安西、北庭诸节度使以统之，岁发山东丁壮为戍卒，缯帛为军资，开屯田，供糗粮，设监牧，畜马牛，军城戍逻，万里相望”。[③] 这是代宗广德年间，吐蕃占据河西陇右之地后，史官对河西陇右之地失陷之前的感慨书写，其中不乏溢美之词，但其中关

---

① 《全唐文》卷 219《拔四镇议》，中华书局 1983 年版，第 2216 页。
② 《新唐书》卷 122《郭元振传》，中华书局 1975 年版，第 4362 页。
③ 《资治通鉴》卷 223《唐纪三十九 · 代宗广德元年纪》，中华书局 1956 年版，第 7146 页。

于开元年间置河西、陇右等节度使的记载是为信史。节度使的设置，在军事层面上有利于集中区域内的军事力量，统一进行调防。到天宝年间，募兵制的推行在无形之中也促使各节度使将屯田提升到空前的高度。以往的研究成果已经在数量方面对这一时期河西陇右地区的兵屯进行了统计，但结合河西驻军的分布情况，可以在时间和空间方面对开元、天宝之际的屯垦进行更为直观的了解。现将开元、天宝之际河西走廊地区的军镇及其设置时间汇总，如表 4-2 所示。

表 4-2　河西走廊地区开元、天宝之际军镇设置

军、镇名称	所在州	设置时间
赤水军	凉州	武德二年
赤水守捉（大斗军）	凉州	武德二年（开元十六）
建康军	甘州	证圣元年
同城守捉（宁寇军）	甘州	不详（天宝二）
玉门军	肃州	武德年间（天宝十四年废）
墨离军	瓜州	大足年间
豆卢军	沙州	神龙元年
新泉军（新泉守捉）	凉州	大足年间（开元三）
合河戍	瓜州	神龙元年
张掖守捉	甘州	不详
交城守捉	凉州	不详
白亭军	凉州	天宝十载（天宝十四载）
明威戍	凉州	不详
武安戍	凉州	不详
白马戍	凉州	不详
白山戍	凉州	不详
建昌军（建康军）	甘州	不详

表4-2中几个军镇名称的变化及其所代表的意义值得关注。武德二年（619）设置的赤水守捉在开元十六年（728）被升格为大斗军。赤水守捉在“凉州西二百里”，后因为地处大斗拔谷而更名为大斗军。与之相似，同城守捉在天宝二年（743）更名为宁寇军，宁寇军在甘州西北的居延海旁。从规模为数百人的守捉上升到规模接近万人的“军”，军事地位上升之后，对屯田规模和粮食供给的要求自然也越高。据此可以推断，开元之际，凉州西南方向的大斗拔谷附近、甘州西北方向居延海地区的屯垦规模也极有可能空前扩大。与此同时，凉州东部的新泉军却在开元三年（715）从“军”降为守捉。关于上述军镇的变化情况及其原因，史念海先生、李宗俊等人也都有详细的研究，在此就不再转引赘述。

上述军镇的设置和变动时间表明，开元、天宝之际，甘州、凉州仍然是河西走廊地区主要的屯垦地，但由于史料中并没有详细的产量记载，无从考证其具体规模和粮食产量，仅能在只言片语中寻找佐证。开元年间，“时散骑常侍崔希逸为河西节度使，于凉州镇守。时吐蕃与汉树栅为界，置守捉使。各去守备。于是吐蕃畜牧被野”①。虽然崔希逸为河西节度使时，吐蕃一度曾通过甘州地区直逼凉州边境，但由于驻守双方似乎已经达成某种默契进而形成对峙局面，吐蕃所占区域“畜牧被野”，那么唐军所守之地的屯垦成效自然也不会太差。天宝十二载（753），哥舒翰为西平郡王兼任河西节度使，民间有其转输河西粮食救济关内道的记载：“河州敦煌道，岁屯田，实边食，余粟转输灵州，漕下黄河，入太原仓，备关中凶年。关中粟米，藏于百姓。”② 由于这些记载出自唐传奇小说，学界均认为该记载缺乏一定的可信度。史念海先生虽然认为该记载不足为信，但他通过论证“正仓”“义仓”的设置及

① 《旧唐书》卷196《吐蕃传》，中华书局1975年版，第5233页。
② （唐）陈鸿《东城老父传》，《唐宋传奇》，华夏出版社2015年版，第93页。

其关系之后，认为哥舒翰从河西所运送的粮食属于军屯的产物。[1] 笔者也认为，类似记载的出现表明此时河西陇右和关内道的跨区域粮食调动已经成为尽人皆知的事情，结合河西和河湟地区的屯垦效益，有余粮转运关内救急的情况也是极有可能存在的。该条史料可以作为河西陇右地区军事屯垦成效的佐证。

安史之乱之后，河西走廊也相继失陷，虽然敦煌仍然坚守多年没被吐蕃迅速攻陷，但在事实上来说，河西走廊已经失去了屯垦的军事保障和军事需求。这一时期的屯垦记载大多是地方官员主导下的民间屯垦。与河湟地区一样，虽然在唐末经历张议潮归义军的收复，但唐朝的军事屯垦最终没有在河西走廊地区延续下去，民间垦殖的情况也无从考辨。

第五节　西域垦殖区

一、地形地貌与水资源

沙州以西的广大西域地区地形地势更为复杂。仅仅就与农业生产息息相关的地形地貌来看，天山和阿尔泰山之间的准噶尔盆地边缘是历史时期西域地区农牧业生产的主要集中地。该区域内部沙漠戈壁广布，农业基本集中于山麓或者泉水出露的绿洲地带。以高昌故地西州为例，历代史书均记载这里“地多石碛”，从武威到高昌故地“度沙碛千余里，四面茫然，无有蹊径”[2]。天山的西偏南地区古称葱岭，地形地貌则以高原山地为主，行政建制上为安西都护府辖地。除了沿天山、葱岭、昆仑山北坡分布的绿洲，整个天山以南、葱岭以东的广大区域在唐代被称为“大流沙”，这片古地质时期就已经存在的流动沙漠就是今天的塔克

---

① 史念海《河山集·五集》，山西人民出版社 1991 年版，第 273 页。

② 《隋书》卷 83《高昌传》，中华书局 1973 年版，第 1847 页。

拉玛干沙漠。

以伊州、庭州、西州为代表的唐代天山南北诸州的水资源有着共同的特点。由于沙漠戈壁广布，该区域的降水较为稀少，因此本区域内的农业类型是以对水资源依赖程度相对较小的畜牧业为主。而农业生产所需的水资源则主要是高山冰雪融水和地下水。如伊州伊吾县附近的天山“春夏有雪”，众多的冰雪融水从山上汇集而下，最终内流汇集成“碱池海”，河流沿岸“侧近皆有良田”。[①] 西州的高昌故地，天山上的冰雪融水汇成交河，交河县也因以为名。天山以南的疏勒，“土多稻、粟、麻”[②] 等农作物，表明该地的水资源是可以满足部分绿洲农业生产所需的。但总体而言，整个西域地区的水资源是十分有限的。唐代之前有屯垦记载的地区往往都是水资源相对充足的绿洲地区。该区域的水资源呈现出典型的斑块状分布特点。

二、屯垦的阶段特征

唐朝在西域地区军事存在最强的时候，以“四镇”为中心辐射天山南北地区。一般来讲，所谓“四镇”，是指龟兹、于阗、焉耆和疏勒四军镇，在行政建制上大致与伊州、西州、庭州、沙州的西南部和安西都护府的南部地区相重合。

西域地区诸州的设置大多数是在贞观年间。史载，伊州在隋末时“西域杂胡据之。贞观四年，归化，置西伊州”[③]，表明贞观之时伊州的居民成分已经较为复杂。关于其“归化”的时间，吐鲁番文书斯 0367 号《唐光启元年（885）书写沙州伊州地志残卷》有详细记载可以印证：“贞观四年，首领石万年率七城来降，我唐始置伊州……有文字，田夫商贩之人……冬夏常食饼……”其中伊州的柔远县在“隋大业十

① 《元和郡县图志》卷 40《陇右道下》，中华书局 1983 年版，第 1030 页。
② 《隋书》卷 83《西域》，中华书局 1973 年版，第 1852 页。
③ 《旧唐书》卷 40《地理志》，中华书局 1975 年版，第 1643 页。

二年，伊吾胡共筑营田”。[①] 这就表明贞观四年（630）归附设镇之前，是有屯田记载的，并且其饮食习惯也有较为明显的农耕色彩。因此贞观年间在此设置军镇，在很大程度上与这里可以屯垦有关。西州是贞观十四年（640）唐军灭高昌之后，在高昌二十二城基础上设置的，并且在很长一段时间内是安西都护府的置所地。焉耆、龟兹、于阗等城也分别在贞观十七年、二十一年、二十二年归附于唐，进而成为安西都护府的核心军镇。总体来看，唐初在西域所设置的以安西四镇为核心的军镇体系多是汉代以来的屯垦之地。从高昌古城、交河古城的考古发掘情况来看[②]，这些军镇受限于水源等自然因素，城池的规模往往并不是特别大。那么与之对应，唐初之时西域地区的军事屯垦又有何特点呢?

前文已经叙述，军事屯垦的施行往往与较长时间的军事对峙有关。屯垦的时效性决定了其对稳定的社会环境有着较强的依赖性。而在武周长寿元年（692）以前，西域地区并没有太长的稳定时期。唐朝与吐蕃、突厥等在此对安西四镇进行反复争夺。首先，西突厥的袭扰问题。如贞观十五年（641）之时，西突厥的乙毗咄陆可汗“自恃强大，遂骄倨，拘留唐使者，侵暴西域，遣兵寇伊州”，其后又“遣处月、处密二部围天山”。[③] 其次，蕃将的叛乱问题。由于唐朝平定西域之后，多任用其原部落首领为镇将，一遇政令不通或中央无暇顾及之时，诸州将领叛乱之事屡有发生。如贞观末阿史那贺鲁的叛乱是为一例。阿史那贺鲁原为西突厥贺鲁部首领，唐朝在其投降后封其为瑶池都督。贞观末，“方帝崩”，（阿史那贺鲁）“即谋取西、庭二州”[④]，直至显庆二年（657）才被平息，其间安西四镇先后陷落。再次，与吐蕃争夺西域。

① 唐耕耦、陆宏基《敦煌社会经济文献真迹释录》第1辑，书目文献出版社1986年版，第40、41页。

② 黄文弼《吐鲁番考古记》，中国科学院1954年版，第1~16页。

③ 《资治通鉴》卷196《唐纪十二·太宗贞观十六年纪》，中华书局1956年版，第6177页。

④ 《新唐书》卷215《突厥传》，中华书局1975年版，第6060页。

龙朔二年（662）起，吐蕃军队开始蚕食西域南部，到咸亨元年（670），安西四镇再一次陷落，之前迁移至龟兹的安西都护府再一次将置所迁回西州。虽然在永淳元年（682）王方翼克复四镇，但随后的垂拱二年（686）四镇再次陷落，吐蕃军力甚至直达沙州敦煌。

在此可以把上述安西四镇反复易手的时段称为西域屯垦的初期阶段。这一阶段的西域诸州并没有持续时间特别长的安定时期，其屯垦成效也可想而知。事实上，关于这一时期屯垦的记载很少，只能从只言片语中进行推断。“唐初，兵之戍边者，大曰军，小曰守捉，曰城，曰镇，而总之者曰道。……此自武德至天宝以前边防之制”①，“凡天下诸军州管屯，总九百九十有二。大者五十顷，小者二十顷”②。后人以此来推断武周以前西域地区的屯垦及其成效。荣新江先生认为，唐初的安西四镇应该是《唐六典》中都护府条后所记之镇，并非节度使下之军镇，所以其规模极小，每个军镇只有五百人，一共也只有二千人而已。③ 然而就是这数千人加上连续数年的轮换、行军，其对粮草的消耗也成为唐朝必须要考虑的大问题。贞观年间，褚遂良上书：“王师初发之岁，河西供役之年，飞刍挽粟，十室九空，数郡萧然，五年不复。陛下岁遣千余人远事屯戍，终年离别，万里思归。去者资装，自须营办，既卖菽粟，倾其机杼。”④ 褚遂良在上书中明确地表明，贞观之际西域用兵的粮草是征发于河西地区的，并且屯戍的士兵也极有可能是河西地区的府兵。这就意味着，西域地区的军事屯垦或者根本无法进行，或者根本无法自给自足。结合当时西域的军事环境和兵役制度，笔者推测当时进行屯垦的可能性极小，驻军的粮草更多的是依赖府兵番上时自己携带，或者是依赖河西地区的转运。

---

① 《新唐书》卷50《兵志》，中华书局1975年版，第1328~1329页。
② 《旧唐书》卷43《职官志》，中华书局1975年版，第1840页。
③ 荣新江《于阗在唐朝安西四镇中的地位》，《西域研究》1992年第3期。
④ 《旧唐书》卷80《褚遂良传》，中华书局1975年版，第2736页。

武周长寿元年（692），王孝杰在西域大破吐蕃军队，再次收回安西四镇，一直到贞元元年（785）唐朝彻底放弃西域，这一时期的西域整体而言是稳定的。虽然有吐蕃和突厥余部的偶尔袭扰，但安西四镇一直被唐军牢牢控制。武周后期在安西置兵三万人来长期驻守，这是武周之际驻守安西军队的重大变革。张广达先生根据吐鲁番文书和文献资料认为，在显庆三年（658）到长寿元年（692）间，唐朝在安西四镇的军事行动已经从行军逐步过渡到派兵镇守四镇。[①] 大规模的驻军对粮草的需求显然是更大的，由此推测这一时期起，安西地区的屯垦才逐步稳定下来并有所发展。从《唐故中大夫使持节江华郡诸军事江华郡太守上柱国和府君墓志铭并序》中也能发现这一特征：

> ……君讳守阳，字守阳，扶风人也。……景龙之岁，以军功授义阳别将、碛西支度营田判官。夙兴匪懈，极稼穑之艰难；饬躬律人，大边陲之仓廪。……以功迁北庭都护府长史。寻迁播川郡太守，居无几何，转北庭副都护、兼右司御副率，专知食库支度营田使。始终十年，储蓄巨亿。[②]

墓志铭的主人和守阳在景龙年间担任碛西支度营田判官，其间极尽艰难之事进行屯垦，丰富了边地的仓廪。唐人所说的碛西，往往是指敦煌以西的西域地区。从岑参《武威送刘判官赴碛西行军》一诗中可知，甚至武威以西都可以称为碛西。和守阳任碛西支度营田判官之时的屯垦地点暂时不详，但随后他转任北庭副都护，“专知食库支度营田使”长达十年。北庭都护府是武周长安二年（702）所设置，据此推断，自景龙年间起，北庭的屯垦没有间断，一直延续到开元年间。而武周时期开

① 张广达《西域史地丛稿初编》，上海古籍出版社 1995 年版，第 155 页。
② 周绍良《唐代墓志汇编（下）》，上海古籍出版社 1992 年版，第 1580~1581 页。

始的长期驻军无疑是其后西域进行屯垦的重要基础。

西域地区在开元之前基本维持了较长时期的稳定，其间虽有吐蕃、突骑施的不断侵扰，但总体而言屯垦所需的条件是具备的。开元年间，安西都护府成为安西节度使（伊西节度使），随后又分出北庭节度使，其详细变动过程本书不予讨论。笔者认为，西域地区节度使分合流转的过程，大多数是基于当时西域的军事环境变化。在一定程度上来说，这种变化能使西域地区的屯垦有更充分的军事保障。开元年间，安西都护张嵩在任时“务农重战，安西府库，遂为充实”①，由此可知，西域地区的屯垦和仓廪体制是并重的。结合《唐六典》的记载，“安西二十屯，疏勒七屯，焉耆七屯，北庭二十屯，伊吾一屯，天山一屯”②。可以大致推知当时的屯垦规模和屯垦的重心所在。但这只是正史资料中所录入的屯田数，在时间上无法具体推断。好在吐鲁番文书中有所记载，能一窥当时的屯田情况。大谷文书 3786 号记载：

> 开元十二年（724），
> 7. 石六斗、天山屯营田五十顷收
> ……
> 11. 升五合柳中屯营田卅顷收③

上述文书是地方官员所编写的《官人差遣使录》，在一定程度上来说可信度更高。这就说明开元年间，除了官方记载的大的军事屯垦点，散布于军镇周边的烽、燧、戍的屯垦也为数不少。天宝六载（747），

---

① 《旧唐书》卷 103《郭虔瓘传》，中华书局 1975 年版，第 3189 页。
② 《唐六典》卷 7《尚书工部》，中华书局 1992 年版，第 223 页。
③ 〔日〕小田义久《大谷文书集成·第二卷》，龙谷大学佛教文化研究所编 1990 年版，第 155 页。

（封常清）“寻加朝散大夫，专知四镇仓库、屯田、甲仗、支度、营田事”[①]，可见西域地区的军事屯垦仍然在继续。可以说，唐朝在西域地区的军事屯垦主要集中在武周后期至天宝初年期间。

安史之乱爆发后，安西驻防的军队也随之赴关内平叛。随后河西走廊开始逐步被吐蕃攻陷，广德二年（764）凉州的失陷，标志着西域地区与唐廷之间的隔绝。但西域地区的西州等地并没有完全失陷，孤悬于西域的数州在很长时期内仍然维持着原有的军事屯垦体系。从安西副都护高耀的墓志中可以推知当时西州的屯垦情况。现摘录如下：

1. 大唐伊西庭支度营田副使银青光禄大夫试卫尉卿上柱国渤海高公墓志铭并序

19. 于逝水以广德四年四月十七日薨于北庭公年六十有五……

22. 官册载享龄六十五而竟先与后渎命屈于时哲人之亡邦国弥瘁以建中三年十二月廿

23. 八日葬于前庭东原礼也……

24. □□长□闵□思报劬劳将柑葬于先茔遂□挥于丧纪往年瀚□黄鸟悽止棘之

25. □今宅交河青鸟□□□之所铭曰　望表渤海家于交河簪裙藉地□□□□光照百行学茂四□[②]

根据墓志，高耀卒于广德四年（766），而代宗广德年号仅仅行用2年便废止，其时应该是永泰二年（766），可见高耀去世之时北庭已经与唐廷断绝联系两年有余。墓志载其生前“年二监而登九列，佐帷幄而运良谋。辟充国之田，廒庾委积；阐弘羊之计，帑藏其殷”。以赵充

---

① 《旧唐书》卷104《封常清传》，中华书局1975年版，第3208页。

② 戴良佐《西域碑铭录》，新疆人民出版社2013年版，第175~178页。

国的屯田成效和桑弘羊整治经济的美名来类比其政绩，虽有溢美之词，但可以推知安史之乱以后，高耀在宝应二年（763）之后任西州、北庭支度副使期间，掌管当地的屯田和粮草支度，成效显著。建中三年（782）十二月，高耀墓从北庭迁至西州，归葬于交河东原的祖坟。其墓志仍然沿用“大唐”称号并且能顺利将坟墓从北庭迁移至西州，可见在建中三年十二月之时，西州、北庭仍然被唐军所控制。由此可知，从广德二年（764）悬于西域一直到建中三年（782），西州、庭州仍然没有陷落，意味着这里仍然在运行着唐朝统治西域的军政模式，军事屯垦自然也不例外。但截至目前，还没有能够表明这一时期军事屯垦成效的详细史料供我们参考。随着唐朝在西域地区军事实力的退却，中晚唐之际西域地区的军事屯垦也逐渐落幕。

第六节　土地垦殖的时空特征

一、军事屯垦的整体特征

（一）关中—陇右地区是“发源地”和“战略保障地”

如前文所述，关中地区在唐初武德年间被分为十二军，“各军置将、副各一人，以督耕战……军有坊，置主一人，以检察户口，劝课农桑”。武德初年，唐朝实际上控制的地域就是关中地区。由于隋末战争的破坏，就地发展军屯是解决军队粮食供应的最佳途径。此时的关中地区是唐朝最早进行屯垦的地区。虽然有史料表明，在北都并州附近有屯垦的情况出现，但此时关内道北部鄜州、延州前线的粮草仍然依靠关中平原来供给，因此可以认为武德年间将道改为军，是为唐代军事屯垦的滥觞，关中平原及其附近则是军事屯垦制度的“发源地”。

贞观年间，在为唐朝西北拓边提供粮草保障数年之后，关中地区军事屯垦的地位开始下降，陇右地区开始成为关中平原西部的军事屯垦之地。贞观初唐朝为应对吐谷浑的袭扰而在陇右地区驻军屯垦，进而在与吐蕃争夺吐谷浑旧地之时，陇右地区和河西的凉州互为犄角，其间这里的屯垦功不可没。到河湟地区屯垦兴盛之时，关中—陇右地区已经处于战线的后方，其军事屯垦的规模也由于驻军的前移而逐渐减小。这一点根据开元年间凉州与会州边界的新泉军的建制从军被降为守捉是可以推断的。

在天宝之后，由于河西陇右地区的失陷，唐朝与吐蕃战线在很长一段时间内僵持在清水河一线。这一时期，关中西部的军事屯垦再次兴起，承担起拱卫京畿的战略重任，成为军粮供应的“战略保障地”。伴随着中晚唐的割据和平叛战争，南方粮草转运受阻，关中—陇右地区继唐初之后再次成为唐王朝维持运转的重要屯垦地。

（二）凉州、灵州—三受降城是军事屯垦的重心所在

凉州、灵州在唐代一直是唐朝经营西北的重要据点。凉州扼守河西走廊的东部，其设置的目的便是为“备羌胡”，凉州城内的赤水军，“军之大者，莫如赤水，幅员五千一百八十里，前拒吐蕃北临突厥者也”[1]，与其他军相比较其规模可以用庞大来形容，这足以证明凉州从设置之时就已是西北地区的军事重心。由于驻军规模庞大，其军事屯垦的数量也尤为瞩目，按《唐六典》的记载，赤水军的屯垦达三十六屯之多，在武周以前担负着河西走廊乃至河湟地区粮草供应和转运的重要使命。到开元之际，凉州虽然已经远离战事前线，但其驻军规模和屯垦没有像关中一样逐步缩小，这种情况一直持续到凉州陷于吐蕃之前。究其根源，与凉州特殊的地理位置和地理环境是分不开的。凉州北部地区是面积广大的腾格里沙漠，南部是祁连山余脉，这里是连接关内道和西域地区的咽喉地带。进可以控制河西走廊和河湟地区，退可以以灵州为

---

① 《元和郡县图志》卷40《陇右道下》，中华书局1983年版，第1018页。

据点保卫关中。加上这里的水热组合条件在河西走廊地区相对较好，因此整个唐代均极为重视凉州地区屯垦。前文中所引用的陈子昂的上书就能说明这一点。因此凉州也一直是吐蕃军队觊觎和进攻的重点军镇。

与凉州形成钳制之势的是灵州及三受降城地区。在整个唐代，灵州及其临近的丰州是唐王朝在北部的军事屏障。灵州、丰州的军事屯垦规模在整个唐代都是可圈可点的。灵州在魏晋时期就是屯垦重地，到唐代时与丰州一线形成防备突厥的北方防线。虽然距离关中较近且其粮草也一度依靠关中转运，但由于沿途交通不便，转运粮草的成本较高，灵州也一度因此成为关内道西北方向上重要的屯垦之地。天宝之前灵州、丰州的军事地位虽然不如凉州、鄯州重要，但其屯垦进程几乎没有中断。在天宝之后，甚至一度成为唐朝皇帝的逃难地。在很长一段时期内，吐蕃、突厥围而不下，给唐朝收复盐州、夏州争得了大量的时间，坚定了唐朝收复西北诸州的信心，其基础便是悠久的屯垦历史和完善的屯垦、仓储设施。北部的丰州也是如此，在唐初和中唐时，是军事屯垦的重点地区，成为连接代北和灵州的过渡地带，兼有屯垦和粮草转运的职责。

（三）中唐以前鄯州、龟兹是屯垦的前锋地带

以鄯州为中心的河湟地区是唐初重点经营之地。在唐朝与吐蕃争夺吐谷浑旧地之前，这里的军事屯垦并没有太大发展。高宗之际，这里成为唐朝与吐蕃军事对峙的东线前锋地带之一，以鄯州为中心的河湟地区直接分担了兰州、凉州等西南方向的军事压力。在河湟地区大兴屯田之前，唐朝在河湟地区及青海腹地的军事行动受限于粮草供应的短板，或因粮草辎重太多受到牵累而战败，或因粮草供应紧张而欲采取速战速决的方式来快速结束战斗，但最终多以失败而告终，即使是胜利也很快因为唐军的撤出而又被攻陷。

河湟地区的军事屯垦为唐初经营河西、西域乃至灵州一带提供了样

本。在此之前虽然不乏军事屯垦，但高宗之际娄师德、黑齿常之在河湟地区的营田见效显著且规模较大。相对稳定的粮草来源和完善的仓储系统使高宗武周之际的河湟成为直面吐蕃袭扰的前锋地带。与河湟地区屯垦的时间相差无几，河西走廊一带的甘州、凉州也开始出现大规模的军事屯垦记载。娄师德在河源屯垦之后不久，于天授初年“累授左金吾将军，兼检校丰州都督，仍依旧知营田事”[①]。将有屯垦经验的将领调至灵州依旧主持屯垦，是唐廷对河湟地区屯垦模式的肯定。笔者据此推测，河源地区的军事屯垦已经成为当时军事屯垦的样板，在武周时期被大力推行。

西域地区的安西都护府辖区也是唐朝军事屯垦的前锋所在。安西都护府在初置之时，治所在西州的交河城，到高宗显庆三年（658）时才迁至龟兹。唐史学界对这一事件的原因看法不一。综合前人的研究，笔者认为粮草供应不足和缺乏屯垦所需的稳定的社会条件是影响治所变动的诸多因素之一。首先，粮草供应不足的因素。虽然贞观年间唐朝就已经控制西域的大部，但更多的是象征性的驻兵千人进行羁縻而已。根据前文所述，河西走廊的瓜、肃等州在武周时期仍然面临着粮草不足的问题，需要从甘州转运粮草来供给。武周以前的河西尚且如此，更远的龟兹、于阗等地的粮草供应也就可想而知。其次，当时的西域社会缺乏长时期的稳定。显庆之前的西域蕃将叛乱时有发生，由于驻军数量太少，经常出现城池被攻陷的情况。安西四镇反复失陷的问题一直到长寿元年（692）王孝杰再次收回安西四镇时才得到解决。笔者推断，河湟屯垦的成功使唐廷意识到大规模驻军及就地军屯的重要性，所以武周后期西域屯垦的出现与这一时期河湟屯垦的成功是有莫大联系的。以上，以鄯州、龟兹为中心的河湟和西域在武周时期是整个唐代西北屯垦的前锋地带，是唐代军事屯垦所辐射的最远的地区。

---

① 《旧唐书》卷93《娄师德传》，中华书局1975年版，第2975页。

（四）两次军事屯垦高峰期及其分布区域

综合前文，西北地区在唐代出现了两次军事屯垦高峰。第一次屯垦高峰期是高宗、武周时期。贞观年间的西北拓边在疆域上给这一时期的屯垦提供了可能。这一时期关内道地区的军事屯垦逐渐转移到西北边疆地带，仅有战略性防御重镇灵州、丰州、胜州—代北一线有少量屯垦。河湟地区和河西走廊的凉州、甘州成为军事屯垦的重点地区。西域地区虽然有军事屯垦现象，但其规模和持续时间都无法和河湟、河西相比。

第二次屯垦高峰期是武周后期至玄宗天宝年间。武周后期，军事屯垦的前沿在真正意义上推进至西域地区，以安西四镇为中心的军镇及其周围的屯垦成为唐代军事屯垦的最前沿。从驻军的数量和屯垦的规模来看，河湟、河西地区的军事屯垦在开元年间达到鼎盛。整体来看，唐朝在西北地区的军事屯垦在最高峰时能直达西域，推进至青海湖畔。在天宝后期军事屯垦衰退时，灵州、丰州—胜州一线和唐初一样继而成为唐朝屯垦的重点地区。凉州及其以东的陇右地区是军事屯垦内缩时期的屯垦区域。

二、民间垦殖的时空特征——以关内道地区为中心

关于唐代西北地区民间垦殖的记载较为稀少。在近三百年的时间里，唐朝控制下的西北地区边界变动频繁，边地民间垦殖也因之时断时续，只有关内道的大部分地区一直处于唐朝的控制之下。从本书人口层面的研究成果来看，关内道地区又是西北地区人口重心、民间垦殖的重心所在。因此，本节选取数据相对最为全面、连续的关内道地区为例，对民间垦殖进行长时段时空层面的分析。

首先，需要明确垦殖规模的估算依据。由于关于民间垦殖的记载没有统一的标准，为了方便进行比较，这里仍然采用第三章中的垦殖面积重建模型，但有所取舍。由于均田制下应授田的标准和执行情况在不同

时期和不同州差距很大且有所争议，只是一些参考数据，因此这里只依据不同时间段的人口数量、人均生存所需耕地量来进行推算。

其次，户口比、人均生存所需耕地量的确定。本书采用的人口数据可分为三个时间段：贞观年间、开元年间、天宝年间。其中开元年间只有户数而没有口数，可依据天宝年间的户口比进行推算，结果为户均5.67口。依据前文研究结果，人均生存所需耕地量取8亩为统一标准。根据以上研究方法可以确定三个时间段内关内道地区的民间垦殖规模。

（一）贞观年间的民间垦殖及其分布

如前文所述，关内道地区是唐初进行统一战争的物资保障地，军事屯垦也从关内道地区开始推行。在贞观十三年（639）关内道的人口数据中，会州当时没有设置，会州、丰州、盐州地域范围内的贞观户口数应该是包含在灵州之内的。麟州、宥州、云州当时还没有设置，胜州虽是高祖武德年间所设置，但并没有留下与贞观年间有关的户口记载。基于以上数据和验证模型，可以得出如下结论：西北部地区的灵州、原州、丰州、盐州、银州等州垦殖面积相对最小，其规模均在10万亩以下；陇州、绥州、延州、丹州的垦殖规模在10万亩至20万亩之间，形成了一个半月形的垦殖率较低的地带。这与当地的自然环境是密不可分的。这些州的地形地貌以黄土高原为主，间有山地、沙漠分布，水资源较为缺乏，州治所在地绝大多数都分布在河谷之上。沿黄河分布的绥州、延州、丹州等地由于靠近东南部，本身降水条件要好于西北部，所以其垦殖面积也略大于西北部各州。

渭水干流及其支流泾、洛河上游诸州的垦殖率普遍远高于北部诸州，基本都在50万亩上下。其中只有坊州出现了相对较低的垦殖率，其原因暂时不是很清楚。靠近京兆的宁州、邠州、岐州及东部的华州，虽然辖区面积相对较小，但各州垦殖面积均在100万亩左右，其垦殖率明显高于其他地区。垦殖面积最大的当属京兆地区和东南部的同州，在

100万亩以上。由于上述数据是基于人口的计算结果，考虑到京畿地区的特殊情况，京兆府地区的垦殖数据并不具有严格的代表性。但同州的数据则能表明，自然环境对农业垦殖的影响作用之大。同州位于关内道东南角，其受季风气候影响最为明显，降水条件应该是最好的。同时，这里又是渭河的下游平原地带，地形平坦开阔，土壤和水资源组合情况是良好的。因此，这里聚集了大量的人口，其垦殖率自然也是较高的。

（二）开元年间的民间垦殖及其分布

关内道地区在开元年间已经属于远离边地的“后方”，和贞观时期相比较，社会环境已经相对稳定。人口和土地垦殖的规模也随之而翻倍增长。此时关内道地区的北部安置有大量归附的游牧族群，西部和偏西北地区官营畜牧业的规模也极其庞大，畜牧业和农耕业都呈现出蓬勃发展的局面。

开元末年关内道地区的民间垦殖规模已经远远超过贞观年间。北部的丰州地区及其附近的垦殖规模已经接近10万亩的规模，而在贞观年间丰州、灵州、盐州、会州垦殖面积之和也不过如此。北部沿黄河分布的其余几个州及盐州、夏州、宥州的垦殖面积均在20万亩至50万亩之间，这已经达到了贞观年间关中地区的垦殖水平。值得注意的是，中部地区的邠州、宁州、庆州、鄜州此时已经成为关中平原以北地区的垦殖中心，尤其是宁州和鄜州，其垦殖规模接近150万亩，几乎达到了贞观年间的3倍。东南部的同州、岐州也是如此，其垦殖面积均在200万亩以上。

整体来看，整个关内道地区的民间垦殖面积是稳步提高的，东南部诸州仍然是垦殖的重心所在。其中，泾洛河流域诸州的垦殖面积增长最快。

（三）天宝年间的民间垦殖及其分布

天宝年间的数据距离开元年间并不太远，因此更能反映出关内道地区民间垦殖的变化趋势。此时，开元年间从胜州析置出来的麟州的数据已经出现。北部的丰州、麟州的垦殖面积均在 10 万亩以下，如果细致比较就会发现丰州、麟州和胜州的垦殖面积是略小于开元年间的。开元年间垦殖规模在 50 万亩以下的西北部诸州仍然维持在 50 万亩以下的规模。从具体数据来看，银州、夏州、会州的垦殖规模都有不小的增长，而灵州、胜州的规模出现略微减小的情况。与其趋势相类似的还有中部地区的延州和鄜州。根据前文研究，可以推断上述诸州的垦殖规模已经接近唐代可垦面积的极限。

开元年间居于垦殖重心的泾洛河流域诸州在此时仍然占据重要地位。尤其是宁州，其垦殖规模已经达到了近 180 万亩的规模。陇州的垦殖规模增幅最大，从开元年间的 20 余万亩猛增至 80 余万亩。总体来看，这一时期关内道地区北部诸州的垦殖速度明显放缓，垦殖规模甚至有所下降。东南部地区诸州的垦殖规模仍然持续扩大，环绕京兆地区的几个州的垦殖规模甚至超越了 300 万亩。

本章小结

本章对西北地区唐代的土地垦殖情况进行了论述。根据西北地区土地垦殖的特点，具体细分为渭水流域屯垦区、关内道黄河沿线屯垦区、河湟屯垦区、河西走廊屯垦区、西域屯垦区五个屯垦区域。按其性质大致可分为军事屯垦和民间垦殖两部分。

在军事屯垦层面，关中—陇右地区在唐朝统一前期承担了重要的农业职能，军事屯垦也以此地区为“发源地”逐渐向外围扩散。在唐代中后期，随着唐朝军事战线的内缩，这一地区又成为唐朝应对国家安全危机的不能退却之地。凉州、灵州、丰州等沿黄河附近分布的几个州是整个唐代军事屯垦的重心所在，无论军事屯垦的前锋推向何处，这些地区的军事屯垦一直都保持着较大规模，甚至是区域之间互相转运粮草的重镇。鄯州、龟兹则一度是军事屯垦的前锋地带，在唐代前期这里是唐朝与吐蕃、突厥诸部对峙的前线，双方在这里反复争夺，军事屯垦也在这里反复兴盛。基于以上研究，我们得出唐代的西北地区存在两次屯垦高峰期的结论。

在民间垦殖层面，除了关内道地区，目前的史料并不足以支撑进行全区域时空分布层面的研究。关内道地区的史料留存相对丰富，在时间层面上相对较为连续；在空间层面上，地理环境的差异性也较大，因此本章选取关内道地区为例，对民间垦殖的时空特征进行分析。

本章关于民间垦殖规模的确定，采用的是上章中相似的估算方法。即根据图 3-1 所示的估算模型，以户籍数据为基础，估算出关内道地区贞观年间、开元年间和天宝年间的三组垦殖数据。通过逐一分析各个时间段关内道地区的垦殖分布，可以发现关中平原地区始终是民间垦殖的重心所在。但随着时间推移，泾洛河流域诸州的垦殖规模增长最快。西北部诸州的垦殖规模多在开元年间便已经接近最大规模，或增长缓慢或出现负增长的现象。综合关内道地区的自然环境，笔者认为水资源和地形地貌条件对区域内部的民间垦殖有很大影响。东南部地区地势相对低平，渭水流域的水资源较为丰富，光热水资源组合较好，所以从贞观年间到天宝年间其民间垦殖规模翻倍增长。西北部诸州由于受水资源和热量的限制，在整个研究时段内增长缓慢。当然，社会环境也是关内道民间垦殖格局形成的重要原因，北部游牧族群的南迁安置和官营畜牧业的存在也在一定程度上限制了这些州民间垦殖规模的增长。

第五章　农牧生产结构与农牧关系发展过程

以往的历史农业地理研究将农作物结构单独列出，自然是有其依据和科学性的。但将这种研究模式放在唐代的西北地区似乎不能完全解决问题，传统农耕业和畜牧业在这里以兼有的方式存在是学界已经公认的史实。这一时期西北地区的农作物结构和畜牧业有何关联呢？这正是本章所要重点解决的疑问。本章将农作物结构和畜牧业放在一起进行综合考察，以期在解决传统历史农业地理问题之后，综合解答上述疑问。

第一节　主要粮食作物及其分布

一、粟类作物及其分布

（一）粟类作物的地位

粟类作物在中国的栽培历史极为悠久，数量众多的考古遗存中常有粟类作物出现。学界研究已经表明，历史时期粟类作物在我国南方北方均有分布，并且在相当长的时段内占据主要粮食的地位。按《说文解字》，“粟，嘉谷禾也……从米”，而米则是“粟实也”。[①] 居延汉简简文载“粟一斗，得米六升□”[②]，表明从汉代起，书面上的“米”应该就是专指脱壳后的粟。“谷”在魏晋时期则演变成“五谷之总名，非止谓粟也。然今人专以稷为谷，望俗名之耳”[③]。综合史料来看，粟在历史时期有禾、秝、稷、黍、谷、粱、秫等称呼，大多数情况下“米”是粟脱壳后的产物而并非现今所说的大米。在唐代粟脱壳后一般情况下也称米，亦有粝米、粺米、御米等称谓。[④]

粟在唐代是朝廷规定的缴纳赋役的标准作物。唐廷规定“凡授田者，丁岁输粟二斛，稻三斛，谓之租”[⑤]，《文献通考》则认为唐制是“凡授田者，丁岁输粟二石，谓之租”[⑥]。虽然上述史料对唐代租的定量记载有所出入，但纳粟代租应该可以确定就是唐代所实行的赋役政策之一。同时，在“乡土无粟”的情况下，“听纳杂种准充”[⑦]，除了麦类的粮食作物纳租被定为“杂种”。开元二十五年（737）时规定：“诸出给杂种准粟者，稻谷一斗五升当粟一斗。其折纳糙米者，稻三石折纳糙米一石四斗。”[⑧] 即便到农业经济相对发达的开天之际，纳赋所用的稻谷折粟率也是相当低的。这就意味着唐代粟的粮食地位是高于其他农作物的。

同时，从仓储系统的设置和运行上也能看出粟在粮食作物中的地位。唐代效仿隋制，也设立有正仓、义仓等仓储系统，各类仓储所藏粮食最初以粟、麦类为主。贞观年间，户部尚书韩仲良奏：“王公已下垦

---

① （东汉）许慎《说文解字》，浙江古籍出版社 2016 年版，第 232 页。

② 《居延汉简·甲乙编下》，中华书局 1980 年版，第 75 页。

③ 贾思勰著，缪启愉校释《齐民要术校释》卷 1《种谷第三》，中国农业出版社 1998 年版，第 60 页。

④ （唐）夏侯阳《夏侯阳算经》卷上，中华书局 1985 年版，第 9 页。

⑤ 《新唐书》卷 51《食货志》，中华书局 1975 年版，第 1342 页。

⑥ （宋）马端临《文献通考》卷 2《田赋考二》，中华书局 2011 年版，第 45 页。

⑦ 《唐六典》卷 3《尚书户部》，中华书局 1992 年版，第 84 页。

⑧ 《通典》卷 12《食货十二》，中华书局 1988 年版，第 291 页。

田，亩纳二升。其粟麦粳稻之属，各依土地。贮之州县，以备凶年。”[①]此时的仓储系统虽然依照各地所产的农作物入仓，但粟类仍然居于首位。到永徽二年（651）之时，高宗敕曰：“义仓据地收税，实是劳烦。宜令率户出粟，上上户五石，余各有差。”[②]可见在义仓运行不久就出现了问题，高宗认为“劳烦”的原因应该表现在诸如不同粮食的折算、储存时间等方面。唐制，仓储所存的粮食，“粟藏九年，米藏五年，下湿之地，粟藏五年，米藏三年，皆著于令”[③]，而对于其他种类的粮食储存年限则鲜有记载。

总体而言，唐代粟类作物不仅是朝廷规定的纳赋作物品种，还是整个国家仓储系统中“战略储备”级别的粮食作物。如，元和六年（811），“如闻京畿之内，旧谷已尽，宿麦未登，宜以常平、义仓粟二十四万石贷借百姓”[④]，“放关内元和八年（813）已前逋租钱粟，赈常平义仓粟三十万石”[⑤]，粟是用来维持京畿地区百姓生活所需并维持仓储系统持续运行的主要粮食作物，其他地区也大抵如此。由此可见，粟在整个唐代一直都是用来调整物价和进行灾荒赈济的主要粮食品种，其农业地位自然也是较高的。

（二）粟类作物的生长时限及其生产条件需求

粟类作物的种植、收获时限及其对种植条件的要求在现存唐代史料中并没有较为详细的记载。基于农业生产在地域上的延续性，从前代的农书和相关史料中可以大致还原上述信息。

关于粟的生长时间，结合《说文解字》《四民月令》《齐民要术》等现存农书，可以发现粟类作物的种植时间大致可以分为两类：其一是

---

① 《旧唐书》卷49《食货志》，中华书局1975年版，第2123页。
② 《旧唐书》卷49《食货志》，中华书局1975年版，第2123页。
③ 《文献通考》卷21《市籴考二》，中华书局2011年版，第607页。
④ 《旧唐书》卷49《食货志》，中华书局1975年版，第2126页。
⑤ 《旧唐书》卷15《宪宗本纪》，中华书局1975年版，第449页。

二月、三月、四月，种植日期。其中，《说文解字》载，“禾，嘉谷也。以二月始生，八月而熟”[①]；《四民月令》载，“二月、三月，可种植禾”[②]；《齐民要术》载，黍、穄“三月上旬种者为上时，四月上旬为中时”，粟的播种时间“二月上旬……为上时，三月上旬……为中时，四月上旬……为下时，岁道宜晚者，五月、六月初亦得”[③]。其二是夏秋之际。《尚书》和《氾胜之书》中都记载，黍的种植时间在夏秋之际。其中，《氾胜之书》载：“植禾，夏至后八十、九十日。”[④] 以上是汉代至魏晋时期粟类作物种植时间的汇总，可以看出粟类作物的生产周期当为春种秋收和夏种秋收。那么，唐代粟类作物的生产时限到底该如何确定呢？

结合唐代史料可以大致进行校验。《旧唐书》载：“开元二年（714）九月，敕天下诸州，今年稍熟，谷价全贱……蚕麦时熟，谷米必贵。”[⑤] 由此可见，农历九月是粟类作物成熟的时间。按其最佳播种期来算，粟类作物从播种到收获最少需要4至5个月的时间。开元二十九年（741）九月，“大雨雪，稻禾偃折，又霖雨月余，道途阻滞”[⑥]，九月之时，“稻禾”受异常雨雪的影响而倒伏折断，表明此时粟类作物尚未收割完毕。广德二年（764），“自七月大雨未止，京城米斗值一千文。……是秋，蝗食田殆尽，关辅尤甚，米斗千钱”[⑦]，表明夏秋之交，关中平原地区由于连续阴雨、蝗灾而导致本该秋收的粟类作物损失殆尽，进而导致秋粮不济，米价翔贵。代宗大历七年（772）五月，“闻天下诸州，或愆时雨，首种不入，宿麦未登”，表现的则是冬小麦尚未

① 《说文解字》，浙江古籍出版社2016年版，第232页。
② （汉）崔寔著，石声汉校《四民月令校注》，中华书局1965年版，第20页。
③ 《齐民要术校释》卷1《种谷第三》，中国农业出版社1998年版，第66页。
④ （汉）氾胜之著，万国鼎辑释《氾胜之书》，中华书局1957年版，第101页。
⑤ 《旧唐书》卷49《食货志》，中华书局1975年版，第2123页。
⑥ 《旧唐书》卷9《玄宗本纪》，中华书局1975年版，第214页。
⑦ 《旧唐书》卷11《代宗本纪》，中华书局1975年版，第276页。

成熟、春季该播种的作物由于连续阴雨无法播种的情形，这里应该“首种”的可能就是粟类。诸如此类的史料极多，这就表明，粟类在唐代是一种重要的秋收作物。

综上，我们可以认为，粟类作物属于一种春种秋收类的作物，其播种季节以春季为佳，夏初虽也有播种但不是主要时间段；其收获季节集中在农历九月之时。这就意味着在西北地区大部，当年新粟的供应时间集中在九月附近，其意义不言而喻。

粟类作物生产所需的条件也值得关注。与本书关系较为密切的主要有三点：气候需求、易田需求和劳动力需求。首先是西北地区满足粟类作物生长过程中所需的气候因素。现代粟种植业积累的经验认为，粟在生长前期对水分需求较少，生长中期需水量略大，到成熟期则需水量又较少。无论是历史时期还是现代，西北大部分地区农业生产所需的水源补给都是依赖降水补给，春秋两季降水相对较少，夏季降水相对集中，粟类生长所需的水分条件与之相适应。或者说，是粟类作物已经适应了西北地区的气候条件。

其次是粟类种植的易田需求。《齐民要术》载“谷田必须岁易”[①]，否则耗费的种子增多而收成减少。现代粟的生产中也极其忌讳连作，因为连年在同一块地种植粟会更容易滋生各种野生种和病虫害。与易田相类似的是上茬作物作为肥料对种粟的影响问题。“凡谷田，绿豆、小豆底为上，麻、黍、胡麻次之，芜菁、大豆为下”。[②]“凡黍穄田，新开荒为上，大豆底为次，谷底为下。地必欲熟”。[③] 这就意味着，想要保证有稳定的粟类产量，就必须要有足够的能够轮作的耕地来保证每年都有一定面积的粟类播种。在一定程度上来说，粟类作物的易田需求无疑是耕地开垦的动力之一。

---

① 《齐民要术校释》卷1《种谷第三》，中国农业出版社1998年版，第65页。
② 《齐民要术校释》卷1《种谷第三》，中国农业出版社1998年版，第65页。
③ 《齐民要术校释》卷2《黍穄第四》，中国农业出版社1998年版，第102页。

再次是粟类作物对劳动力的需求。《唐六典》载，在屯田过程中，服役的劳动力按其所屯作物的不同来计算服役的天数。其计算方法如下：

> 凡营稻一顷，料单功九百四十八日；禾，二百八十三日；大豆，一百九十二日；小豆，一百九十六日；乌麻，一百九十一日；麻，四百八十九日；床黍，二百八十日；麦，一百七十七日；乔麦，一百六十日；蓝，五百七十日；蒜，七百二十日；葱，一千一百五十六日；瓜，八百一十八日；蔓青，七百一十八日；苜蓿，二百二十八日。[①]

由此可见，种粟的劳动强度仅次于种稻，其对劳动力数量和质量的要求自然也是相当高的。相对而言，种麦对劳动力的依赖程度竟然是粮食作物中最小的，因此便能理解"贫家无力，禾下始拟种麦"[②] 的记载出现的原因。那么，为什么种植粟类作物对劳动力的要求那么高呢？翻看《四时纂要》可以找到答案："禾生半寸，则一遍锄，二寸则两遍，三寸、四寸，令毕功。……锄不厌频，无草亦锄。锄满十遍，粟得八米。"[③] 从其播种到本应该收获宿麦的夏季，粟类作物需要不停的、细致的田间耕作。只有人口数量相对较多的地区，才有充足的劳动力来保障粟类作物的正常生产。

（三）粟类作物的分布

上文中已经得出粟类作物在唐代的西北地区是主要的农作物的结论。粟类作物的主要生产地必然要有适宜的水热条件、充足的耕地或开荒地来保障易田、充足的劳动力等条件。上述条件并非一定要全部具

---

① 《唐六典》卷7《尚书工部》，中华书局1992年版，第222~223页。
② 《唐会要》卷27《行幸》，中华书局1955年版，第514页。
③ （唐）韩鄂著，缪启愉校《四时纂要校释》，农业出版社1981年版，第114、50页。

备，一个地区具备的条件越多，就证明该地是越适宜种植粟类作物的。

从水热资源的组合情况来看，阴山—贺兰山—巴颜喀拉山一线是本书研究区域内季风区和非季风区的分界线，也几乎是200毫米至400毫米之间等降水量线经过的区域。这就意味着，本书研究区域内的关内道大部和云朔地区的水热资源组合情况是最好的；关内道北部的丰州—三受降城、灵州及陇右道东部—河湟地区的水热组合情况次之；河西走廊及其以西地区的水热组合情况最差。

从耕地面积上来看，根据表3-2和3-3以及第一章中西北地区的地形地貌特征的研究，可以发现关内道地区虽然政区面积相对较小，其军事屯垦面积却占了唐代西北地区的一半左右，民间屯垦面积则占西北地区的一大半还要多。这与关内道地区较为平坦的地形、较好的水热组合情况是分不开的。河湟地区和河西走廊的耕地面积则仅次于关内道地区。整个陇右道的面积虽然远大于关内道，但其可用来耕作的土地比例是极低的。

从劳动力层面上来看，上文中人口研究的结果表明，关内道地区集中了占据绝对数量优势的劳动力。河西及河湟地区的劳动力数量受战事影响较大，次于关内道地区。西域地区的劳动力数量相对来说是最少的。

总结上述粟类作物生产所需的关键条件，在理论上可以推测，关中平原地区是本研究区域内最适宜种植粟类作物的地区；其次是关内道北部地区的丰州—三受降城地区、灵州—陇东地区和河东道的云朔地区；再次是河湟及河西走廊地区；最后才是西域地区。那么，实际情况是不是也是这样呢？农史学界研究认为，粟类作物在魏晋时期的西北地区就已经广为分布，在唐代也是如此。但对于西北地区的粟类作物在整个唐代的分布范围有无变化、如何变化，学界并没有详细讨论。下文将对西北地区粟类作物的时空分布进行论述。

传统研究认为，当属于农耕文化范畴的中央王朝的边界退缩之时，与之相对应的是农耕业的退缩。虽然该观点太过绝对，但在一定程度上来说，边界的进退在很大意义上能影响进退覆盖区域内的农牧业形势，能影响到一定区域内的农业选择。因此，以边界的进退来在时间维度上对唐代西北地区粟类作物的分布进行梳理，是有一定可行性的。

唐初的武德之时，唐朝对西北地区的控制仅限于关内道及其临近地区。为了恢复社会生产和保障军粮供应，粟类作物在此时应该是被大力推行种植的。武德年间，张俭在朔州“大教民营田，岁收谷数十万斛。虽霜旱，劝百姓相振赡，免饥殍，州以完安”①。到了贞观初，河西走廊也被纳入唐朝版图，“然河西氓庶，积御蕃夷，州县萧条，户口鲜少，加因隋乱，减耗尤多。突厥未平之前，尚不安业；匈奴微弱已来，始就农亩”②，此时粟类种植才得以在河西、陇右地区大规模开展。关内道西边的会州，在贞观八年（634）的时候一度被改名为粟州，可见其在贞观年间产粟地位之高。此后，唐朝的疆域迅速扩大，西州虽然在贞观后期被唐朝控制，但派遣过去戍守的士兵从兵源地营办粮草，“既费刍粟，倾其机杼”③，与之相隔不久，褚遂良上书：“然则王师初发之岁，河西供役之年，飞刍挽粟，十室九空，数郡萧然，五年不复。”④这表明此时的西州并不是粟类的主产区，军事行动所需的粮草“刍粟”已经改由河西供给。

高宗、武周之际，唐朝在河湟地区、河西走廊及灵、丰州一带广置屯田，屯田所种也几乎都是粟类作物。高宗调露年间（679–680），黑齿常之为“河源道经略大使……乃斥地置烽七十所，垦田五千顷，岁收粟斛百余万”⑤。武周后期，郭元振为凉州都督之时，“又遣甘州刺史

① 《新唐书》卷111《张俭传》，中华书局1975年版，第4133页。

② 《旧唐书》卷62《李大亮传》，中华书局1975年版，第2388页。

③ 《唐会要》卷95《高昌》，中华书局1955年版，第1702页。

④ 《旧唐书》卷80《褚遂良传》，中华书局1975年版，第2736页。

⑤ 《新唐书》卷110《黑齿常之传》，中华书局1975年版，第4121~4122页。

李汉通辟屯田，尽水陆之利，稻收丰衍。旧凉州粟斛售数千，至是岁数登，至匹缣易数十斛，支廥十年，牛羊被野”①。表明此时的河湟、河西走廊地区已经成为区域内部农耕业的中心，粟类作物的种植规模自然也是很大的。

武周至安史之乱以前的一段时间内，西北地区的农耕是持续进行的。关内—陇右地区相当大的地域内成为监牧牧马的场地。这一时期的粟类种植重心仍然集中在上述边州的屯垦之地。天宝初期，“河州敦煌道，岁屯田，实边食，余粟转输灵州，漕下黄河，入太原仓，备关中凶年。关中粟米，藏于百姓”②。可见陇右、河西地区的粟类种植规模很大，有多余的粟转运到关内。

安史之乱以后，河西陇右地区大部分被吐蕃占领，唐朝失去了相当数量的耕地。贞元初，“吐蕃劫盟，召诸道兵十七万戍边。关中为吐蕃蹂躏者二十年矣，北至河曲，人户无几，诸道戍兵月给粟十七万斛，皆籴于关中”，陇右、河西地区的农耕业相继萧条，关内道地区也因此再度成为西北地区粟类种植的重心所在。关于具体的史料证据，曹尔琴先生③、华林甫先生④已经有较为翔实的枚举。笔者对他们所引史料出现的时间和地点进行统计，发现多数集中在中晚唐时期的关内地区，是为关内道再次成为种粟重心的证据，这里就不再重复引述了。

综上，可以发现唐代粟类作物的种植范围是有所变动的，其生产重心也随着唐代西北军事的进退而变化。河西、陇右和关中地区一直都是粟类作物的重要产区，在西北军事屯垦兴盛之时，前线的陇右、河湟地区和丰、灵等州的粟类生产蓬勃发展。但唐朝在西北地区军事退缩之时，关中地区和唐初之时一样，再次成为区域内粟类作物的重心产地。

---

① 《新唐书》卷 122《郭元振传》，中华书局 1975 年版，第 4362 页。

② 《东城老父传》，《唐宋传奇》，华夏出版社 2015 年版，第 93 页。

③ 曹尔琴《论唐代关中的农业》，《中国历史地理论丛》1989 年第 2 期。

④ 华林甫《唐代粟、麦生产的地域布局初探》，《中国农史》1990 年第 2 期。

二、麦类作物及其分布

（一）麦类作物的种类及其生长习性

麦类作物在魏晋隋唐之时有小麦、大麦、荞麦、青稞、穬麦、旋麦等品种，其中小麦按播种季节不同又分为春麦和宿麦两种。前文已经论述，麦在唐代实物纳赋体系中的地位仅次于粟，可见麦类作物的种植面积应该是很大的。

麦类作物中最重要的就是小麦。韩茂莉认为，在西汉中期以前，史料中所记载的只有冬小麦而无春小麦，是由于小麦初传入中国之时仍然保留着其发源地的生长特性。同时，她指出到20世纪中期之时，今榆次、霍州至关中盆地北缘是春小麦和冬小麦种植的分界线。在很大程度上冬小麦产区对应的是两年三熟制区域。① 但关于春小麦、冬小麦之间的区别与关系，该书中并没有过多的论述。现代研究表明，冬小麦在其播种过程中有春化要求，即满足一定的温度和水分条件才能正常发芽生长。受春化和光照阶段的影响，小麦的早熟性也不同。②

从文献记载的角度来看，春小麦在唐代的种植时间是不晚于农历三月底的，冬小麦的种植时间则不晚于农历十二月。“大中元年十月，屯田奏，应内外官请职田……春麦限三月三十日，宿麦限十二月三十日”。③ 虽然该史料记载的是官员职田分配的问题，但其中透露出“春麦”“宿麦”的种植日期下限，即春麦在农历三月三十日前已经播种完毕，宿麦在农历十二月三十日前已经播种完毕。更为具体的时间则可以参考《齐民要术》所载：“小麦宜下田，八月上戊社前为上时，中戊前为中时，下戊前为下时”；“正月，可种春麦……尽二月止”。④ 可见冬

① 韩茂莉《中国历史农业地理》，北京大学出版社2012年版，第319~322、356~357页。
② 张正斌《小麦遗传学》，中国农业出版社2001年版，第238页。
③ 《唐会要》卷92《内外官职田》，中华书局1955年版，第1672页。
④ 《齐民要术校释》卷2《大小麦第十》，中国农业出版社1998年版，第127、133页。

小麦的种植集中在农历八月前后，春小麦的种植时间集中在农历二月前。大麦、穬麦的种植时间也和冬小麦略同。只有青稞、旋麦的种植时间和春小麦接近，“旋麦，三月种，八月熟，出西方”①。荞麦本不属于禾本科植物，但在史料中多和麦类放在一起，其原因是荞麦的可种植期和收获期多和麦类相近。荞麦的生长周期为两个月左右，且能够适应不同的土地类型，在历史时期是一种很好的救济灾荒的作物。

麦类作物的收获时间则极为接近。唐诗《送陈章甫》中的“四月南风大麦黄，枣花未落桐阴长”② 表明大麦是熟于夏初的。小麦的成熟时间则稍晚，仪凤三年（678）七月“夏麦丰熟，秋稼滋荣”③，贞元二年（786）五月，“至是麦将登，复大雨霖，众心恐惧”④，大和八年（834）七月，“奉先、美原、栎阳等县雨，损夏麦”⑤。这三则史料分别记载了不同时期关中地区小麦成熟的时间，可以推测“五月”成熟的夏麦应该是冬小麦，“七月”成熟的夏麦应该是春小麦。旋麦则是“八月熟”，荞麦由于生长期短且多数是在夏粮受损的情况下补种，因此其收获期也多数集中在农历八九月份。

同时，麦类作物在生长过程中所需的各种条件也引起了古人的注意。首先便是麦类作物所需的耕作方式能影响收成。《齐民要术》载“大、小麦，皆须五月、六月暵地。不暵地而种者，其收倍薄”，其引崔寔所言“五月、六月菑麦田也”⑥ 也说明大、小麦在种植前需要在农历五、六月间翻耕、晾晒田地。在耕种方式上，有“逐犁稀种”法和“耧种”法，区别在于“耧种”法适用于“山田及刚强之地”。同时，小麦生长期间对水分的要求更高，古人依据其特点合理地安排小麦的种

---

① 《齐民要术校释》卷2《大小麦第十》，中国农业出版社1998年版，第126页。
② （清）彭定求《全唐诗》卷133《李颀二》，中华书局1960年版，第1353页。
③ 《旧唐书》卷5《高宗本纪》，中华书局1975年版，第103页。
④ 《新唐书》卷34《五行志》，中华书局1975年版，第877页。
⑤ 《旧唐书》卷17《文宗本纪》，中华书局1975年版，第554页。
⑥ 《齐民要术校释》卷2《大小麦第十》，中国农业出版社1998年版，第126页。

植区域。“小麦宜下田”，“穬麦高、下田皆得用”，“下田”水热条件相对更好，其产量更高，因此才有“高田种小麦，稴䅟不成穗；男儿在他乡，那得不憔悴”的民歌，表明在水分不足的高田上种麦子没有好的收成。[①] 由于农业技术具有传承性，唐代时与之差别应该不是很大。

（二）麦类作物的地位变化及其生产的限制性因素

翻阅居延汉简的相关研究成果，可以发现西汉之时河西地区就有有关宿麦的记载：“秋，郡被霜，冬无大雪，不利宿麦。”[②] 这就表明冬小麦在汉代之时的分布北界远超 20 世纪中期，即河西走廊地区也是可以进行冬小麦生产的。那么唐代小麦为什么没有取代粟而成为西北地区的主要农作物呢？结合前文粟、麦的生长习性和唐代的农业生产水平可以大致解答该疑问。

首先是自然环境对冬小麦种植范围的限制。对冬小麦而言，春化过程中的温度能影响到小麦后来的抽穗和生长期时间。其在自然环境下的春化过程对土壤水分和温度十分敏感。而在完全依靠自然春化的情况下，河西地区在唐代前期是不太适于冬小麦生长的。根据本书第一章的研究结果，祁连山敦德冰芯和鄂尔多斯折家梁海子的沉积物表明，隋唐之际的前一百多年间存在一个气温持续下降、降水减少的过程，这一变化覆盖的区域是祁连山—鄂尔多斯高原，正是唐代陇右道东部和关内道北部地区。据此可知，隋唐初期的一百余年间，前文中居延汉简所载的秋被霜、“冬无大雪”的现象应该是越来越频繁出现，低温提前、冬季降水减少，原先适宜冬小麦越冬春化的气候和水分条件变得越来越差。因此，冬小麦的种植范围开始往东退缩。虽然河西和西域地区仍然可以种麦，但由于春化条件变化，其总体产量应该是持续下降的。因此，相对来说，在关中平原之外的西北地区，唐初之时的整体自然环境是更有

① 曾雄生《中国农业通史・宋辽夏金元卷》，中国农业出版社 2014 年版，第 441 页。
② 甘肃省文物考古研究所《居延新简释粹》，兰州大学出版社 1988 年版，第 102 页。

利于粟类作物生长的。

其次，在生产时间上宿麦、粟类作物存在相互重叠，这就意味着二者进行连作现象的可能性较低。粟类大多是春种秋收或夏种秋收作物，其种植期多集中在农历二月到四月之间；冬小麦在此时间段内则是较为关键的耗水量较大的拔节、灌浆期。冬小麦的收获期在夏季，粟类作物的收获期在秋季。虽然粟类收获后可以种植冬小麦，但这种方式就意味着第二年秋季没有秋粮作物收获，这种情况显然是极其不划算的。唐代中期以前，关中地区还经常遭受饥荒的困扰，玄宗之前的数位皇帝都有就食东都的经历，在这种粮食供应不足的大背景下冒险舍弃一季秋粮作物的可能性微乎其微。并且，统计唐代的农业史料也能发现“夏麦”或“宿麦”一词以较高的频次出现在中晚唐时期。而学界有观点认为，两年三熟制是以冬小麦的种植为标志的，这就意味着中唐之前的关中地区尚未形成真正意义上的两年三熟制度。

但荞麦是可以和粟类作物进行连作的。前文中我们提到，荞麦多数是在夏粮受损的情况下进行补种的作物。由于其生长期只有大约两个月，是应对夏粮供应不足、秋粮种植已晚情况下的最佳救荒作物。宋代之时，在早熟作物没有按农时播种的时候，官员多劝农民“及早耕犁，布种荞麦、二麦之属”[①]。因种麦在古代被称为“首种”，这里的二麦应该主要是指失农时后补种的春小麦。总体而言，唐代冬小麦和粟类作物进行连作的情况应该是不大可能出现的。

再次，从唐代的农业生产水平来看，麦类作物在西北地区的种植比例是在唐后期才逐渐扩大的，但仅限于关中平原及河西绿洲区域。原因之一在于小麦对水、肥、光照等要求较高，这些条件的组合情况无疑数关中平原和河西绿洲区域较好。经过汉代的开发，关中平原的水利设施基础和遗存在唐代经修复、新开后发挥了更大的作用。在空间上，唐代

---

① 韩茂莉《中国历史农业地理》，北京大学出版社 2012 年版，第 257 页。

关中地区的水利工程可分为渭北西区、渭北洛东区、渭南东区、渭南西区和郑白渠灌区，其中三白渠的灌溉面积在永徽年间更是达到了一万余顷，是我国古代史上的最高峰。[①] 充足的水源保障是麦类作物在关中平原种植比例相对较高的重要原因之一。

郑国渠、三白渠系等水利工程在保证农业用水之余，还带动了麦类加工业——碾硙的发展。在农作物需水量较大而又少雨的春季，为保障麦类作物的正常生产而毁掉水渠上碾硙的事情屡有出现。仅在大历十三年（778）的正月，就“坏白渠碾硙八十余所，以夺农溉田也”[②]。碾硙设置数量众多，表明当时小麦的产量是巨大的，但所加工的小麦究竟是产自关中还是漕运而来尚需要进一步论证。从另外一个角度来说，将碾硙大规模拆除来保障正月之时的农田灌溉用水，也在一定程度上说明正月之时的关中平原已经大规模种植了某种农作物，且这种农作物在此时耗水量极大，据此推断该作物为冬小麦是没有问题的。而整理与碾硙有关史料的出现时间，又可以发现永徽、开元、广德和大历年间，修复、拆除碾硙的数量是越来越多的。在广德二年（764），“关中旧仰郑、白二渠溉田，而豪戚壅上游取硙利，且百所，夺农用十七”[③]，壅渠而成的碾硙竟达到了上百所。由此可见，麦类作物的规模在唐代中后期逐渐扩大。

河西绿洲区域麦类种植发展的原因与关中地区类似，也在很大程度上归功于水利设施的修复和兴建。王方翼为政肃州的时候，“发卒浚筑，引多乐水环城为壕。又出私财造水碾硙，税其利以养饥馁，宅侧起舍十余行以居之。属蝗俭，诸州贫人死于道路，而肃州全活者甚众”[④]。这就表明，在以肃州为代表的河西绿洲地区，由于灌溉水源相对充足，仅靠碾硙碾麦所得利润就能养活“十余行”舍内的居民，可见当时肃

① 李令福《关中水利开发与环境》，人民出版社2004年版，第194～195页。

② 《旧唐书》卷11《代宗本纪》，中华书局1975年版，第313页。

③ 《新唐书》卷146《李栖筠传》，中华书局1975年版，第4736页。

④ 《旧唐书》卷185《王方翼传》，中华书局1975年版，第4802页。

州麦类作物种植的规模是不小的。但在水源相对较少的其他区域，麦类作物的种植条件显然是不太适宜的。

因此，结合以上麦类作物生产的限制性因素，可以认为西北地区唐初的麦类作物主要分布在关中地区及河西地区的绿洲区域。随着唐初气候转向冷干，冬小麦的种植区域开始东移，因此从大区域视角来看，麦类作物在整体农作物中的地位仍然是要低于粟类作物的。在唐代中后期，关中平原地区的冬小麦种植比例较唐初有很大提升。在敦煌、归义军时期河西绿洲区域，麦类作物也逐渐成为主要的粮食作物，青稞、大麦、小麦成为寺院和百姓日常生活的重要食物来源。

三、“杂种”类作物及其分布

粟、麦之外的诸多农作物在唐代被称为“杂种”类作物，即便是到了开元年间，稻、豆类作物的种植比例有所提高之时，仍然被按照“杂种”类作物折粟纳赋，史载开元年间，“诸出给杂种准粟者，稻谷一斗五升当粟一斗。其折纳糙米者，稻三石折纳糙米一石四斗”[①]。这种情况的出现，不仅是农作物在赋税层面上的一种表现，更是粟、麦以外农作物地位的真实写照。本书结合研究需要，现对稻、豆类作物进行分析。

（一）稻类作物的时空分布

稻类作物在西北地区的种植历史极为悠久，能上溯到商周时期。《诗经·豳风》有“十月获稻”的记载，又有“滮池北流，浸彼稻田”的记载。虽然关于具体地点有所争议，但其描写的是关中地区的稻类作物种植是可以确定的。稻类作物按其栽培方式可分为直播稻和移栽稻；按其对水分的依赖程度又可分为旱稻和水稻。无论是旱稻还是水稻，其生长周期都是相近的，均是农历三月左右开始播种、霜降之时开始收获。在汉代之时，稻还有稌、秔等名称，秔即为粳。游修龄认为在黄河

① 《通典》卷12《食货十二》，中华书局1988年版，第291页。

流域稻和粳相通，粳是代表稻的一个总称。[①]

唐代西北地区的稻类作物究竟属于水稻还是旱稻，目前还无法具体确定。但从水稻、旱稻的生长习性可以推知一二。《齐民要术》载，"稻，无所缘，唯岁易为良。选地欲近上流。（地无良薄，水清则稻美也）"；"北土高原，本无陂泽。随逐隈曲而田者"，"凡下田停水处……麦时水涝，不得纳种者……至春种稻，万不失一"。[②] 按以上记载，在西北地区所种植的稻类由于降水量相对稀少，只能分布在河湾滩地、陂塘等近水源的地区，并且在这些地区种稻也不能连续耕作，只能"岁易"。相比较而言，旱稻的种植目的是为了涝时不能种麦而又需要粮食收成，因此往往是春季将其种植在地势相对低洼的下田的"停水处"，这就意味着旱稻的种植往往是与区田法相配合的。同时，在种冬小麦之际如果耕地遭遇涝灾而失时，旱稻往往就成为第二年的早春作物，也基本能赶上在夏末成熟。由此可见，西北地区的稻类作物种植在自然条件上受限极大，这就注定了其规模也是难以扩大的，只能分布在以关中平原为核心的河流、水利工程附近。由于具有耐旱、耐涝的特征，旱稻也因此成为极易遭受涝灾田地上的备荒作物，这也意味着旱稻的种植并不是一种常态。

从稻类种植所需劳动力的角度也能推测，西北地区在唐代的稻类种植比例也是极为有限的。稻类种植，尤其是水稻种植是一种高度依赖劳动力的农业经营活动。前文所引《唐六典》的记载也能说明这一点。"凡营稻一顷，料单功九百四十八日"[③]，相同面积的粮食作物生产，种稻所需的劳动力强度是粟、麦类作物的 5 至 6 倍。

以往的学者从唐诗、史料等角度对西北地区的水稻种植空间情况已

---

① 游修龄《中国稻作史》，中国农业出版社 1995 年版，第 45 页。

② 《齐民要术校释》卷 2《水稻第十一》《旱稻第十二》，中华书局 2009 年版，第 138、147 页。

③ 《唐六典》卷 7《尚书工部》，中华书局 1992 年版，第 222 页。

经有很多研究，但他们多数仅仅是罗列诗词、史料之后进行概述，并没有注意到水稻、旱稻的生长条件。基于以上稻类作物生产所需的条件，在此不再重复性地赘引诗词，也能推测唐代西北地区水稻种植业的时间、地域分布特征。

首先，稻类生长所需的水、热、光照条件决定了其分布地域。稻在生长过程中除了消耗大量水分，对热量的需求也较为严格。从气候角度上来看，东亚季风区气候所具有的水热特征已经从根本上限定了其分布范围。本研究区域内大致沿阴山—贺兰山—日月山一线以东为季风区，以西为非季风区。这与华林甫先生所考定的“绛州—同州—京兆府—陇州—渭州—兰州”水稻种植北界在很多地区大致重合的。[①] 同时，根据本书第一章的研究内容可以知道唐代的关中平原地区，无论是降水量、河流数量还是水利设施建设情况均是本研究区域内最有优势的区域。

在非季风区的河西地区，也存在稻类作物的种植情况，但并没有明确的记载表明其是水稻。以敦煌地区为例，很多学者直接以有“米”出现便认定敦煌地区存在水稻种植，这显然是值得商榷的。前文已引，“米”，“粟实也”，在很长的历史时期，“米”都是粟脱壳之后的产物，唐代亦是如此。而稻类作物在脱壳后，往往被称为“稻米”“粳米”，如东晋之时，张湛的《养生要集》中记载“稻米粒白如霜”，南朝陶弘景《名医别录》载“稻米白如霜……皆通呼粳为稻尔”。[②] 在唐代以前，水稻脱壳后的“米”与粟脱壳后的“米”均有其专用名称。唐代也有描述吐蕃“其地气候大寒，不生粳稻”的记载。由此可见，粟、稻所产均有其特定名称，敦煌文献中出现“米”的次数虽然很多，但很大程度上应该是粟类脱壳后的产物，因此不能简单地将其作为敦煌地区有稻类生产的证据，更不能直接证明这里存在水稻生产。因此，“粳米”

① 华林甫《唐代水稻生产的地理布局及其变迁初探》，《中国农史》1992 年第 2 期。
② 韩茂莉《中国历史农业地理》，北京大学出版社 2012 年版，第 417 页。

“稻”记载的出现才能真正视为稻类作物存在的证据。敦煌文献 P. 3613 号《申年（804）正月灵狐子余牒及判词》载：

> 1 孟授索底渠地六亩
>
> 2 右子余上件地，先被唐朝换与石英顺
>
> 3 其地替在南支渠，被官割种稻，即合于
>
> 4 丝绵部落得替，望请却还本地……①

表明在 804 年之时，官府在灌溉便利的“南支渠”附近割占民户的“渠地”种稻，并不能确定所种稻是否为水稻，且所割占的是“六亩”中的一部分，其种植面积可以说是极小的，并且这则文书记载的是敦煌地区官府的种稻行为。S. 542 号文书《戌年（818）六月沙州诸寺丁口车牛役薄》则更加详细地记载了沙州民户的种稻情况②，其中有“艾（刈）稻”“造粳米”“造稻”“舂稻”的多条记载。这就表明，敦煌地区所种的稻属粳稻，且有相对完善的加工体系。从多数人为“寺户”和给瓜州节度运送“粳米”来看，此时的稻米尚属于不同寻常的粮食，因此并不能表明稻类在敦煌地区有较大规模的种植。并且，结合敦煌地区水资源紧缺的状况，笔者认为这里种植的稻极有可能是旱稻。③ 总体来看，本研究区域内除了关中平原，有稻类作物种植的区域所面临的自然条件限制与敦煌地区是类似的。这就表明唐代西北地区稻类作物种植区域主要集中在关中平原附近，河西等地有零星分布。但绝对不能简单地将本区域内所种植的稻类归为水稻。至于水稻、旱稻的具

① 唐耕耦、陆宏基《敦煌社会经济文献真迹释录》第 2 辑，全国图书馆文献缩微复制中心 1990 年版，第 281 页。

② 唐耕耦、陆宏基《敦煌社会经济文献真迹释录》第 2 辑，全国图书馆文献缩微复制中心 1990 年版，第 381～393 页。

③ 郝二旭《唐五代敦煌地区的农田灌溉制度浅析》，《敦煌学辑刊》2007 年第 4 期。

体内部分布情况，囿于史料短缺，暂时存疑。

其次，西北地区的稻类种植在唐代中后期有了得以推广的可能性。第一，气候层面上的可能性。稻类在生长过程中耗水量极大，对西北地区而言，降水量的时间变化能直接影响到稻类种植的比例和区域。也就是说，唐代西北地区的气候干湿状况变化能在一定程度上反映该区域是否具有适于种植稻类作物的气候背景。参考本书第一章的研究结果表明，唐初到玄宗先天元年（712）之间存在一个将近百年的干旱期，其间虽有数次连续性降水的记载，但整体趋势是偏干旱的。这在一定程度上说明稻类作物在这一时间段内种植所需的气候条件相对较为严苛，大规模种植稻类显然是没有太大可能性的。从先天二年（713）起一直到上元二年（761）的近50年间，以关中地区为中心的西北地区明显出现一个连续性降水多发的阶段。这一时期频频出现阴雨影响夏粮收获的记载，同时，描写稻类作物的唐诗也从这一时期开始渐渐增多。上元二年（761）到大和八年（834）间，是一个由旱涝并发向连续性降水转变的阶段。同一年间或春旱夏涝、或夏涝秋旱的气象特征显然是不利于传统旱作农业发展的。稻类作物的生长周期恰好能与该特征相适应，因此笔者推测，西北地区的稻类作物在713年到834年间有了扩大种植比例的环境优势。第二，劳动力层面上的可能性。根据前文分析，稻类种植极其依赖劳动力，相同条件下种稻所需的劳动力强度是粟、麦类作物的5至6倍。本书第二章关于西北地区人口的研究结果显示，唐代前期的西北地区是较为缺乏劳动力的。贞观十四年（640），唐太宗准备去同州校猎，刘仁轨进谏道："今年甘雨应时，秋稼极盛，玄黄亘野，十分才收一二，尽力刈获，月半犹未讫功，贫家无力，禾下始拟种麦。"① 表明在丰收之际，连耗费劳动力相对较少的粟、麦作物都面临劳动力紧缺的问题。因此，才有唐初大力鼓励生育、招徕逃亡和被俘人口的记

① 《旧唐书》卷84《刘仁轨传》，中华书局1975年版，第2790页。

载。这种情况在中唐时期得到改观，如表2-2所示，开天之际，唐代的户口数量达到唐代的顶峰。虽然在晚唐时期人口减少，但如果考虑隐匿户口的现象，晚唐时期西北地区的劳动力数量肯定是要多于唐初之时的。因此，笔者认为中唐之后稻类作物在西北地区的推广也就有了劳动力层面的可能性。

综合上述气候和劳动力因素，可以发现唐代的西北地区本身并不具备大规模种植稻类的自然条件，因此稻作区域只能是斑点状分布在河流或水利工程的沿岸滩涂地带。在时间上，西北地区的稻类作物种植在中晚唐之后才有了推广扩大的可能性，这种可能性是自然环境因素和社会因素在农业选择上的综合体现。

（二）豆类作物在本区域内的农业地位

豆类作物和粟类作物一样，在西北地区有着悠久的种植历史，其中大豆多被称为“菽”“豆”。豆类作物品种复杂多样，且其种植时间和收获时间也因不同品种和区域而不尽相同。至迟在魏晋时期，古人已经详细地将豆类作物分为大豆、小豆类。但由于豆类作物的品种多样性，加上唐代豆类一直以杂粮和饲料的形式存在，目前所见的史料记载根本不能支撑时间和空间方面的研究。笔者试图从豆类的生长习性和作物组合的角度对其农业地位进行探讨。

1. 豆类作物的品种及生长习性

虽然唐代及之前仍然有以菽总称豆的习惯，但也留存有大量豆类品种的记载。如唐之前的《齐民要术》载：“今世大豆，有白、黑二种，及长梢、牛践之名。小豆有绿、赤、白三种。黄高丽豆、黑高丽豆、燕豆、豍豆，大豆类也；豌豆、豇豆、䝁豆，小豆也。”① 由此可见在魏晋之时，大豆、小豆的区分已经相当明确，具体的品种也已经相当丰富。大豆类作物的种植时间和小豆类作物是不同的。大豆在种谷之后下

① 《齐民要术校释》卷2《大豆第六》，中国农业出版社1998年版，第109页。

种，农历的二、三、四月均可播种，在适宜晚种的年份甚至能在五六月份播种；小豆则需要在麦收之后或者是夏季播种。但由于生长周期长短不同，大豆、小豆均能在秋季成熟。

唐代西北地区所种植的豆类名称众多，但在正史之中多以“菽”总称，对其种类难以细分。好在敦煌文书中有较为丰富的豆类名称记载。现选取出现频率较高的豆类名称整理如下。

表 5-1　敦煌文书所见主要豆类名称

品种名称	典型代表文书	文献出处
大豆	S. 6061《九世纪前期某寺诸色斛斗入破历》	《敦煌社会经济文献真迹释录》第 3 辑，P302.
豌豆	P. 2654《巳年沙州仓曹会计牒》	《敦煌社会经济文献真迹释录》第 1 辑，P491.
荜豆、苾豆	P. 2838《安国寺入破历》、S. 5800《唐光化三年某寺入破历》	《敦煌社会经济文献真迹释录》第 3 辑。P328、252.
黑豆	S. 1053《己巳年某寺入破历》、P. 2654《巳年沙州仓曹会计牒》	《敦煌社会经济文献真迹释录》第 2 辑，P340. ；《敦煌社会经济文献真迹释录》第 1 辑，P491.
江豆	S. 6233《九世纪前期某寺入破历》	《敦煌社会经济文献真迹释录》第 3 辑，P172.
雁豆	P2032《后晋时期净土寺入破历》	《敦煌社会经济文献真迹释录》第 3 辑，P482.
小豆子	P. 2846《甲寅年某寺入破历》	《敦煌社会经济文献真迹释录》第 3 辑，P525.
菉豆	ДX. 1393、ДX. 1394《郭令琮等土地佃种者簿》	《敦煌社会经济文献真迹释录》第 2 辑，P458.

有研究者认为，上表中的“荜豆、苾豆”也指的是豌豆，“江豆”即为豇豆，“菉豆”即为绿豆。上表所列豆类在寺院入破历和官府会计牒中经常出现，如此看来，唐五代时期的敦煌地区种植比例较大的豆类品种包括大豆、豌豆、黑豆、绿豆、豇豆等豆类。与《齐民要术》所载的豆类品种相比较，豆类的品种并没有太大变化，这说明上述豆类品种是西北地区农作物组合体系中较为稳定的豆类，其所扮演的角色是较为重要且不可替代的，因此在数百年间一直延续下来而没有被其他豆类作物替代。

2. 豆类作物与地区农作物组合

唐代的豆类作物品种多样，其生长周期也长短不一，春夏之时均能播种，这在时间上给西北地区提供了不同的农作物组合选择。不同的作物组合之下，豆类作物所扮演的角色也不尽相同。

首先，作物易田、饥荒年景之下的口粮角色。豆类作物在中国古代早期被当成主要的粮食作物，位列五谷之一。到唐代时，粟、麦类作物已经在北方占据主要粮食的地位。但由于主要粮食作物粟、麦在土地肥力有限的情况下最忌讳连作，因此在易田、区田法之下，豆类作物有了种植的地域空间和现实需要。春小麦、粟类作物主要是春播秋收，冬小麦类作物是秋种夏收。麦、粟在生长周期上存在一个互相重叠或几乎同时的情况。如果麦、粟兼种，则需要有将近半年的时间荒置田地；如果只种植麦、粟中的一种，则需要将近一年的时间来易田休耕。而在粮食供应紧张的古代中国，这种情况是很少出现的。豆类作物的存在，刚好能够让闲置的田地得到最大程度的利用。豆类作物逐渐融入作物生产组合之中，也是地区熟制变化的一个逐渐整合、形成的过程。

旱涝灾害、战争造成的饥荒年景中，豆类作物的粮食地位显得更为重要。由于豆类作物的生长周期较短，短时间内便能成熟，也是农作失时之后主要的补种作物。安史之乱时，唐玄宗逃经咸阳时，“于是民争献粝饭，杂以麦豆；皇孙辈争以手掬食之，须臾而尽，犹未能饱”[①]，麦、豆掺杂在粟米饭中，是唐代百姓在灾荒之年饱腹的重要方式。

其次，豆类作物的蔬菜、饲料角色。豆类作物的蔬菜角色往往是和上面所说的饥荒联系在一起的。豆类作物的叶子在平时是日常食用的蔬菜之一。从春秋到唐代，蔬菜作物品种越来越多，但豆类作物的这个角色从没变过。汉代时就有采食豆叶的记载，“菽，大豆也，采其叶以为藿”[②]。《齐民要术》载：“大豆、小豆，不可尽治也……豆生布叶，豆有膏，尽治之则伤膏，伤则不成。”[③] 所谓“尽治”，是指采摘食用过多的叶子。唐代仍然有食用豆叶的记载。贞观年间，李百药进言：“去岁荒俭，普天饥馑……竟无一人流离道路，犹且食啖藜藿。”[④] 颜师古认为这里的藿就是豆叶，“贫人茹之”。

豆类更是晋唐时代百姓生活必需品——酱的主要原料。《齐民要术》中有关于制酱的详细记载，其所用的主要原料为春种“乌豆”。唐代酱更是经常扮演菜的角色，时常与菜一起作“酱菜”出现。不仅是民间常见的日常生活品，更是军粮的一种。大历年间，诸州招练“团练”“健儿”，“日给一身粮及酱菜”。[⑤] 德宗时，“时边兵衣饷多不赡，而（神策军）戍卒屯防，药茗蔬酱之给最厚”[⑥]。在敦煌文书中，也经常能见到用豆作酱及“酱菜”的记载。与此同时，豆类更是畜牧业生产中饲养牲畜的粮食作物。

至此，本书讨论了唐代西北地区主要的粮食作物结构。粟类作物在前代的历史地位较高，延续至唐代也是如此。粟类作物在西北地区的空

---

① 《资治通鉴》卷218《唐纪三十四·肃宗至德元载纪》，中华书局1956年版，第6972页。

② 《资治通鉴》卷45《汉纪三十七·明帝永平十一年—十二年》，中华书局1956年版，第1452页。

③ 《齐民要术校释》卷2《小豆第七》，中国农业出版社1998年版，第115~116页。

④ 《旧唐书》卷72《李百药传》，中华书局1975年版，第2576页。

⑤ 《唐会要》卷78《诸使杂录上》，中华书局1955年版，第1439页。

⑥ 《新唐书》卷50《兵志》，中华书局1975年版，第1334页。

间分布与边境进退密切相关，根本原因在于粟是军事屯垦中最为重要的粮食作物。同时，麦类也在汉代之时就已经在西北地区推广种植，但为何没有取代粟而成为主要的粮食作物呢？笔者认为，从农作物生产结构上来讲，麦类作物和粟类作物在生产时间上有一定程度的冲突；从土地肥力和劳动力角度来说，麦类作物的生产成本是远大于粟类作物的。稻类、豆类作物没有在西北地区成为主粮作物，在很大程度上是受限于自然因素和适口性问题。上述几种主要农作物在西北地区经过长期的人为选择，形成了较为合理的作物组合形式，有学者认为这就是所谓的"两年三熟制"的雏形。在以纳粟为主的赋税体系下，其他作物需要折粟进行缴纳，通常情况下，所折粟的数量要远小于同体积的粮食作物，这显然是不利于其他粮食作物扩大生产的。两税法的施行，改变了这一现象，两税法与和籴法相互结合，使粮食作物在市场层面有了流通的可能。大和年间，"如闻百姓多端以麦造面入城货易"①，这是唐后期麦、稻类作物迅速扩大的重要原因。

学界在讨论区域熟制和作物组合之时，往往考虑到的是自然环境、作物之间的生理性质、农业生产技术、农民生产生活经验等方面的因素，并认为是上述因素共同作用下才得以形成一个区域内独特的农业特点。诚然，这种研究方式极为重要，也能解答很多疑问。本书在行文过程中也很大程度上采用了这种研究方式。但尚有很多问题是上述研究方式难以完全回答的。其一，汉代之时关中地区就已经大力推行小麦种植，为何唐代麦类作物仍然没有占据主粮地位；其二，这种研究方式是否适用于农牧过渡地区，即农牧过渡地区的畜牧业能否影响到农耕业的布局和作物组合方式？农、牧业之间又是如何进行组合的？其三，如果西北地区唐代的农、牧业之间存在某种关联，这种关联的形成因素又是什么？基于以上疑问，笔者将畜牧业研究纳入本章的研究体系之中。

---

① 《唐会要》卷90《和籴》，中华书局1955年版，第1637页。

第二节　畜牧业的分类与规模

一、畜牧业在唐代西北地区的地位

按现代地理学的观点，400毫米等降水量线是农耕区和畜牧区的自然分界线。但人文界限并不是也并不可能严格按照自然界限来分布，正如前文所述的那样，农耕业在400毫米等降水量线以西仍然是持续存在并有所发展的。畜牧业也因为农耕业的插花分布而在农耕区内部“被动地”呈现出插花式分布。那么该如何理解畜牧业在本研究区域的地位呢？

首先，畜牧业是游牧民族的主要生产方式。如本书第二章中所列表2-6所示，唐代西北地区的主要游牧族群有十余种，畜牧业对其生存而言极为重要。如回纥部落“居无恒所，随水草流移”[①]；东突厥颉利可汗时，“频年大雪，六畜多死，国中大馁”[②]，诸如此类的描述表明畜牧业是唐代西北地区游牧族群存在的经济基础。他们或以此为财产与唐朝进行贸易，或以牲畜为食物来保障生存。一旦遭遇严重的自然灾害而导致牲畜损失惨重，其族群便开始动荡甚至被其他部落兼并。由此来看，畜牧业是西北地区诸游牧民族的生存保障。

其次，对唐朝而言，仅就马匹一项来说，畜牧业意味着稳定的战马、驿马、乘用马等牲畜来源。马匹问题一直都是困扰唐朝的重大军事问题。除了常用的乘用马，对马匹需求最大的是西北地区的战事。为了应对来自北方、西北方的游牧族群的军事压力，唐朝对马匹的重视程度

---

① 《旧唐书》卷195《回纥传》，中华书局1975年版，第5195页。

② 《旧唐书》卷194《突厥传》，中华书局1975年版，第5159页。

一直很高。唐初李渊起兵之时，“士众已集，所乏者马，蕃人未是急须，胡马待之如渴”①，李渊甚至因此向突厥有条件地换马，可见唐初之时对马匹的需求程度。在唐代前期统一西北的进程中，马匹一直是唐朝军事行动的重要保证，在与突厥、吐谷浑、吐蕃之间的战争中，马匹都扮演了重要的军事物资角色。

正是在统一战争中所积累的经验，唐朝比前代更重视马匹的作用，因此才在陇右、关内广设官营畜牧业机构——监牧。除了边地的军事需求，唐代的邮驿制度也需要大量的马匹，这无形之中也加大了社会对马匹的需求。据统计，唐代的所、驿有 1600 余处，主要交通线路上每 30 里就设置一处。并且，为了保障信息的传送速度，每个所、驿安置的马匹都是互相接力轮换的，因此其数量也必定不少。还有数量众多的“长行马”，供官方长途使用而不必频繁换马，这就要求马匹的体力、耐力等方面都要极其优良。

此外，唐代崇尚骑马和马上运动的社会风尚表明，马匹在整个唐代社会有相当大的保有量，其背后是需要强大的畜牧业生产做保障的。唐代诗歌和绘画中经常能见到妇女胡服乘马的描写。皇帝出猎、打马球等情况也经常见诸记载。民间无论是商贾还是市井无赖都竞相乘马。也正是因为如此，唐代还一度禁止私人饲养大量马匹。整个社会对马匹的大量需求，使唐代极为重视马匹的饲养和管理，除了监牧，还经常从游牧民族那里互市大量马匹。

再次，食肉习俗也促使西北地区的农耕区要保有一定规模的畜牧业。游牧民族食肉的习俗自然不必多说，整个西北地区在唐代时也深受“胡食”习惯影响，羊、马等牲畜肉的需求量是极大的，其中又以羊肉居多。《唐六典》载：“凡亲王已下常食料各有差……每月给羊二十口；猪肉六

---

① （唐）温大雅《大唐创业起居注》，上海古籍出版社 1983 年版，第 10 页。

十斤；鱼三十头。”[①] 甚至在五品以上官员的食料中只有羊肉而没有其他肉类。这就表明羊肉是官员日常生活待遇中较为常见的且量较大的肉类。这些羊肉或来自监牧等公营畜牧场所，或来自民间自行饲养。

民间“胡食”的盛行也能表明羊肉是西北地区较为常见的肉类。如食用胡饼，距离唐代较近的北魏时期，作烧饼的方法为“面一斗，羊肉二斤……便着胡饼炉中”，“细环饼……以蜜调水溲面……牛羊膏脂亦得；用牛羊乳亦好，令饼美脆”[②]，可见羊肉、羊乳等已经是常见的食料。到了唐代，这种饮食风尚仍然极其类似：“时豪家食次，起羊肉一斤，层布于巨胡饼……候肉半熟而食之，呼为古楼子。”[③] 民间也有食用马肉的记载。大谷 2840 号文书“豆卢军兵马牒”[④] 详细记载了长安二年（702）卖“军司死官马肉”所得钱的明细，表明民间是有食用马肉的习惯的。

综上，本节对游牧民族的生产方式、唐朝对马匹的需求、食肉习惯等方面进行了概括，可以看出唐代畜牧业已经融入西北地区军事、社会等各个方面。对唐朝而言，西北地区的马源是唐初之时边防政策的基石之一[⑤]；对百姓而言，畜牧业是生活物资来源之一，关系到饮食、出行等方面。

二、唐代西北地区畜牧业的分类

畜牧业是一个和农耕业相平行的概念，是大农业的重要组成部分。按照其性质又可以细分为游牧型畜牧业和放养型畜牧业。根据韩茂莉的观点，游牧型畜牧业和放养型畜牧业在规模和区域两方面存在重大差

---

① 《唐六典》卷 4《尚书礼部》，中华书局 1992 年版，第 128 页。

② 《齐民要术今释》卷 9《饼法第八十二》，中国农业出版社 1998 年版，第 632~634 页。

③ （宋）王谠《唐语林》，上海古籍出版社 1978 年版，第 207 页。

④ 〔日〕小田义久《大谷文书集成·第一卷》，龙谷大学佛教文化研究所编，第 110 页。

⑤ 马俊民、王世平《唐代马政》，西北大学出版社 1995 年版，第 5 页。

别。她认为："放养型畜牧业中牲畜的食物来源主要限于聚落周围地带……与农业生产之间的依存性很强；游牧型畜牧业……完全脱离了农业聚落的束缚，畜养规模很大。"[①] 笔者赞同该观点。唐代西北地区的畜牧业也极为符合上述细分的两类畜牧业的特点，但又有所不同。

（一）传统游牧地区的游牧型畜牧业和放养型畜牧业

我国古代史料中关于游牧民族的游牧生产情况记载极为稀少，唐代也是如此。但可以肯定的是，西北地区的游牧民族在很长的一段时期内存在一套相似的游牧秩序，以维持正常的游牧生产、生活。从汉代以来一直到宋元时期的史料中，对西北游牧民族的记载多与匈奴、羌等族群的生活习俗相类比。游牧民族的活动范围往往能代表游牧型畜牧业的盈缩变化范围。我们可以根据传统游牧民族的活动区域来推测唐代西北地区游牧型畜牧业的分布范围。

先来看正史中关于唐代西北游牧民族游牧行为的描述。为了方便比较，现选取具有代表性的描述汇总如下表所示。

表 5-2 西北地区唐代主要的游牧族群及其游牧习俗记载

族群名称	文献描述	文献出处
突厥	突厥阿史那氏，盖古匈奴北部也。……迁徙无常，六畜多死，不用地也	《新唐书》卷 215
吐蕃	随水草以牧，寒则城处，施庐帐	《新唐书》卷 216
回鹘	其先匈奴也……又度碛，水草乏，马羊多死	《新唐书》卷 217
吐谷浑	有城郭而不居，随逐水草，庐帐为室，以肉酪为粮	《旧唐书》卷 198

① 韩茂莉《中国历史农业地理》，北京大学出版社 2012 年版，第 789 页。

需要指出的是，表 5-2 中所列只是唐代西北地区的主要游牧族群。其中，按史籍所载，突厥先后又可细分为几十部，但其游牧习惯都是大致相当的，本书在第二章中已经述及。上表表明，唐代游牧畜牧业的共同特点就是没有定居点，逐水草而迁徙，其饮食也多以肉和奶制品为主。此外，自然灾害和战争也是造成游牧畜牧业迁徙不定的极为重要的原因。如突厥“是岁大雪，羊马多冻死，人饥，惧王师乘其敝，即引兵入朔州地，声言会猎”① 的记载，就具有游牧畜牧业的典型特征。遭遇自然灾害之时，羊马等牲畜多数冻死，表明其承受自然灾害风险的能力较低，为应对这种灾害情况，迁徙几乎是维持生存的唯一方法。再如贞观二年（628）的记载，“（突厥）迁徙无常，六畜多死，不用地也”②，其游牧畜牧业的性质表现无遗。

同时，无论是吐谷浑、诸羌、突厥各部还是回鹘等游牧民族，他们还有一个互相裹挟或者互相投靠的共性，某一部族强盛，原先的各个部族都会转而投靠，一旦某一部族垮掉，众部族则远途迁徙或投靠新的强盛部族。这一特点在文化层面上决定了其畜牧业为游牧畜牧业。

在确定受上述因素影响和有上述特点的部族为游牧民族以后，便能在空间上确定游牧畜牧业的大致范围。在空间层面上，关内道北部黄河沿线的三受降城以北、灵州—贺兰山以西为游牧畜牧业区。这一地域是唐代农垦的边缘地带。以北和偏西北地区是突厥各部族的羁縻之地，这些游牧民族时常以此为据点，不断袭扰云朔、灵夏等地。以陇右道为界，河西走廊以北地区也是突厥诸部族的游牧之地，河西走廊以南地区则先后是吐谷浑、吐蕃的游牧地。

在关注游牧民族的游牧畜牧业的同时，本书也应该注意到传统游牧

① 《新唐书》卷 215《突厥传》，中华书局 1975 年版，第 6034 页。
② 《新唐书》卷 215《突厥传》，中华书局 1975 年版，第 6034 页。

民族中有一部分部族向放养畜牧业转变的史实。按史念海先生的观点，龙门以北地区在汉代之时是农牧分界线的西端，即本书研究范围内的关内道北部地区大部分处于畜牧业一侧。这一地区的农耕业在唐代向前推进，形成了所谓的农牧过渡地带，在行政建置上包括银、绥、延、鄜、盐、夏、宥、原、会、庆等州。那么，这一区域内的游牧畜牧业是直接退却还是直接转化为放养畜牧业了呢?

唐初之时对诸游牧部族施行羁縻制，史载："突厥、回纥、党项、吐谷浑隶关内道者，为府二十九，州九十。突厥、回纥、党项、吐谷浑之别部及龟兹、于阗、焉耆、疏勒、河西内属诸胡、西域十六国隶陇右者，为府五十一，州百九十八。"① 根据《新唐书》的记载，上述羁縻州有很大一部分处于本书研究区域之外，但处于关内道地区游牧部族南迁的"河南地"是格外需要注意的。本书第二章中在论证游牧部族人口数据之时已经论述过南迁的游牧部族。综合来看，夏州、胜州、丰州、灵州的东部、盐州、宥州等地是游牧部族南迁的主要迁入地。在这场持续近百年的迁移中，这一地区的畜牧业生产方式也出现了变化，即由游牧畜牧业开始向放养畜牧业转化。

吐谷浑、党项、粟特等农牧兼营的族群的迁入，给"河南地"带来了畜牧业转型的人为可能性。同样本书在第一章中已经提到，吐谷浑、党项、粟特等游牧民族在魏晋时期就已经出现了部分人群从事农耕的现象。史载突厥部"自黜废颉利以后……是以所降部落等并置河南，任其放牧，今户口羊马日向滋多"②，虽然"河南地"地域面积并不太小，但由于库结沙（库布齐沙漠）的存在，事实上可供游牧的地域面积并不大。武周万岁通天元年（696），默啜请求归还之前安置在"六胡州"的突厥部族，唐廷"遂尽驱六州降户数千帐，并种子四万余硕、

① 《新唐书》卷43《地理志》，中华书局1975年版，第1119页。

② 《旧唐书》卷194《突厥传》，中华书局1975年版，第5164页。

农器三千事以与之，默啜浸强由此也”①。这就表明，从贞观年间安置突厥降户到武周万岁通天年间的几十年内，这一地区的突厥降户已经存在一定规模的农耕业。开元年间，以昭武九姓为首、杂有党项部落的康待宾攻陷“六胡州”地区，张说在平定康待宾叛乱之后，于“河南地”东北角奏置麟州，安置党项余部。到唐后期，李德裕在进言中提到“访今麟州、胜两州中间……及秋收，就此和籴”②，这里竟然成为唐朝就地和籴的重要区域。由此可见，原先从事游牧畜牧业的一部分族群开始从事定居农耕业，这种情况在史料中也屡有记载。据此来推断，这一传统游牧畜牧业区域在唐代开始出现局部定居畜牧业和农耕业兼营的情况，将其归为放养畜牧业应该是没有问题的。

（二）官营畜牧业和民间私牧

畜牧业在传统农耕区也同样存在，最具代表性的当属唐代的官营畜牧业。唐初之时，应对西北战事的军马数量严重不足，“大唐承周隋离乱之后，贞观初，仅得牝牡三千”③。仅仅是所需的战马都无法满足，更不用说礼仪、官员乘用、馆驿等所需的马匹了。基于这种情况，唐初将搜寻得来的战马迁徙到陇右，设置太仆卿来管理。

而作为官营畜牧业的总理机构，太仆寺在设置之初并非单单承担饲养战马的重责，还有诸多职责，“乡掌厩牧、辇舆之政，总乘黄、典厩、典牧、车府四署及诸监牧。行幸，供五路属车。凡监牧籍帐，岁受而会之”④，其中，“典厩署……掌饲马牛、给养杂畜。……典牧署……掌诸牧杂畜给纳及酥酪脯腊之事。群牧所送羊犊，以供廪牺、尚食”⑤。由太仆寺的职责可以看出，唐初的官营畜牧业不但饲养战马，还同时饲

① 《旧唐书》卷194《突厥传》，中华书局1975年版，第5168~5169页。
② （唐）李德裕《论振武以北事宜状》，《会昌一品集》，上海古籍出版社1994年版，第90页。
③ 《唐会要》卷72《马》，中华书局1955年版，第1302页。
④ 《新唐书》卷48《百官志》，中华书局1975年版，第1253页。
⑤ 《新唐书》卷48《百官志》，中华书局1975年版，第1254页。

养牛、羊等杂畜。这种兼营不同牲畜的情况不仅存在于京畿附近，连陇右的“群牧”也要定期上送羊、犊及杂畜乳酪等畜产品。诸监牧主要分布在关内陇右地区，从监牧机构的设置能看出官营畜牧业的地理分布。

> 麟德中，置八使，分总监坊。秦、兰、原、渭四州及河曲之地，凡监四十有八：南使有监十五，西使有监十六，北使有监七，盐州使有监八，岚州使有监二。自京师西属陇右，有七马坊，置陇右三使领之。又有沙苑、楼烦、天马监。沙苑监掌畜陇右诸牧牛羊，给宴祭及尚食所用，每岁与典牧署供焉。自监以下，品数如下牧监。至开元二十三年，废监。①

以上，可以看出麟德年间官营畜牧业主要分布在秦、兰、原、渭四州及“河曲之地”。在关内道北部地区，除了盐州、岚州，尚有夏州群牧使。② 到开元年间，又在岐、豳、泾、宁四州设置“八马坊”。③ 可见在整个唐代，陇右和关内道北部地区先后承担了官营畜牧业的重任，到唐代中期关中平原附近也出现官营畜牧业。

除了监牧，西北地区较大的地方驻军也设置有专门的监牧职衔。如新泉军和赤水军军马数量较多，就曾单独设置监牧使。史载河西节度副使“安忠敬……兼赤水、新泉两军监牧”④。驻军所置监牧使和地方所置监牧之间的区别目前尚不清楚。笔者推测，这应当是另外存在的一套军队的畜牧管理系统。另外，还有数量众多的驿马及闲厩也从属于官营畜牧业。

---

① 《新唐书》卷48《百官志》，中华书局1975年版，第1255页。
② 该点我们将在后文论述畜牧业规模时详细阐述。
③ 《全唐文》卷361《岐邠泾宁四州八马坊颂碑》，中华书局1983年版，第3671页。
④ 《文苑英华》卷917《碑》，中华书局1966年版，第4828页。

除了官营畜牧业，民间私牧在唐代的西北地区也较为常见。唐初，唐俭生活极其奢华，“俭在官每盛修肴馔，与亲宾纵酒为乐……又尝托盐州刺史张臣合收其私羊”[①]，由此可以看出官员私牧现象已经是常有之事，并且表明盐州之地是适于养羊的。天宝以后私牧现象更甚。史载：“天宝后……王侯、将相、外戚牛驼羊马之牧布诸道，百倍于县官，皆以封邑号名为印自别；将校亦备私马。”[②] 私牧现象存在于西北地区各地，尤其是以京畿附近为甚。天宝十一载（752），唐朝甚至“诏二京旁五百里勿置私牧”。虽然唐代严禁民间乘用大马，但并没有严禁民间饲养马匹的规定。《唐律疏议》还规定：“诸故杀官、私马牛者，徒一年半。”[③] 这在一定程度上表明，私牧马、牛的现象应当是很常见的。

三、主要牲畜品种及其生产规模

前文已经大致交代清楚，唐代西北地区的畜牧业按其性质可以分为游牧型畜牧业和放养型畜牧业。在传统游牧地区，主要生产者是游牧族群，虽然其间有部分族群转向放养型畜牧业甚至是从事农耕，但大部分仍然从属于游牧型畜牧业。在传统农耕区，随着官营畜牧业的发展，监牧机构的数量也越来越多，覆盖地域范围也越来越广。与此同时，民间私牧现象到唐代中后期也较为常见。那么，西北地区畜牧业的规模有没有变化呢？畜牧业的发展有何趋势？

（一）主要的牲畜品种

先看民间所饲养的牲畜品种。民间私牧的现象一般只存在农耕区，在游牧族群内部并不存在私牧这个概念。农耕区的放养型畜牧业产品种类一般都是较为齐全的，且多小型牲畜。隋末唐初之时，龙门人王绩在

① 《旧唐书》卷58《唐俭传》，中华书局1975年版，第2307页。
② 《新唐书》卷50《兵志》，中华书局1975年版，第1338页。
③ 刘俊文《唐律疏议笺解》卷15《厩库律》，中华书局1996年版，第1107页。

《答冯子华处士书》中说道："吾河渚间有先人故田十五六顷……亲党之际，皆以山麋野鹿相畜……结构茅屋并厨厩总十余间……耕耘穮蓘、黍秫而已……兼多养凫雁，广牧鸡豚。"① 王绩的描述虽然有一定的文学色彩，但梳理其描写内容，结合隋末唐初之时龙门处于农牧过渡地带边沿的史实，可以推断其描写在很大程度上是可信的。该描述大致可以代表关中平原北部地区农家畜牧业的情况。其主要畜养种类除了"山麋野鹿"，尚有鸡、猪、野鸭、雁等。由于有"厩"的存在，笔者推测王绩所养应该还包括马、驴或者牛之类的食草力畜。

民间饲养更多的应该是牛、驴、骡等杂食性力畜，这些牲畜耐粗粮饲养，既能野外放牧，也能厩内喂养。驴、骡在耕牛不足的情况下，也能代替耕牛挽犁。如宪宗元和年间，唐军讨伐蔡州吴元济时，由于耕牛多数被征用或至累死，到农耕之时无牛可用，所以有"民至有以驴耕者，牛毙于运转，民至无以耕"② 的现象。虽然这种以驴耕地的现象出现在东都洛阳附近，但其背后的原因是战事及长途转运粮草造成的耕牛数量减少。以此类推，唐代的西北地区战事频发，再加上西北地区的环境更适合驴、骡的生长，除了农耕还能供乘用，因此驴、骡等杂食性力畜的保有量应当是不小的。

马和羊在唐代的西北地区位居畜牧种类的首位。马匹可供驾乘、礼仪、军事、邮驿等用，地位最为重要。羊是当时食用肉类的主要来源，上至皇室赏赐、官员食料，下至市井百姓日常生活都离不开羊及其制品。对游牧民族而言，马和羊的地位似乎是更高的。唐代史料但凡记载西北战事中将士的军功，俘获羊马动辄万计是常有的情况，可见马、羊应该是放牧的主要牲畜。

关于唐代马以及羊的品种的记载也为数众多，但仅仅是提其名而无

① 《全唐文》卷131《答冯子华处士书》，中华书局1983年版，第1322页。

② 《资治通鉴》卷240《唐纪五十六·宪宗元和十二年纪》，中华书局1956年版，第7737页。

详细特征的描述。以羊为例，处于游牧经济区的回鹘“畜多大足羊”[1]，吐蕃多“羝羊”，康居则出产“大尾羊”，西域诸地更有“脂尾羊”“寒羊”。[2] 农耕为主的区域陇右、关内地区也有颇具特色的羊品种。如沙苑监，执掌从陇右各监牧上贡的牛羊，“以供其宴会、祭祀及尚食所用”[3]，各监牧上贡的不同品种牛、羊等牲畜聚集在此，使这里的羊品种得以改良，并能长时期延续下去。从属于沙苑监的同州有“苦泉羊”，史载苦泉“其水咸苦，羊饮之肥美，今于泉侧置羊牧，故俗谚云：苦泉羊，洛水浆”[4]。一直到明清之时，方志记载同州沙苑所产的“蛮耳羊”仍然是入贡的特产。此外，整个唐代西北地区所产之羊在全国都享有盛誉，时人有“河西羊最佳，河东羊亦好”的评价。[5] 由此可见唐代西北地区羊的质量之高。

马匹的品种更是繁多。唐代史料中关于农耕区原有的马匹记载极为少见，且多数描述为羸弱不堪的形象；而唐人普遍对游牧民族所产的马匹极为向往，因此关于从游牧民族所得马匹品种的记载也较为详细。从《唐代马政》一书中所列出的唐代外来马匹的名称中可以窥知一二。马俊民等人依据史料中所存的诸监牧所用的马印，绘制出主要外来马匹品种及马印临摹图。[6] 现转引如图 5-1 所示。通过分析图中所列出的马的品种名称，可以推知，绝大多数外来马匹均源自西北地区的游牧区域。

---

① 《新唐书》卷 217《回纥传》，中华书局 1975 年版，第 6111 页。

② 乜小红《唐五代畜牧经济研究》，中华书局 2006 年版，第 287 页。

③ 《唐六典》卷 17《太仆寺》，中华书局 1992 年版，第 488 页。

④ 《元和郡县图志》卷 2《关内道》，中华书局 1983 年版，第 38 页。

⑤ （唐）孟诜《食疗本草》，中州古籍出版社 2013 年版，第 141 页。

⑥ 马俊民、王世平《唐代马政》，西北大学出版社 1995 年版，第 44 页。

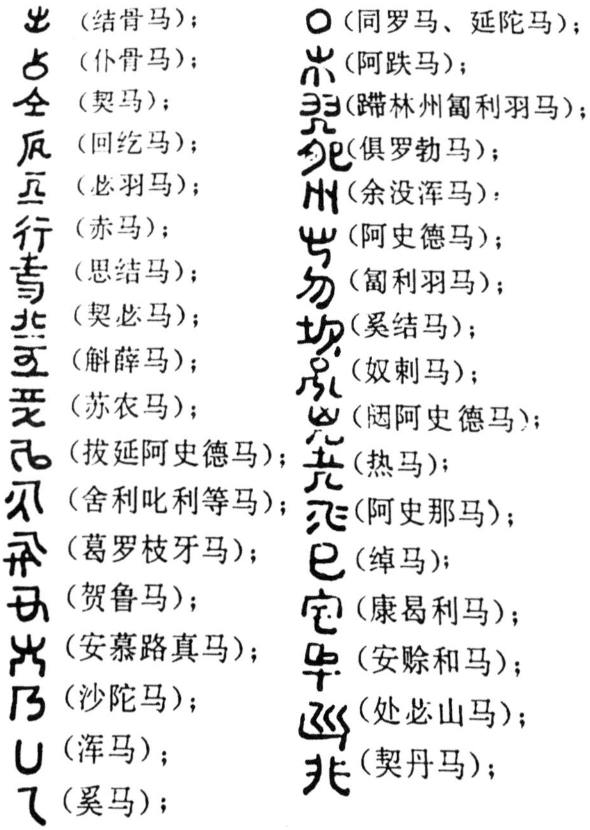

图 5-1　史籍留存唐代外来马匹品种名称及马印描摹图

（二）主要牲畜之间的比例及其规模

上文对西北地区唐代的主要畜牧种类进行了梳理，但如果要详细讨论畜牧业的规模，就绕不开各牲畜品种之间的比例问题。由于史料记载极为有限，目前所见的史料尚不足以支撑详细的、较为严谨的计量研究，因此本书只能大致给出一个整体的估算值。

目前所见最为详细的关于牲畜比例的记载见于天宝十三载（754）。《新唐书》载："十三载，陇右群牧都使奏：马牛驼羊总六十万五千六百，而马三十二万五千七百。”①

《唐会要》及《册府元龟》载：

> （天宝）十三载六月一日（《唐会要》载具体日期），陇右群牧都使奏：臣差判官殿中侍御史张通儒、群牧副使平原太守郑遵意等，就群牧交点，总六十万五千六百三头匹。口马三十二万五千七百九十二匹，内二十万八十匹驹。牛七万五千一百一十五头，内一百四十三头牦牛。驼五百六十三头。羊二十万四千一百三十四口。骡一头。②

对比三处史料可以发现，《唐会要》和《册府元龟》的记载所差无几，并且两处记载都精确到统计牲畜数量的具体日期，在数量上更是精确到个位数。《资治通鉴》载，张通儒其人在至德元年（756）时尚以“殿中御史”之衔为“西京留守”，可见他担任殿中侍御史一职长达数年。而殿中侍御史一职在唐代专门“于卤簿中纠察非违……各察其所巡之内有不法之事”③，在开元之后“兼知库藏、宫门内事”④，因此天宝末年他被差遣清点群牧之事也是分内之事。在没有更为详细的史料被发现之前，我们有理由相信这则史料的可信度是极高的。

通过这一史料，可以看出唐代西北地区诸监牧饲养牲畜的比例情况。诸监牧所养牲畜包括马、牛、驼、羊、骡，其中骡一头也被纳入清点清单中，从另外一个角度来说，诸监牧所养牲畜有且只有以上五种。通览该数据可以发现：马匹占据总数的一半左右，马、羊的比例为

① 《新唐书》卷50《兵志》，中华书局1975年版，第1338页。

② 《唐会要》卷72《马》，中华书局1955年版，第1303页；《册府元龟》卷621《卿监部》，中华书局1960年影印版，第7467~7483页有类似记载。

③ 《旧唐书》卷44《职官志》，中华书局1975年版，第1863页。

④ 《新唐书》卷48《百官志》，中华书局1975年版，第1238页。

3∶2 左右；羊的数量紧随其后，占据总数的三分之一左右；马、羊数量几乎占据总数的十分之九；牛的数量接近十分之一；驼、骡的数量相对最少。

上述史料是否为个案而不具备代表性呢？可以参照敦煌文献中的记载来予以对比。敦煌文献中保存相对完整且对牲畜数目记载相对详细的当属 P. 2484 号文书《戊辰年（968）十月十八日归义军算会群牧驼马牛羊现行籍》，其所载的牲畜为"东园"——类似监牧的官营畜牧场所所养。[①] 由于原文太过冗长，兹不赘录，只对其所载的牲畜品种及数量进行汇总分析。经过统计可以发现其牲畜数量构成：马 325 匹，驼 73 头，牛 178 头，羊 4799 只，其中羖羊 1642 只，白羊 3157 只。由此可见，归义军时期的敦煌地区官营畜牧业中，羊的比例占据了绝大多数，马匹数量居于其次。笔者推测，这与之前吐蕃占领时的饮食结构和饮食习惯是有关系的。但从根本上讲，这种畜牧业比例更多的是与该地区自然环境相适应的。

以上两条史料相互比较可以发现，无论是关内道地区还是陇右地区，马、羊的保有比例都很高，并且是自东往西越来越高。归义军时期敦煌地区马匹的保有比例远没有天宝之际陇右地区高，其原因应该是唐朝对战马需求程度比归义军更高。归义军时期的敦煌地区基本没有强大的军事压力，马匹的保有量自然也相对较小。马匹是军事行动的刚需资源，而羊则是日常生活中奶、肉食物的主要来源。如此看来，在唐代中后期，陇右监牧失陷甚至废置后，关内道地区的牲畜比例应该也有类似于敦煌地区的特征。

再来看西北地区唐代的畜牧业规模。首先，能直接阐明的是放养型畜牧业的规模。按照本节一开始所述的定义，唐代的官营畜牧业和农耕

---

① 唐耕耦、陆宏基《敦煌社会经济文献真迹释录》第 3 辑，全国图书馆文献缩微复制中心 1990 年版，第 590~595 页。

区民间私牧均属于放养型畜牧业的范畴。根据史料，可以选取不同的时间节点来考察放养型畜牧业的规模。

第一个时间节点是唐初的贞观年间。“初，隋末国马皆为盗贼及戎狄所掠，唐初才得牝牡三千匹于赤岸泽，徙之陇右”。[①] 此时西北地区的马政虽然已经没有隋代的规模，但大多数马匹是被“盗贼”和游牧族群劫掠，马匹的性质从“官马”转为私人所有，并不能简单地认为畜牧业只有“三千匹”的规模。因此，只能认为此时官营畜牧业是相对凋敝的，而民间放养畜牧业规模如何不得而知，如果立足官营畜牧业的情况来看，也应该是不如隋代鼎盛时期的。

第二个时间节点是贞观到麟德年间。该时间节点，史料有三种记载，其一，“自贞观至麟德四十年间，马七十万六千”[②]；其二，“国家自贞观中至于麟德，国马四十万匹在河、陇间”[③]；其三，“自贞观至麟德，马蕃息及七十万匹”[④]。这三条史料载有两条数据，区别在于四十万匹是“河、陇间”的“国马”。那么，有没有可能在“河、陇”之外还有其他的官营牧场呢？永隆二年（681）七月，“夏州群牧使安元寿奏言：自调露九年九月以来，马一十八万余匹”[⑤]。夏州群牧使是在麟德年间所置，到调露年间废置，其辖地在“河、陇”之外。仅这一群牧使所辖地就损失马 18 万余匹，可见麟德年间西北地区的官营畜牧业养马 70 余万匹是有可能的。依据上文马、羊比例 3∶2 的估算，这一时期羊的规模则应该达到 46 万只左右。而这仅仅是官营畜牧业的规模。

---

① 《资治通鉴》卷 212《唐纪二十八·玄宗开元十三年纪》，中华书局 1956 年版，第 6767 页。

② 《新唐书》卷 50《兵志》，中华书局 1975 年版，第 1337 页。

③ 《旧唐书》卷 141《张茂宗传》，中华书局 1975 年版，第 3861 页。

④ 《资治通鉴》卷 212《唐纪二十八·玄宗开元十三年纪》，中华书局 1956 年版，第 6767 页。

⑤ 《资治通鉴》卷 202《唐纪十八·高宗开耀元年纪》，中华书局 1956 年版，第 6402 页。

还有一种可能，即这一阶段，在整个西北地区存在 70 余万马匹，其中有 40 万是官营畜牧业所经营，剩余 30 余万是民间私牧所养。一般认为，唐代是禁止私人养马的，但在此处有两点疑问：其一，隋末唐初被盗贼劫掠的大部分马匹肯定是流落在民间的，一纸禁令能彻底断绝这些马匹在民间的繁衍吗？其二，自张万岁之后，马政废弛，到开元九年（721）之时，玄宗下诏“天下之有马者，州县皆先以邮递军旅之役，定户复缘以升之。百姓畏苦，乃多不畜马，故骑射之士减曩时。自今诸州民勿限有无荫，能家畜十马以上，免帖驿邮递征行，定户无以马为资”①。卢向前据此认为，邮驿所用帖马的性质是私家的。② 这就证明，民间养马并没有彻底禁止。如此来看，民间私牧的规模几乎接近官营畜牧业的规模了。

第三个时间节点为开元至天宝十三载间。史载，“开元中（马）尚有二十七万，杂以牛羊杂畜，不啻百万”③；“十三载，陇右群牧都使奏：马牛驼羊总六十万五千六百，而马三十二万五千七百”④。由于高宗后期官营畜牧业废弛，到开元之际经过王毛仲经营管理，马匹数量恢复到 27 万，牛羊杂畜则多至 80 万左右。天宝之际陇右的马匹数量则接近之前顶峰时期的规模。参考前文中所推断的民间私牧规模接近官营畜牧的结论，可以推测这一时期民间牛、羊杂畜的数量是极为惊人的。这也与这一时期史料中羊肉等食料频繁出现的情况是吻合的。这也解答了本书第三章中的疑问，即陇右地区的百姓在开天之际需要将区域内将近四分之一的粮食就地和籴来弥补陇右军粮的漏洞。看似愈发艰难的生存条件下却依然生活了那么多的百姓，与这一区域内规模较大的民间私牧应该是有关系的。

---

① 《新唐书》卷 50《兵志》，中华书局 1975 年版，第 1338 页。

② 卢向前《唐代政治经济史综论》，商务印书馆 2012 年版，第 223~224 页。

③ 《旧唐书》卷 141《张茂宗传》，中华书局 1975 年版，第 3861 页。

④ 《新唐书》卷 50《兵志》，中华书局 1975 年版，第 1338 页。

第四个节点是安史之乱以后。诸监牧在此之后几乎都陷于吐蕃，即便是京畿附近的凤翔节度也不复唐代前期的盛况，监牧已经沦为虚设。“宝应中，凤翔节度使请以监牧赋给贫民为业，土著相承，十数年矣”，其间出现了地方官员与百姓反复争夺监牧旧地之耕地的情况，“长庆初，岐人论诉不已，诏御史按验明白，乃复以其地还百姓，贬传式官”。[①] 最终，监牧旧地沦为百姓耕地，官营畜牧业也没有再次复兴。

最为复杂的是游牧畜牧业规模的确定。史料中关于该问题的记载几乎全无。但是，作为唐代重要的游牧区域，西北地区的游牧畜牧业规模是研究区域畜牧业情况不能绕过去的一步。因此，本书将借助学界研究成果和相关学科理论对其进行其他视角的研究。

本书第三章中对农耕区的民间垦殖规模进行论证时，采用的思路是依据粮食单产、人均粮食消耗量、人口数据，进而求出生存所需的耕地面积数量。这一思路也同样适用于从事游牧畜牧业的游牧部族。只需要估算出游牧部族的人口数量、单位人口生存所需牲畜的数量就能估算出游牧畜牧业的大致规模。本书第二章已经对游牧部族的人口数量进行了详细的估算，因此这里只需确定游牧部族单位人口生存所需牲畜的数量就能进行推论。

王利华从生态学和畜牧科学的角度对中古时期畜牧业的食物生产能力和人口供养能力进行了换算，具有很强的借鉴意义。因此，本书拟引用其研究数据进行推论，即保有 190 只羊、年出栏 57 只羊能养活 2-6 人。[②] 换言之，每 190 只羊在正常生育的情况下能每年出栏 57 只，如此情况才能保证畜牧业的可持续进行。用 190 只羊能维持 2-6 人的年生存作为单位人口所需牲畜的取值来源，折合每人年需羊 32-95 只才能维持正常的生存并保证畜牧业正常发展。综合计算结果如表 5-3 所示：

---

① 《旧唐书》卷 141《张茂宗传》，中华书局 1975 年版，第 3861 页。

② 王利华《中古时期北方地区畜牧业的变动》，《历史研究》2001 年第 4 期。

表 5-3 西北地区唐代游牧部族养羊规模估算表

游牧民族名称	人口数量估算	大致时间	养羊量估算（单位：万只）
麴氏高昌	4 万余口 5 万余口	贞观年间 唐中后期	128-380 160-475
龟兹	7 万余口	贞观年间	224-665
焉耆、疏勒、于阗	4 万余口	贞观年间	128-380
西突厥	不低于 45 万 归附 10 万余口	永徽年间 垂拱至开元年间	1440-4275 320-950
东突厥	70 万口 不低于 20 万口	武德年间 贞观年间	2240-6650 640-1900
薛延陀	30 万口 不低于 80 万口	武德年间 贞观年间	960-2850 2560-7600
回纥	22 万口以上 1 万余口 5 万口 9 万口 10 万口	永徽年间 宝应年间 贞元年间 开成年间 会昌年间	704-2090 32-95 160-475 288-855 320-950
突骑施	不低于 100 万口 80 万口 50 万口	圣历年间 开元年间 至德以后	3200-9500 2560-7600 1600-4750
默啜	30 余万口 归附 5 万余口	万岁通天年间 开元年间	960-2850 160-475
吐谷浑	不低于 20 万口 归附 2 万余口 20 万口	贞观年间 咸亨至长寿年间 广德年间	640-1900 64-190 640-1900
党项	30 余万口 21 万余口 不低于 30 万	贞观年间 天授年间 天宝以后	960-2850 672-1995 960-2850

必须指明的是，由于各个游牧部族的人口数量在不同时期是不断变

化的，甚至在相近的时间节点内，各个游牧部族的人口也有互相包含的情况，这点在第二章中已经指出过，因此，不能简单地将与之对应的牲畜保有估算量进行相加。以贞观年间到武周年间游牧人口估算量约250万口为例，对应的羊保有量至少也在8000万只。由此可见西北地区游牧畜牧业规模之大。

第三节 农牧关系及其发展演变

本节将视角集中在西北地区农耕业与畜牧业交汇的农牧过渡地带。学界的既有研究成果表明，放养畜牧业和农耕业在该地区以兼有的方式存在。但与历史时期相比，唐代农牧过渡地带在西北地区的摆动范围极大。要深入理解这一现象出现的原因，分析这一时期的农耕与放养畜牧业之间的关系是首选切入点。

一、放养畜牧业与特定粮食作物

放养型畜牧业主要集中在农耕区周围。牲畜的食料除了天然植物，还与农耕业有很强的依存关系，这是放养型畜牧业和游牧型畜牧业最重要的区别。西北地区唐代的放养型畜牧业和农耕业的依存关系主要表现为：农耕业对牛、骡、驴等力畜有很大的需求性；羊肉及其制品是该区域农业社会中重要的食物组成部分；马、羊在冬春季节对特定农产品的需求等方面。其中，耕牛等力畜与农耕之间的关系方面，农史、科技史学界已经研究得较为详细；西北地区对羊肉等畜肉的需求前文也已经讨论。唐代西北地区牲畜与特定农产品之间的关系尚缺乏系统性的考察。

首先，畜牧业与粟类作物之间的关系。前文的研究表明，粟类作物在唐代的粮食结构中地位极高，即便在麦类作物种植已经较为普遍的情况下，粟类作物的首要粮食作物地位依然没有被撼动。造成该现象的原因有很多，畜牧业对粟类作物的依赖是其中较为重要的一个原因。

唐代在西北地区的军事行动中，马匹起到了极为重要的作用。无论是军事前线还是后方的诸监牧都保有规模较大的马群。这些马匹在不同的季节有不同的饲养方式。监牧机构所蓄养的马匹除了放养，圈养是其主要的饲养方式。“凡秣马给料，以时为差。春、冬日给蒿一围，粟一斗，盐二合；秋、夏日给青刍一围，粟减半”①，由此可见，监牧所养的战马一年四季均需要消耗粟，在夏、秋之时，由于青草能足量供应，粟的投喂量减半；在春、冬季节，由于青草全无，只能喂养干草和更多的粟。在上文第三章中我们估算军队屯垦成效的时候已经论证，平均一匹战马年耗粟达到了 30 石，可以推知粟类作物对监牧的养马业而言地位有多重要。

在敦煌地区，有关畜牧业放养方式和粟类作物关系的记载更为详细。莫高窟第 61 窟西壁画中有一幅牲畜饲养图。在该图中，牛、羊、马等牲畜被分别关在不同的圈中进行饲养。不管是为了方便管理起见，还是受限于春、冬季节野外天然牧草缺乏的原因，进行圈养肯定是要有草料供给保证的。关于这一点，数量众多的敦煌文书中屡有记载。

而放养马匹消耗粟的情况并不仅是关中、敦煌地区所独有，吐鲁番出土文书中也有类似记载。吐鲁番出土文书《唐天宝十三—十四载交河郡长行坊支贮马料文卷》中载有详细的各县、馆、长行坊中各个批次马匹的来源及其食料多少。② 由于所记账目太多，在此无法大段引用。总结来看，其饲养马匹来源有郡坊马、帖马、细马、征马等；其食用粮食作物多为粟、青麦、穈等；在支出食料的日期上，多数集中在正月、二月、三月、十二月；支取自不同仓的粮食品种也不一样，有全为

① 《唐六典》卷 11《殿中省》，中华书局 1992 年版，第 331 页。

② 国家文物局古文献研究室《吐鲁番出土文书》第 10 册，文物出版社 1991 年版，第 54～240 页。

粟、全为青麦、麦粟各半的情况。由此可以看出，无论是战马、郡坊所养的乘用马，还是馆驿所养的长行马，在夏、秋季节鲜有支出粟、青麦等粮食的记载，表明其应该是在户外放牧的。而到了冬、春季节，马匹的饲料就变成了粟、麦等粮食作物，并且依据附近仓储的储备情况支出不同的粮食。更为重要的一点是，马匹所食用的粮食与驻军士兵都是一样的。以西州交河仓为例，陈国灿先生认为："交河仓的粮料，除部分补给士兵外，有相当部分作了长行马马醋料的补充。"①

其次，畜牧业与豆类作物之间的关系。豆类作物不仅是粟、麦之外较为重要的粮食作物，并且是放养畜牧业中极为重要的辅助饲料之一。监牧机构用豆类来饲养牲畜最初见于闲厩中。闲厩是皇家专门喂养马、牛、驼等牲畜的场所。《唐六典》载"凡象日给稻、菽各三斗、盐一升，马，粟一斗、盐六勺，乳者倍之；驼及牛之乳者、运者各以斗菽，田牛半之"②，其中可见用菽喂养牲畜的记载，并且其用量和粟接近。用豆类来喂养牲畜并不是皇家闲厩饲养牲畜的特有现象。开元年间，王毛仲管理诸马坊之时"检勒刍菽无漏隐，岁赢数万石"③，他所检校出来的用来喂养牲畜的大豆多达数万石，可见在皇家闲厩之外，监牧机构饲养牲畜也是要用到豆类作物的。早在魏晋时期，豆类作物就是优质的干草饲料，在秋初全株收割晒干储存。《齐民要术》载："种茭者，用麦底……九月中，候近地叶有黄落者，速刈之。（叶少不黄必浥郁。刈不速，逢风则叶落尽，遇雨则烂不成。）"④ 可以推测，这种豆类作干草的农业行为在唐代应该还是存在的。

在敦煌地区，豆类更是饲养羊马之时必备的饲料之一。敦煌文献记载，当时的牧羊人在养羊的过程中，普遍用豆及其副产品来喂养相对瘦

---

① 陈国灿《斯坦因所获吐鲁番文书研究》，武汉大学出版社 1995 年版，第 95 页。
② 《唐六典》卷 17《太仆寺》，中华书局 1992 年版，第 484 页。
③ 《新唐书》卷 121《王毛仲传》，中华书局 1975 年版，第 4335、4336 页。
④ 《齐民要术校释》卷 2《大豆第六》，中国农业出版社 1998 年版，第 109~110 页。

弱的羊，好让其更快上膘。如 P. 3234 号文书记载“豆三斗，喂瘦羊用”①，P. 2049 文书载“滓三饼，喂瘦羊用”②。敦煌文献中用豆类使牲畜上膘的方法，与《齐民要术》中记载的“饲征马令硬实法”如出一辙：“细锉刍，杴掷扬去叶，专取茎，和谷豆秣之。”③ 而这种将粮食作物和草料粉碎喂养的方法正是敦煌文献中“䃼”（磨豆也）字的相同做法。据此也能反推，诸多记载支贮马䃼料的文书表明，豆类是饲养牲畜的极为重要的一种饲料。

此外，豆类更是医治牲畜疾病的原料之一。《齐民要术》中记载治疗“马中热”的方法为“煮大豆及热饭啖马，三度，愈也”；治疗“马脚生附骨”时用到“巴豆三枚”；治“牛疥”时“煮乌豆汁，热洗五度”。④ 与用豆类饲养牲畜使其上膘的方法一样，这些畜牧业生产经验在唐代应该也是有所传承的。

二、“刍藁”所见的税草问题

税草制度在秦汉之时就已经存在，多指缴纳实物“藁”的赋税形式，到唐代时仍然被沿用。税草征收的种类繁多，可用于建筑、薪柴、牲畜饲养等用途。而被征收的草料多以“刍藁”为名，顾名思义是用于饲养牲畜。唐初贞观年间“初税草以给诸闲，而驿马有牧田”⑤，此时税草的用途主要是供应皇家闲厩内所养的牲畜。而馆驿所养的驿马则有“牧田”，这就透露出一个信息，即“牧田”所种的作物是专供驿马

---

① 唐耕耦、陆宏基《敦煌社会经济文献真迹释录》第 3 辑，全国图书馆文献缩微复制中心 1990 年版，第 442 页。

② 唐耕耦、陆宏基《敦煌社会经济文献真迹释录》第 3 辑，全国图书馆文献缩微复制中心 1990 年版，第 387 页。

③ 《齐民要术校释》卷 6《养牛、马、驴、骡第五十六》，中国农业出版社 1998 年版，第 406 页。

④ 《齐民要术校释》卷 6《养牛、马、驴、骡第五十六》，中国农业出版社 1998 年版，第 410、421 页。

⑤ 《新唐书》卷 51《食货志》，中华书局 1975 年版，第 1343 页。

食用的，其出产肯定是指类似于税草的“藁”。但前文中引用的吐鲁番文书中有馆驿喂养长行马——驿马的一种时用粟、麦、䵂等粮食作物的记载。这就意味着，唐代存在一个与放养畜牧业相适应的农作物结构。

首先，需要理清楚唐代税草所征的“刍藁”为何物。《说文解字》说藁，杆也，从禾。可以理解为“藁”是禾及麦类作物的秸秆。那么，饲养牲畜特别是养马需不需要秸秆呢？乾元二年（759），郭子仪讨伐安庆绪时，围困滏阳城，城内粮草断绝，“屑松饲马，隤墙取麦秸，濯粪取刍”[①]，可见麦秸不仅是筑城的原料，还是可以喂马的。五代之时，李琪的上书中提到“供军须夺于农粮，秣马必侵于牛草”[②]，杜重威也曾“剉藁席以秣马牛”[③]，可知喂马的草与牛草是相同的物品，而牛草也多数是指农作物的秸秆。换言之，唐代征收的“刍藁”应当是特指农作物的秸秆，饲养马、牛及筑城都需要用到。

其次，征收税草的来源、分配问题。唐初征收税草是用来“以给诸闲”，各馆驿也有“牧田”。唐玄宗在颁布均田令时也命令：“诸驿封田皆随近给，每马一匹给地四十亩。若驿侧有牧田之处，匹各减五亩。其传送马，每匹给田二十亩。”[④]《唐六典》也载：“凡殿中、太仆所管闲厩马，两都皆五百里供其刍藁。”[⑤] 是不是可以认为，税草所得秸秆只是供应给皇家闲厩内的牲畜呢？事实并非如此。陆贽在《论度支令京兆府折税市草事状》一文中记载：“臣等谨检京兆府应征地税草数，每年不过三百万束，其中除留供诸县馆驿及镇军之外，应合入城输纳，唯二百三十万而已。”[⑥] 由此可见，在唐制中明确规定的“五百里以内”

① 《新唐书》卷225《安庆绪传》，中华书局1975年版，第6423页。
② 《旧五代史》卷58《李琪传》，中华书局1976年版，第784页。
③ 《新五代史》卷52《杜重威杂传》，中华书局1974年版，第592页。
④ 《通典》卷2《食货二·田制》，中华书局1988年版，第31页。
⑤ 《唐六典》卷7《尚书工部》，中华书局1992年版，第225页。
⑥ （唐）陆贽《陆宣公文集》卷20《论度支令京兆府折税市草事状》，浙江古籍出版社1988年版，第217页。

供应的刍藁中，有近四分之一是供应给了馆驿、镇军。由此也能推测分配给诸馆驿的“牧田”或没有足额分配到位或产出不能保证供给，需要从闲厩的税草中调拨。

诸监牧的“刍藁”问题也同样值得关注。史载：“其关内、陇右、西使、南使诸牧监马牛驼羊，皆贮藁及茭草。”① 那么，这些监牧机构所贮藏的“藁及茭草”又从何而来呢？《全唐文》载，陇右诸监牧之内“莳茼麦苜蓿一千九百顷，以茭蓄御冬”，“五使长户数盈三万，垦田给食，粮不外资”。② 由此可见，监牧在其范围内种植有牲畜越冬所需的藁草和茭。但是，监牧自己所种的藁草量足以支撑自身所养的牲畜过冬吗？我们可以试着在此进行数理层面的验证。

藁草的亩产量可以从吐鲁番文书中加以换算。《唐上元二年（761）蒲昌县界长行小作具收支饲草数请处分状》载：“当县界应营易田粟总两顷共收得□□叁阡贰伯肆十壹束，每粟壹束准草壹束。”③ 这里的两顷易田粟是长行坊所属的“牧田”，所种的粟没有成熟便直接收割，等同草束，折合 2 顷收粟草□□3241 束。如果前缺不是数字的话，合每亩产粟草 16 束。参考吐鲁番文书中每亩平均税草 3 束的均值来看，牧田每亩产粟草 16 束是较为合理的，因为税草不可能将百姓所产秸秆全部上缴，还需留存一部分供私用，故税草的净产量为每亩 16 束是合理的。

如此一来，按照每亩牧田产草 16 束来计算，陇右监牧的 1900 顷专种饲草的耕地能产出茭草 304 万束。监牧中牲畜日草料的消耗量为“凡秣马给料，以时为差。春、冬日给藁一围，粟一斗，盐二合；秋、夏日给青刍一围，粟减半”④。根据刘进宝先生的研究，唐代税草的单位

---

① 《旧唐书》卷 43《职官志》，中华书局 1975 年版，第 1841 页。
② 《全唐文》卷 226《大唐开元十三年陇右监牧颂德碑》，中华书局 1983 年版，第 2283 页。
③ 《吐鲁番出土文书》第 10 册，文物出版社 1981 年版，第 252 页。
④ 《唐六典》卷 11《殿中省》，中华书局 1992 年版，第 331 页。

“小概念的围与束相同，即一围等于一束”[①]。唐代税草“每束重一十一斤”[②]，结合现代养马业的饲养标准，中度力役的马匹日给草量在8公斤左右[③]，与折算后唐代每束税草的重量较为接近。

结合前文中已经引用的史料，可以进行如下计算。《大唐开元十三年陇右监牧颂德碑》所记载的藁草产量为304万束，开元年间监牧的马匹保有量在27万匹，加上牛羊接近百万。以每匹马日消耗藁一围（束）来算，陇右监牧自身所产藁草、茭草仅够支撑11天左右，还不算牛、羊的消耗量。这就意味着，监牧机构自身所产的藁、茭草是远远不够维持牲畜越冬的。由此推断，各监牧机构皆贮存的藁、茭草中，绝大部分应该来自民间所收税草。

其次，征收税草的时间问题。唐代每年征收的税草数量都是有规定的，“……每至秋夏，常有欠阙……每年蓄聚刍藁，所司素有恒规，计料税草不充，即便开场和市”[④]，由此可见，到唐代中后期征收税草的时间应该是夏、秋两季。

三、税草、作物结构与放养畜牧业

上文对西北地区唐代税草中的“刍藁”进行了分析。唐代所征收的“刍藁”实际上是以作物秸秆为主、兼有“茭”类青贮饲料即菽类、粟类、苜蓿等作物未完全成熟的整体植株。正常情况下，每亩能产“刍藁”约16束，民间平均每亩纳税草约合3束。仅仅依靠监牧自身所有的少量耕地和馆驿的少量牧田是无法满足数量庞大的官营畜牧业的“刍藁”需求的。因此，税草制度事实上是官营畜牧业的重要草料保障

---

① 刘进宝《唐五代“税草”所用计量单位考释》，《中国史研究》2003年第1期。

② （唐）元稹《弹奏剑南东川节度使状》，《元稹集》，中华书局2010年版，第420页。

③ 《农业生产基本知识·养马》，农业出版社1973年版，第21页。

④ 《陆宣公文集》卷20《论度支令京兆府折税市草事状》，浙江古籍出版社1988年版，第216页。

制度之一。综合前文研究所得结论，可以发现西北地区唐代的税草制度与作物结构、放养畜牧业之间有相互依存的关系。

对于税草制度和作物结构而言，作物结构决定了税草征收的种类和时间，而作物结构也会因税草制度而出现相应调整变化。唐代按地来征收税草，截至目前并没有证据表明唐朝对缴纳藁草或茭的种类有何限制，但整体而言，所收缴的税草分为青贮的茭和“黄禾”藁草类。因此，有理由相信税草所收缴的用于饲养牲畜的草料大部分为农作物无疑。

从逻辑上看，税藁草和茭草是由当时的农作物构成决定的，但随着时间推移，农作物结构又会因税藁草和茭草而进行人为的调整。这一点从粟、麦的种植就能看出来。前文论述过，在西北地区粟类是一种春播秋收作物，麦类是夏收作物。唐初的税草征收并没有明确的时间界限，但依据放养畜牧业的特征，可以推知税草的时间应当是在秋季进行，以备牲畜越冬。夏收作物收获之时并不是畜牧业缺少饲草的时间，这就意味着夏粮作物并不是主要的征税对象。在秋季收获的粟类作物理所当然地成为征收“刍藁”的对象，在这种情况下，百姓所种粟类既能满足纳粟的赋税要求，又能满足税草的征收要求。因此，粟类作物在唐代前期的作物结构中一直占据优势也就在情理之中了。

到唐代中后期，税草的征收时间开始出现在夏、秋季节。粟类作物在夏季之时尚未成熟，如果收割充当茭草则意味着没有秋粮，因此正常情况下是绝对不可能出现的。这就意味着麦类和豆类作物成为应对夏季征收税草的作物。由于大豆在农历的二、三、四月均可播种，虽然其成熟期在秋季，但在夏季豆叶能充当粮食和蔬菜，整株收割晒干就是极好的茭草，因此，豆类作物在税草制度之下有了稳定种植甚至扩大的可能性。但麦类作物在应对夏季税草方面似乎更为合理，由于其成熟期在夏季，既能收获麦类用来补充夏粮短缺危机，又能应对夏季的税草征收任务，所以，从作物结构上来看，唐代后期麦类作物地位的提升，无疑是受到税草制度影响的。

总体来看，结合西北地区唐代的实际情况，大部分地区并不适合种植麦类，因此秋季征收税草应当占据主要地位。可以认为，唐代按地征收税草，在一定程度上促使百姓种植产秸秆率较高的农作物，在与以纳粟为主的赋税体系的共同作用下，种粟成了最优的选择，麦类居于其次。

综合前文的研究，西北地区在唐代的作物结构是以粟为主、麦类次之、豆类作为补充。这种情况的出现与放养畜牧业也是有关联的。前文已经提到，粟、豆类作物是放养畜牧业所依赖的饲养粮食，粟、豆类作物的秸秆又是放养畜牧业必备的越冬饲草。那么，西北地区的放养畜牧业对区域内的作物结构和税草制度有没有影响呢？答案是肯定的。

唐代西北放养畜牧业兴盛之时也是唐代前期军事实力较强之时。西北战事刺激了养马业的兴盛，也进一步使与之相配套的税草制度得以执行。税草制度促使西北地区的农业结构从以粟为主向以粟为主、麦类次之、豆类作补充的方向发展，麦类作物逐渐挤占豆类作物的生产空间。也是基于相同依存关系，唐代中后期西北地区军事战线收缩的情况下，放养畜牧业也出现衰退的迹象。诸监牧牧马之地失陷后，农耕业失去了安定的外部环境，粮食作物种植也受到影响。如贞元三年（787）秋，陇、泾、邠三州受吐蕃袭扰，错失种粮时节，“三州不宿麦”[①]。农作物不能按时播种就会出现无草可税的情况。放养畜牧业的衰落、军事行动的内缩使“税草”制度失去了存在的驱动力和生产保障。从此以后，受税制、放养畜牧业影响较大的粟类作物种植才在真正意义上出现衰退，出现逐渐被麦类作物取代的可能性。

① 《新唐书》卷216《吐蕃传》，中华书局1975年版，第6097页。

本章小结

本章对唐代西北地区的主要粮食作物及畜牧业进行了讨论，希望在解决传统历史农业地理问题的过程中，理清楚唐代西北地区农牧过渡地带的农牧关系。结果显示，西北地区呈现出以粟为主、麦豆类次之、稻类零星分布的粮食作物结构。在论证这些粮食作物的特点及分布的过程中，笔者发现其与畜牧业的发展有所关联。于是，本章没有像传统做法那样将畜牧业与粮食作物分开论述。在论述唐代西北地区的畜牧业之时，按其性质将当时的畜牧业分为游牧型畜牧业和放养型畜牧业两种类型。结果显示，在这两种畜牧业生产形式中，羊、马都是西北地区极为重要的畜牧品种。马是官营畜牧业中最为重要的一种牲畜，关系到国家军事行动的成败。羊则是西北地区极为重要的肉类来源，无论是游牧族群还是农耕民众，唐代食用羊肉的风俗颇盛，这就使羊成为占据当时畜牧业比例最大的牲畜品种。

在分析放养型畜牧业的牲畜食料问题时，笔者发现粟、豆类作物是当时喂养牲畜的主要农产品。与此同时，唐朝还施行税草制度，对放养畜牧业影响最大的是其中征收“刍藁”的形式。“刍藁”可分为秸秆和青贮的“茭”类，总体而言都是农作物的秸秆。税草制度在时间上影响到了当时的粮食作物选择。粟类作物既能满足纳粟为赋的要求，又能满足秋季纳草的税草要求，在很大程度上是粟类成为唐代西北地区主要粮食作物的影响因素。而麦类作物之所以在很长一段时间内没能取代粟类的地位，与粟、税草、牧马业之间牢固的互动关系有莫大的关联。唐代后期，放养型畜牧业衰落，与之相匹配的税草和粟类种植也随之衰落。由此可见，唐代西北地区农牧过渡地带上的农耕业和畜牧业之间形成了一种互相依存的关系。它们彼此依存，其中畜牧业扮演的角色更为重要。

第六章　农牧发展过程中自然与人文的交汇

在讨论唐代西北地区的农牧业生产时，仅仅弄清楚当时的农牧业规模、时空特征是远远不够的。在前文对农耕业和畜牧业研究的基础上，我们需要将目光聚集在农业活动的主体——“人”身上，进一步理清哪些因素影响到他们的行为和决策，这些行为和决策又是如何影响到农牧业发展进程的。本章将对西北地区唐代的农业生产者、自然环境、农业政策与区域内农牧发展的关系进行综合探讨。

第一节　农牧发展过程中的自然因素及其可能性影响

一、自然环境对农牧格局的限制

综合西北地区整个唐代的农牧发展进程，可以发现自然环境仍然是农业发展过程中无法克服的最大限制性因素。无论是政权边界的变动还是农牧结构的形成，都受到自然环境的限制。

（一）沙漠山地是农牧存在与发展的天然限制因素

勿需赘言，沙漠和山地对农业的限制性极大。沙漠地区缺乏水源，山地地区海拔较高、坡度较大，这些都是限制农业生产的天然因素。那么，西北地区的沙漠和山地在唐代的分布情况如何呢？

前文在进行区域内部分区论述时，已经基本梳理清楚西北地区主要山地的范围。作为地质时期形成的产物，山地在一千多年时间内的变化基本可以忽略不计。陈国阶等人关于中国山地的研究成果可以给本书提供一些参考。他们对我国山地面积比例进行量化研究时，采取了几种定义山地的方案，本书结合研究需要选取其中之一作为参考。该方案具体如下：海拔≥3000m 划分为山地；海拔小于 300m，认定为非山地；海拔介于 300m 至 3000m 之间的，综合考虑其相对高差和坡度，即高差≥200m 或坡度≥25°的划分为山地。①

该方案是目前广泛使用的山地可量化标准之一。其中海拔介于 300m 至 3000m 之间并且高差≥200m 或坡度≥25°的标准一般也是农耕业生产的最低要求。按照这个标准可知，今青海省山地面积占本省国土面积的 85.38%、新疆维吾尔自治区山地面积占本区国土面积的 32.65%、内蒙古自治区山地面积占本区国土面积的 4.03%、宁夏回族自治区山地面积占本区国土面积的 10.65%、陕西省山地面积占本省国土面积的 40.54%、甘肃省山地面积占本省国土面积的 37.18%，可见西北地区不适宜进行农耕的山地面积是相当惊人的。这无疑是影响农耕业和畜牧业分布最为直接的限制性因素。

除了山地，沙漠或沙地的存在也往往意味着局部区域是既不适宜农耕又难以进行畜牧业生产的。唐代的西域地区沙碛广布，从唐代的边塞诗、相关记载和城池分布能推知一二。塔克拉玛干沙漠是地质时期就已经存在于天山南部的盆地沙漠，农牧业活动被限制在绿洲地带，并且以畜牧业为主。河西走廊的北部及东北方向因为巴丹吉林沙漠、腾格里沙

① 陈国阶、方一平、高延军《中国山区发展报告——中国山区发展新动态与新探索》，商务印书馆 2010 年版，第 239 页。

漠的存在，一度被冠以“闲田”的称号，可见这里是游牧部族和农耕民众都无心、无力经营的不毛之地。关内道北部的库结沙（库布齐沙漠）、毛乌素沙地在唐代还并不是严格意义上的沙漠，其间盐池和内流湖泊、草地广为分布，这些沙地的存在已经成为农耕和畜牧业的天然分界因素。

（二）水资源与地形地貌综合作用下的农牧格局

水资源是农牧业生产中一项极为重要的自然因素。水资源以河流、湖泊、沼泽、地下水等形式存在。这就意味着水资源与地形地貌是密切相关的。在人类对自然干预能力相对有限的古代，农牧业生产格局往往受到二者的共同影响。本书选取具有代表性的敦煌地区和北洛河流域为例，对农牧业发展过程中的水资源与地形地貌因素进行分析。

1. 敦煌地区的农牧格局与当地的水资源及地形地貌因素

沙州位于河西走廊与西域地区的交界地带，治所敦煌，在唐代一度为敦煌郡。由于和瓜州临近，二者的地理环境几乎一致，史料记载中敦煌和瓜州有诸多方面的联系，因此本书以敦煌为中心，选取沙、瓜二州为研究范围进行论述。

首先，需要弄清楚敦煌地区的农牧格局。该研究区域内的畜牧业分布目前已经较为清晰。郑炳林先生认为，紫亭镇—甘泉水上游、常乐镇—阿利川、西桐—甘泉水、都河水（疏勒河）下游是敦煌地区的畜牧区，其中紫亭镇牧区是敦煌最大的畜牧区。① 乜小红也有类似的推断，她认为还有一个可以统称为“湖泽畜牧区”② 的畜牧区域。总体而言，上述畜牧区划分的观点都是依据《沙州都督府图经》等数量众多的敦煌文献，应该是当时畜牧业分布最真实的记载。敦煌地区的农耕业则主要集中在城池附近，此外，军镇、烽燧和驿站附近也有一定数量的农田

---

① 郑炳林《唐五代敦煌畜牧区域研究》，《敦煌学辑刊》1996 年第 2 期。

② 乜小红《试论唐五代宋初敦煌畜牧区域的分布》，《敦煌研究》2002 年第 2 期。

存在。但更多的农耕业需要完善的灌溉设施才能存在和发展下去。不难理解，农耕业的分布是以城镇和灌溉设施较为完善的地点为中心的。结合前文研究可以认为，河西地区有城镇和烽燧分布的地区，大部分都有屯垦的存在。结合以上研究成果可以发现，畜牧区居于主要城镇的最外围，农耕区均靠近城镇中心。如果以河流为线索，会注意到呈现出河流上游和下游是畜牧区、中游为农耕区的特点。这与其他地区农耕业主要集中在河流中下游的特点是截然不同的。

敦煌地区的农牧格局与当地的气候、水资源、地形地貌密切相关。气候的宏观影响在敦煌地区的农业发展历程中表现极为明显。以疏勒河下游为例，汉代时这里设置有鱼泽都尉、宜禾都尉、中部都尉、玉门关都尉、阳关都尉等，军屯民垦规模最大时一度达到二十多万人。[①] 其背后则是相对于现代较为暖湿的气候因素。如本书第一章中所得的结论，中唐以前的西北地区存在一个近百年时间的干旱期，开元年间又处于一个干湿波动较大的时期，这显然是不利于农耕业发展的。直到归义军时期疏勒河下游地区再没有如汉代一般规模的农耕区出现，这里已经成为敦煌地区主要的畜牧业区域之一。

水资源和地形地貌是区域农牧格局形成过程中最重要的环境因素。本区域的南部是祁连山系的支脉，自西往东依次为乌兰达坂山和疏勒南山，二山脉均为西北东南走向。乌兰达坂山在敦煌以南，唐代称龙勒山；疏勒南山在瓜州以南，唐代称雪山，该山“积雪夏不消。东南九十里，南连吐谷浑界”[②]。今天来看，这些山脉的海拔平均都在 3500 米以上，且坡度较大，是难以进行农牧业生产的。两条山脉之间有数量众多的山谷地带，得益于冰雪融水，自西向东发源有多条河流，其中甘泉水（今党河）和冥水（今疏勒河）是较大的两条。那么，两条河流的

① 郑炳林、曹红《汉唐间疏勒河下游地区环境演变》，《敦煌学辑刊》2012 年第 3 期。
② 《元和郡县图志》卷 40《陇右道下》，中华书局 1983 年版，第 1028 页。

中上游为什么是畜牧业而非农耕业呢？笔者曾实地考察党河中游的乌兰达坂山北麓和疏勒河上游地区，由于海拔较高，无霜期较短，这里现今仍然以畜牧业为主。以此推测，紫亭镇及其附近地区虽然水资源比上游稍显丰富，但由于海拔较高仍然是不适宜进行农耕的。

寿昌及常乐以南地区虽然地势稍平，海拔也迅速降低，但由于这里是非季风区，降水稀少而蒸发旺盛。地貌也多以沙碛为主，《沙州图经》载沙州“其地平川，多沙滷”。[①] 许多河流沿线没有支流的补给，规模较小的河流经过强烈蒸发、渗漏逐渐消失于荒漠之中。由此形成的内流河多数盐碱度较高，不能进行灌溉。如苦水，“右源出瓜州东北十五里，名卤涧水，直流至瓜州城北十余里，西南流一百廿里至瓜州常乐县南山南，号为苦水。又西行卅里入沙州东界故鱼泉驿南，西北流十五里入常乐山，又北流至沙州阶亭驿南，即向西北流至庶迁烽，西北廿余里散入沙滷”[②]。由此可知苦水因水盐碱度较高而得名，由于蒸发渗漏，最终消失于沙碛之中而成为内流河。因此，在一些盐碱度较高的河流沿岸、沙碛地区，畜牧业是更为适宜的经济发展方式。

农耕业主要分布在敦煌及各个县、驻军、烽燧附近。从某种程度上来说，这些定居点的选址本身就是因为这些地点是适宜农耕的。以敦煌为例，这里位于甘泉水的中游地区，河流水量充沛。甘泉水流经该区域时，水量和水质尚足够进行灌溉，加上地势较为平坦，形成了规模较大的农耕区域。以密布的河渠为基础，敦煌地区对甘泉水的利用达到了极致。据统计，唐初敦煌地区的干、支、子渠至少有116条，人工水渠总长约700公里，工程规模浩大。[③]

发源于南部山地的诸多河流在流经农耕区以后，流量减小，大多数或消失于沙碛，或最终汇集在更北的低地，形成了大片的湖泊和沼泽。

---

① 郑炳林《敦煌地理文书汇辑校注》，甘肃教育出版社1989年版，第1页。

② 郑炳林《敦煌地理文书汇辑校注》，甘肃教育出版社1989年版，第6页。

③ 冯培红《唐五代敦煌的河渠水利与水司管理机构初探》，《敦煌学辑刊》1997年第2期。

这些湖泊沼泽绝大多数盐碱度很高，不能用作灌溉水源。如兴胡泊，“县西北一百一十里，余水皆苦，唯此水可饮，商胡从玉门关往来，皆止于此”①。虽然不利于农耕，但湖泽附近往往植被茂盛，生物多样性显著，因此成为敦煌地区另外一处较为重要的畜牧业区域。

综上所述，在地形地貌和水资源的共同作用下，西北内陆非季风区的农牧业受水资源制约的可能性更大。即便有些区域地形平坦，但由于河流径流量不大或盐碱度较高，只能发展畜牧业。敦煌地区农牧业格局的形成与分布表明，水资源是河西以西地区农牧发展的最大限制性因素。

2. 北洛河流域的农业垦殖与区域自然因素

北洛河是渭水下游较大的一条支流，发源于关内道夏、延、庆三州交界的白于山，干流流经延州、鄜州、坊州、同州后在同州、华州交界处汇入渭水。这里是唐代关内道地区重要的农耕区域。无论是唐初还是唐末，每逢关中地区遭遇动乱或饥馑，北洛河流域就会成为关中地区百姓的避难地之一。如安史之乱时潼关失守，“潼关既败，于是河东、华阴、冯翊、上洛防御使皆弃郡走，所在守兵皆散”②。北边的坊州、鄜州尚未失陷，和大多数关中难民一样，杜甫携家北上鄜州避难，“是时避乱者多，路无车载，尽室徒步，不惜厚颜”③。唐初时，北洛河流域的延州一度是羁縻府州和都管府州的过渡地带。这里和敦煌地区类似，畜牧业和农耕业在唐初以兼有的形式存在，但经过不断发展形成了以农耕业为主的生产格局。

本书第四章第六节在对关内道民间垦殖的时空特征进行复原时，发现北洛河流域中上游的坊州、鄜州和延州呈现出异常于临近州的特点，

① 唐耕耦、陆宏基《敦煌社会经济文献真迹释录》第1辑，书目文献出版社1986年版，第42页。

② 《资治通鉴》卷218《唐纪三十四・肃宗至德元载》，中华书局1956年版，第6969~6970页。

③ 《杜诗言志》卷三《彭衙行》，扬州广陵古籍刻印社影印本，第31页。

具体表现为从贞观到天宝之间，三州民间垦殖规模一度有负增长的现象；垦殖增长速度不及同纬度的临近诸州，如宁州、丹州等州；三州之间政区面积差别显著而垦殖数据却相差不大。因此，本节选取上述三州为例，对北洛河流域土地垦殖过程中的自然因素进行综合探析。需要说明的是，延州虽然有近三分之二的面积不属于北洛河流域，但这些区域的自然环境并没有明显区别，同时考虑到行文的需要，这里将其纳入北洛河流域进行探讨。虽然黄土高原地区水土流失严重，地表被切割的现象十分明显，但相对于河流、原、山脉等较为大型的地形单元来说，其方位变化并不是十分明显。① 因此，以此来表明唐代的一些地理环境要素是可取的。

三州地域内大部分地区的海拔都在 500 米至 1850 米之间，属于黄土丘陵区和黄土塬区。延州地势西北高东南低，自西北向东南如口袋状延伸至黄河河谷，与鄜州交接的东偏北地带是洛水、库利川和金明川水系的分水岭。鄜州和坊州则自北向南海拔逐渐降低，呈口袋状延伸至下游的同州一带。黄土高原特殊的地形地势决定了这里的地下水位较低，河谷地带成为人口居住和生产的最佳选择。如坊州的中部县，“州郭无水，东北七里有上善泉，开成二年（837），刺史张怡架水入城，以纾远汲。四年，刺史崔骈复增修之，民获其利”②。由其“架水入城”可知，中部的地势是要低于上善泉的。根据考古遗存和《中国历史地图集》可知，更多的县城都是临近河流或居于河谷地带。这里不仅有肥沃的耕地，还有相对丰富的水资源。主要的交通线路都是依河流走向而延伸，可以说这是水源和地形地势综合作用下的一种结果。

我们依据 DEM 数据，对三州范围内河流干流、主要支流沿岸五公里范围内的数据进行坡度、坡向提取，进而进行面积投影变换，可以发

---

① 王元林通过实地勘探认为历史时期泾洛流域仅仅是原面破碎，沟壑在不断增加，地形变化则不十分明显。参见《泾洛流域自然环境变迁研究》，中华书局 2005 年版，第 73 页。

② 《新唐书》卷 37《地理志》，中华书局 1975 年版，第 970 页。

现坊州、鄜州、延州境内河流谷地的面积约占各州面积的9%、17%、15%。其中，延州河流谷地所占面积最大，鄜州次之，坊州最小。从垦殖规模方面来看，北部的延州却远不及鄜州、坊州，结合海拔和降水因素，可知延州虽然河谷面积最大，但由于海拔相对较高，加上这里的气候条件不如中下游地区适宜农耕，因此这种情况的出现便很好理解了。与地形地势因素相比较，气候层面的水热组合因素对农业生产的影响更大。延州的平均海拔要远高于南方的鄜州、坊州，结合气候的纬向地带性和垂直差异规律，我们可以推知延州无论是年均温还是年降水量都是少于鄜州、坊州的。在唐代前期气候暖干的背景下，三州的年均温和降水的差异会更加明显。由此便导致三州之间垦殖规模与政区面积不成正比的现象。

综合以上两个典型案例的分析过程，可以发现水资源和地形地貌因素往往是密切相关的，农业生产形式大多数情况下受到二者的共同作用。不同的是，在非季风区的内陆地区，水资源的多寡和质量比地形地貌的影响力度要大；在季风区，水资源的区域差异更多的是受到地形地貌因素的限制，进而影响到农业生产。虽然上述地区农牧格局的形成并不全部都是地理环境使然，但不可否认的是，自然环境已经在宏观层面限定了农牧格局的形成。在生产力水平难以有所突破的中古时期，这种限制几乎是无法突破的，所以，敦煌地区的农牧业格局一直延续到五代末也几乎没有大的变动。

二、温湿组合与作物组合的可能性关联

本书第一章中已经从农业地理环境的视角讨论了西北地区唐代的温湿组合，得出一系列结论，即自唐初到712年间存在一个近百年时间的干旱期，其间夹杂数次的连续降水事件，仅有一次在同一年中存在既连续干旱又连续降水的情况；713年至761年的近50年间，连续性降水的记载频现，尤其是728年至741年、751年至757年间降水最为集中；

761年至809年则是一个以连续干旱为主要特征、同一年中旱涝并发的阶段；811年至834年间连续性降水接连出现，其间有一次持续近十年的多雨期；837年至875年间是另外一个干旱期；878年至907年间则以连续降水为主。全文以其作为大的环境背景展开相关论述。在详细论述农业垦殖和作物结构之后，笔者发现温湿组合似乎并不单是一种广义的环境背景，上述特征在农业生产和作物结构的发展过程中似乎有着举足轻重的作用。

温湿组合在变化扰动过程中对农业社会影响极大，最明显的表现就是旱涝灾害和因之而起的粮价异常。在本研究区域范围内，有详细文献记载的当属关中平原及其附近区域，在唐初近百年的暖干期内，整个关中地区强对流天气的发生频次远低于以后的时段。傅筑夫也将唐初一百余年内没有出现严重的周期性的饥荒叹为是唐王朝的幸运。[①] 但如果将这一时期的作物组合考虑进来，就会发现这种情况的出现又有一定的必然性。

唐代前期就已经将粟类作物作为主要纳赋品种，第五章中已经论述，粟类作物属于一种春种秋收类的作物，其播种季节以春季为佳，夏初虽也有播种但不是主要时间段；其收获季节集中在农历九月之时。同时，粟类作物在生长前期对水分需求较少，生长中期需水量略大，到成熟期则需水量又较少。总体而言，其生长周期以内对水分、劳动力等方面的需求远小于其他主要粮食作物。这显然是与唐初的温湿组合和社会形势匹配的。人口规模和适宜于当时气候的粟类作物的普遍种植应当存在一定的均衡状态，因此才没有较大规模饥荒和长时期粮价飞涨的现象出现。这也能在一定程度上解释为何麦类作物在唐初的百余年间一直没有太大规模的扩张。

关于自然灾害导致的各类农作物受灾、人口财产的重大损失，史籍

① 傅筑夫《中国封建社会经济史》第四卷，人民出版社1986年版，第522页。

中记载较多，通过整理一系列灾害天气对农业造成损失的关键词，如“杀菽”“害稼”“伤稼”等，可以发现这些记载多数集中在唐代中后期。通常情况下，农业自然灾害造成损失越严重的地方，是人口密度较大、农业生产较为发达的区域。一般来说，作物组合的形成和发展是人口压力和农业知识进步的结果。那么，温湿组合在作物组合发展过程中起了什么作用呢？

前文中已经知道，在712年之后到810年间西北地区的气温仍然是温暖的，随后出现一个温度下降的阶段。与之相应的是气候由暖转冷过程中湿度的剧烈扰动，表现为连续性降水和连续性干旱的交替。统计因之而起的旱涝灾害发生的月份，可以发现一些特征。为了方便比较，这里以关内道地区主要的粮食产区——泾洛河流域为例进行论述。王元林通过统计整理相关史料，发现泾洛河流域的旱灾以春夏旱为主，几乎占干旱年数的一半；雨涝灾害多发生在夏秋季节。结合本书第一章中的图1-1和图1-2，可以发现在768年到840年之间，以强降水为主的强对流天气主要集中在农历的6-8月，这一时段连续性旱涝交替出现。这与王元林所统计的旱涝灾害出现的季节是一致的。也就意味着关内道地区唐代的旱涝灾害集中在夏秋季节是一个广域的存在。

夏秋季节的连续性降水显然不利于夏季晚收、秋季早收的作物种植。一旦这个季节出现连年的灾害，导致农作物减产或者绝收，相应的作物组合显然有了调整的可能性。唐代西北地区的作物组合中，粟类作物属于一种春种秋收类的作物，其播种季节以春季为佳，夏初虽也有播种但不是主要时间段；其收获季节集中在农历九月之时。这就意味着在西北地区大部，当年新粟的供应时间集中在九月附近，夏秋季节连续的旱涝灾害很容易造成当年秋冬和来年春季的饥馑。这个时候，“宿麦”开始有了扩大种植范围的可能性。宿麦的种植集中在农历八月之后，在农历十二月三十日前已经播种完毕，收获时间则在农历五月前后。这在一定程度上能够避开夏秋季节的连续降水天气。如贞元二年（786）五月，“时大饥，至是麦将登，复大雨霖，众心恐惧”①。可见贞元年间，冬小麦已经在发挥夏粮的作用，遭遇大雨引起社会恐慌，说明应当有很大的种植规模。因此，笔者认为唐代中后期冬小麦在关中地区的推广与这一阶段的温湿组合有很大关系。

集中于夏秋季节的连续性降水也为稻类作物的推广提供了一定的条件。稻类在生长过程中耗水量极大，对西北地区而言，降水量的时间变化能直接影响到稻类种植的比例和区域。也就是说，西北地区唐代的气候干湿状况变化能在一定程度上反映该区域是否具有适于种植稻类作物的气候背景。参考本书第一章的研究结果表明，唐初到玄宗先天元年（712）之间存在一个将近百年的干旱期，其间虽有数次连续性降水的记载，但整体趋势是偏干旱的。这在一定程度上说明稻类作物在这一时间段内种植所需的气候条件相对较为严苛，大规模种植稻类显然是没有太大可能性的。从先天二年（713）起一直到上元二年（761）的近50年间，以关中地区为中心的西北地区明显出现一个连续性降水多发的阶段。这一时期频频出现阴雨影响夏粮收获的记载，同时，描写稻类作物的唐诗也从这一时期开始渐渐增多。上元二年（761）到大和八年（834）间，是一个由旱涝并发向连续性降水转变的阶段。同一年间或春旱夏涝或夏涝秋旱的气象特征显然是不利于传统旱作农业发展的。稻类作物的生长周期恰好能与该特征相适应，因此笔者推测，西北地区的稻类作物在713年到834年间有了扩大种植比例的环境优势。

总体而言，温湿组合的变化导致农作物生长所需的水热条件出现异常，尤其是降水条件。原本适于在夏秋季节收获的粟类作物因为夏秋季节频次较高的强降水和涝灾而损失惨重。收获季节避开涝灾高峰期的其他作物就有了推广的可能性，作物组合也因之而会得到调整。但是该部分论述的证据还稍显薄弱，需要笔者今后继续进行探索。

---

① 《新唐书》卷34《五行志》，中华书局1975年版，第877页。

第二节 农牧过渡地带上的“缓冲族群”及其农业角色

一、“缓冲族群”的界定

族群是社会学中对某一地区有共同特点的人群的称呼，其与现代意义上的民族定义有所区别。该称谓是由英文 ethnic group 翻译而来，是人类学、民族学、社会学等学科应用的术语，指基于种族、习俗、语言等世代传承的共同特征而被自我认同或被他人确认的人类群体。[①] 如表 5-2 所列，西北地区的游牧族群一般被唐朝认为是“古匈奴”的一部分或“其先匈奴也”；在行为习惯上也多被记载成随水草而居、肉酪为食的形象。而传统的农耕区百姓则是有别于“羌狄”的群体。这是族群观念在古代史料中最为朴素的反映，最根本的区别在于生活生产习惯和社会组织的不同。

基于这一定义，结合本书的研究内容，笔者认为西北地区在唐代存在一个既有别于传统农耕族群、又不同于传统游牧族群的群体，他们既擅长于畜牧业生产，又兼营耕作，当社会条件发生变化时，他们能灵活选择适于当时环境的生产方式，是农牧过渡地带历史演进过程中不同生产形式的传播者和接受者。他们的存在，使农耕文明和游牧文明的边界日益模糊，其活动区域也成为文明交流碰撞的缓冲地带。因此，本书将关注点集中在生产方式的转变上，凡是从原有生产方式转为另外一种或者是开始兼有另外一种生产方式的族群都可以被认为是“缓冲族群”。

二、唐代以前西北地区“缓冲族群”的存在及其变化

在汉武帝以前，今天的河西走廊、西域甚至包括与之毗邻的青藏高

---

① 史金波等《大辞海·民族卷》，上海辞书出版社 2012 年版，第 4 页。

原东北缘“均不为内地人所知”[①]。这些地区的农牧状况直至张骞通西域时方为中原人所知晓。汉代以前，生活在西北地区的人群主要为羌、匈奴等游牧族群，主要的生产方式也以游牧为主。古代羌人主要分布在青海东部的河曲及其以西、以北等地。[②] 西汉时，青藏高原东北缘地区主要居住的应该为羌人，羌人“所居无常，依随水草。地少五谷，以产牧为业”[③]。自先秦时期起，河西走廊和西域地区很长一段时期内是月氏、乌孙和匈奴等游牧族群的游牧之地。换言之，先秦时期西北大部分地区的生产方式主要是畜牧业。史念海先生认为司马迁规划的农牧地区分界线虽然在西北方向没有明确提及，但由于汉初的西北开边，农牧分界线是向西北推移的。[④] 总体而言，秦汉之前西北地区还是以游牧业为主。

先秦以前的农牧分布状况在秦和西汉时开始被改变，农牧业伴随着军事的步伐而在西北地区进退融和。河西、西域地区与青藏高原东北缘地区的农牧分布变动均与汉初的军事行动有关。汉武帝时由于出击匈奴的需要，在开河西四郡之后“徙民以实之”[⑤]，所迁徙之人自然应该是熟于农耕的人群。但整个西北地区屯田的主要类型还是军屯，在河西地区“初置张掖、酒泉郡，而上郡、朔方、西河、河西开田官，斥塞卒六十万人戍田之”，在河湟地区“数万人度河筑令居”。[⑥] 汉昭帝又置金城郡，河湟地区也被纳入金城郡辖地。至汉宣帝时，“先零豪言愿时度湟水北，逐民所不田处畜牧”[⑦]。一些游牧族群在部落瓦解后选择留守

① 张泽咸《汉晋唐时期农业（下）》，中国社会科学出版社 2003 年版，第 733 页。

② 马长寿《氐与羌》，上海人民出版社 1984 年版，第 12 页。

③ 《后汉书》卷 87《西羌传》，中华书局 1965 年版，第 2869 页。

④ 史念海《司马迁规划的农牧地区分界线在黄土高原上的推移及其影响》，《中国历史地理论丛》1999 年第 1 期。

⑤ 《汉书》卷 6《武帝纪》，中华书局 1962 年版，第 189 页。

⑥ 《史记》卷 30《平准书》，中华书局 1959 年版，第 1439 页。

⑦ 《汉书》卷 69《赵充国传》，中华书局 1962 年版，第 2972 页。

原地与汉人杂居，同样在城池失陷后也有汉人留在原地耕作。霍去病取河西之地、开湟中时，旧时“其羸弱者南入山阻，依诸羌居止，遂与共婚姻”的湟中月氏胡来降，并“与汉人错居”。[①] 吐谷浑的崛起更使西北地区农耕业的从业人群从汉人扩散到游牧族群之中。吐谷浑为辽东鲜卑人的一支，“好射猎，以肉酪为粮。亦知种田，有大麦、粟、豆”[②]。南凉秃发乌孤在位时“务农桑”，到其弟利鹿孤时，则主张“宜置晋人于诸城，劝课农桑，以供军国之用，我则习战法以诛未宾”[③]，由此可见，当时从事农耕的主体应该还是汉人，但其对农桑地位的认识表明农耕文化已经深入到游牧族群内部了。这一时期迁入西北地区的农耕族群已经在传统游牧族群活动的地域内进行农耕生产活动，传统游牧族群中也已经有一部分人开始从事农耕业。可以看出，“缓冲族群”在此时已经初步成形。

到汉和帝永元四年（92）之时，校尉贯友“攻迷唐于大、小榆谷，获首虏八百余人，收麦数万斛”[④]，此时仅大、小榆谷就收麦数万斛，可知河湟地区羌人的农耕活动至迟在东汉时期就已经达到相当大的规模。与河湟地区的反复动乱不同，河西地区是相对稳定的。汉初设置的河西四郡一直处于农牧界线的前锋位置，虽经后世的动乱，但农业文化已经扎根。如北凉政权为“卢水胡”沮渠氏所建，其主要据点为张掖郡，从族源来看，“卢水胡”以游牧为业是没有问题的。但南凉秃发氏攻北凉时，沮渠蒙逊“婴城固守，芟其禾苗，至于赤泉而还”[⑤]；沮渠蒙逊为赎回被俘虏的儿子沮渠兴国，能一次性“送谷三十万斛”[⑥]。种种史料表明，沮渠氏以张掖为根据地建立政权之后，“卢水胡”应当是

① 《后汉书》卷87《西羌传》，中华书局1965年版，第2899页。
② 《魏书》卷101《吐谷浑传》，中华书局1974年版，第2240页。
③ 《晋书》卷126《秃发利鹿孤》，中华书局1974年版，第3145页。
④ 《后汉书》卷87《西羌传》，中华书局1965年版，第2883页。
⑤ 《晋书》卷126《秃发傉檀》，中华书局1974年版，第3149页。
⑥ 《宋书》卷98《氐胡传》，中华书局1974年版，第2415页。

有相当一部分人弃牧从耕的。北魏太平真君五年（444），薄骨律镇将刁雍表奏，要在前代旧渠的基础上兴修水利，新渠“溉官私田四万余顷。一旬之间，则水一遍，水凡四溉，谷得成实。官课常充，民亦丰赡”①，到太平真君七年（446）之时，刁雍再次上表运屯谷五十万斛付沃野镇，以供军粮。② 太平真君九年（448），刁雍又上表想要造城来储粮，太武帝欣然同意并将城命名为“刁公城”。此则史料表明西北地区汉代农耕基础对后世影响深远，可以说，西北地区在东汉末就已经形成了农牧界线上的“缓冲带”，这些“缓冲带”主要是指集中在城郭周围、河流沿岸等适宜畜牧又适宜农垦的区域，农耕文化和游牧文化已经在这些地区融和，只要后世稍有稳定的社会环境，农耕业就会快速复苏，反之畜牧业则会成为主业。而这一系列的可能的转变都是以“缓冲族群”的存在为基础的。

与之相对应，农耕业从业族群的变化更为明显。经过两汉的开发与经营，到魏晋时期原先以游牧为业的族群已经开始在河西地区从事农耕。被学界确认为西魏大统十三年（547）籍账的斯613号敦煌文书记载了一家人的从业情况：户主王皮乱，妻子那雷虞姬，两女婿分别为泣陵申安、斛斯己奴当王奴子，他们像汉人一样受田而且承担赋役。在西域方面，有关汉代屯田的研究也较多，在此不再赘述，仅以车师、蒲类为例论述。由于战事的需要，匈奴与汉反复争夺车师的屯田，曾“发四千骑田车师”；蒲类则“庐帐居，逐水草，颇田作”。张泽咸认为范晔在撰写《后汉书》时，力求删除与前书的重复，多记其异同，由此可以判断其至晚在东汉时就已农、牧兼行。综上，在汉代之前以游牧为业的匈奴和西域小国，至迟在东汉魏晋时期已经有部分族群开始从事农耕业。

---

① 《魏书》卷38《刁雍传》，中华书局1974年版，第868页。

② 《元和郡县图志》卷4《关内道四》，中华书局1983年版，第93~94页。

总体而言，唐以前农牧界线随着农耕文化的前移而模糊，出现了很多可农可牧的“缓冲带”和农牧兼营的“缓冲族群”。西北地区后世的农牧分布也因此变得更有弹性，无论何种族群控制该地区，农牧业都能以兼有的方式发展下去。

三、唐代西北地区的“缓冲族群”与区域农牧业发展

（一）唐代前期的“缓冲族群”及其农牧转化过程

前文已述，隋唐以前西北地区已经出现了一定规模的“缓冲族群”，他们活跃在农牧过渡地带，能够根据外部环境变化而或农或牧，抑或农牧兼业。至隋唐时，西北地区的战事则是他们进行农业选择的一个重要的外部环境因素，这些族群的生产类型在农耕业与畜牧业之间来回摆动。隋开皇二年（582），沙钵略“于是纵兵自木硖、石门两道来寇，武威、天水、安定、金城、上郡、弘化、延安六畜咸尽”①，说明此时战事沿线的农耕族群是存在一定规模的畜牧业的。开皇三年（583），朔州总管赵仲卿“于长城以北，大兴屯田，以实塞下。又于河西，勒百姓立堡，营田积谷”②。河西之地在极短的时间内由于战事的需要而立堡营田，显然需要当地百姓放弃畜牧而选择农耕；大业五年（609），在西巡战争胜利后，隋炀帝置西海、河源、鄯善、且末等四郡，“谪天下罪人，配为戍卒，大开屯田，发西方诸郡运粮以给之”③。隋代基于战事需要而在河西、河湟、长城以北地区屯田，因此又有新的农耕族群源源不断地迁入西北地区，充实了“缓冲族群”。

进入唐代前期，西北地区的战事进程变得更为错综复杂，唐王朝与突厥、吐谷浑、吐蕃等部落先后在此对峙，“缓冲族群”的构成也因此有了新的变化。在西北地区北部，贞观三年（629），“中国人自塞外归

① 《隋书》卷84《突厥传》，中华书局1973年版，第1866页。
② 《隋书》卷24《食货志》，中华书局1973年版，第681页。
③ 《隋书》卷24《食货志》，中华书局1973年版，第687页。

及突厥前后内附……男女一百二十余万口”[①]，这就表明有一部分原居于战事前沿的族群因战乱而投奔突厥。到贞观五年（631），“及突厥降，上遣使以金帛赎之……凡得男女八万口”[②]。从隋末到贞观年间的十余年间，这些或被俘或逃亡塞外的“中国人”——在实质上已经属于本书所指的“缓冲族群”是否从事农耕业虽无从可考，但可以推断其降突厥期间大部分从事畜牧业的可能性较大。东突厥降后，其所属诸部落相继被安置在顺、祐、化、长等州。一直到调露元年（679），唐王朝在整个鄂尔多斯高原地区先后安置了突厥、铁勒、粟特、吐谷浑、党项等传统畜牧业族群，从事畜牧业的“缓冲族群”的活动范围一度到达关中地区的豳州。[③] 经过一段时间的发展，突厥默啜部屡次向唐王朝索要“河西”“六州”的突厥降户，外加“谷种、缯帛、农器、铁”，神功元年（697）唐王朝又“并给谷种四万斛，杂彩五万段，农器三千事，铁四万斤”[④]，这在一定程度上表明归附的畜牧业族群中已经有一部分人选择从事农耕业。这些因战事而出现的“缓冲族群”极大地改变了西北地区北部的农牧局势，使畜牧业的空间范围向传统农耕区进一步扩张，其本身也在接受农耕业的影响。

在河西走廊地区，唐王朝与吐蕃反复争夺吐谷浑旧地和河西诸镇，这些战事也形成了河西地区日趋复杂的族群形势。较有代表性的便是“亦知种田”的吐谷浑族群的分布问题。吐谷浑在龙朔三年（663）被吐蕃所灭，其族群一部分投降吐蕃；一部分散入河西，如圣历三年

---

① 《旧唐书》卷2《太宗本纪》，中华书局1975年版，第37页。

② 《资治通鉴》卷193《唐纪九·太宗贞观五年纪》，中华书局1956年版，第6087页。

③ 《资治通鉴》载突厥诸部落的安置之地为“自幽州至灵州”。吴玉贵认为应为“自豳州至灵州”的讹误（《突厥汗国与隋唐关系史》，中国社会科学出版社1998年版，第244~253页）。本书采用此观点。

④ 《资治通鉴》卷206《唐纪二十二·则天神功五年纪》。虽然学界已经多处引用该史料证明农牧交错地带的发展演变过程，但笔者推测默啜部要的这些物资并不能完全证明其是为了发展农耕业，这个问题尚需进一步论证。

(700)，“余部诣凉、甘、肃、瓜、沙等州降”①，表明有相当数量的吐谷浑族群融入河西地区，这一部吐谷浑人中极有可能有人从事农耕业；另外一部分被安置在鄯州、灵州。开元三年（715），“吐谷浑大酋慕容道奴……合万余帐相踵款边，诏内之河南”②。与归附的突厥等族群一样，归附的吐谷浑部落大多被安置在适宜从事畜牧业的地区，畜牧业显然是其主要的生产方式。这就意味着，归附的吐谷浑部落作为“缓冲族群”的一部分，已经将兼有农耕和畜牧的生产方式带入了河西走廊。

在陇右关中地区，由于战事的需要，相当数量的人口在兼营农牧业，从唐代前期监牧的运行状况便可以窥知一二。由于战争的消耗以及与西北诸多部落之间维持关系的需要，唐代前期对马匹的需求量是空前的，于是唐王朝在西北地区设置监牧来经营以养马为主的官营畜牧业。“唐世牧地，皆与马性相宜，西起陇右、金城、平凉、天水，外暨河曲之野，内则岐、豳、泾、宁，东接银、夏，又东至于楼烦，此唐养马之地也”。③ 陇右地区也因其独特的条件而成为官营畜牧业的主要集中地。唐初之时“陇右百姓，羊马是资”④。这种以畜牧业为主的生产类型至迟到开元年间已经出现转变。当时有规定“凡秣马给料，以时为差。春、冬日给蒿一围，粟一斗，盐二合；秋、夏日给青刍一围，粟减半”⑤。这是指官乘马的饲料情况。诸监牧的马匹虽然有野放的情况，但在没有青草的时间里也是需要提供草料的，庞大的粮食需求促使诸监牧在其所在之地开展营田，种植粮食及牧草。陇右地区诸监牧“莳茼麦苜蓿一千九百顷，以茭蓄御冬”，“五使长户数盈三万，垦田给食，粮不外资”⑥；岐豳泾宁四州“八坊营田一千二百三十余顷，析置十屯，

① 《新唐书》卷221《吐谷浑传》，中华书局1975年版，第6227页。
② 《新唐书》卷215《突厥传》，中华书局1975年版，第6048页。
③ 《续资治通鉴长编》卷192《仁宗嘉祐五年》，中华书局2004年版，第4643页。
④ 《全唐文》卷269《请河北遭旱涝州准式折免表》，中华书局1983年版，第2733页。
⑤ 《唐六典》卷11《殿中省》，中华书局1992年版，第331页。
⑥ 《全唐文》卷226《大唐开元十三年陇右监牧颂德碑》，中华书局1983年版，第2283页。

密迩农家，悦来租垦”[1]。

监牧的营田现象让我们注意到这一地区也存在农牧兼营的“缓冲族群”。首先便是上文中的“密迩农家”。附近的农户来租垦监牧的营田，表明在监牧附近存在一定数量的熟悉农耕的族群，但这并不能表明监牧附近地区是以农耕业为主的。因为监牧附近存在大量的私牧现象，《唐六典》载“若岁疫，以私畜准同者以疫除。准牧侧近私畜疫死数，同则听以疫除”[2]。到天宝十一载（752）时“诏二京旁五百里勿置私牧”[3]，“夫私牧者，元勋贵戚之门也”[4]，这些元勋贵戚是不可能亲自去养马放牧的，他们应该和监牧一样，雇佣熟悉畜牧的当地人员来经营，这些受雇者在服务于私牧者的同时也需要农垦来维持生计。其次是直接参与官营畜牧业的牧人。这些牧人包括“长户”“饲丁”等色役人群。关于这些“长户”“牧子”的身份地位，唐长孺、马俊民等人已有论述[5]，本书主要讨论其族群问题，前引《大唐开元十三年陇右监牧颂德碑》中的王毛仲曾“募严道僰僮千口为牧圉”[6]。从今天的川西高原地区募集精于畜牧的民众来养马，其真伪虽无从考证，但可以从侧面证明当时在陇右关中诸监牧中，是有一定数量的游牧族群在从事畜牧业的。

总体而言，随着唐代前期西北地区战事的发展，农牧兼营的“缓冲族群”的分布范围也越来越广，很难确定其主业是农耕还是畜牧。如果再依据这些族群的传统农业方式来确定唐代前期西北地区的农牧分布就稍显牵强。这也在一定程度上说明，农牧兼营的生产方式是在当时战事环境下农业生产在社会环境层面上的一种适应性调整。

---

① 《全唐文》卷361《岐邠泾宁四州八马坊颂碑》，中华书局1983年版，第3672页。

② 《唐六典》卷17《太仆寺》，中华书局1992年版，第487页。

③ 《新唐书》卷50《兵志》，中华书局1975年版，第1338页。

④ 《新唐书》卷157《陆贽传》，中华书局1975年版，第4914页。

⑤ 详见唐长孺《魏晋南北朝史论丛续编》、马俊民等《唐代马政》。

⑥ 《新唐书》卷121《王毛仲传》，中华书局1975年版，第4335页。

（二）唐代中后期的“缓冲族群”与区域农牧业

前文已述，唐代前期在陇右地区存在相当数量的“缓冲族群”，他们和关内道的部分人群一样，存在农牧兼营的情况。战争对农业的破坏已经是史学研究的古老话题，在此无需多言。但经过梳理可以发现，从755年吐蕃趁乱攻取洮州起，直到848年张议潮率众起义的近一个世纪的时间里，相继“失陷”于吐蕃的陇右大部的农业情况在正史中鲜有记载。陷于吐蕃之后，这些地区原先存在的“缓冲族群”有何变化？其农牧业状况有何变化？同样受战争影响，与关内道等地区相比，陇右地区的农牧进程有无不同？这些都是本书较为关注的问题。

西北地区的“缓冲族群”到中晚唐时又因为战争而出现新的变化。早在长安年间郭元振治理凉州时，凉州因为广开屯田而“积军粮支数十年”，“牛羊被野”①，这就说明当时河西地区是农牧兼营的。到吐蕃攻陷河西之时，该地区已经融入了党项、吐谷浑、铁勒、回纥、吐蕃等族群。在这一时期，河西地区的族群变动极其复杂，本书仅以具有代表性的吐蕃和吐谷浑族群为例进行阐述。吐谷浑降于吐蕃的嗢末部“皆以奴从，平居散处耕牧”②，可见降于吐蕃的吐谷浑部族也是颇知耕作的。一般认为吐蕃是以畜牧业为主的，他们在与唐军的战事中经常破坏唐军军屯的水利设施和农作物，如贞元八年（792），“吐蕃寇灵州，陷水口支渠，败营田”③，同年六月寇泾州，“掠田军千余人还”④。笔者认为，这恰恰是吐蕃族群在西北地区接触农耕文明的一种表现。新疆米兰遗址出土的简牍记载，“吐谷浑上部万人部落，凡属唐所辖者……每户征收五升（青稞）”，“突厥人芒领之妻领取谷子六升”，表明在吐蕃控制天山以南地区之后，有相当数量的族群在当地从事农耕业。而吐蕃族

① 《旧唐书》卷97《郭元振传》，中华书局1975年版，第3044页。
② 《新唐书》卷216《吐蕃传》，中华书局1975年版，第6108页。
③ 《资治通鉴》卷234《唐纪五十·贞元八年纪》，中华书局1956年版，第7530页。
④ 《旧唐书》卷196《吐蕃传》，中华书局1975年版，第5257页。

群本身也接受并沿用了唐代的授田体系，他们领有田地，甚至有进行开荒的记载，如“保超地方新开荒四突”等。[①] 在敦煌地区，随着吐蕃军队和官吏的进驻，相当数量的吐蕃僧侣、官员和驻军的家属随从迁入敦煌地区。P. 2672 敦煌诗集描述番禾县“城当河口凭石壁，地接沙场种水田……夷人相勉耕南亩，愿拜乘凫贡上天”[②]，表现的就是原先的畜牧业族群在从事农耕的情形，这些族群极有可能就是迁入的吐蕃人。到归义军时期，许多迁入敦煌地区的吐蕃人已经适应了农耕生活，很难再回到当初的游牧境况。[③]

陇右“失陷”对西北地区原有族群的影响是直接而又隐喻的。除了因战乱死亡或被俘至畜牧区的一部分，其余的当地族群或转而成为统治阶层或继续之前的生存方式。经过近一个世纪的融合，他们已经成为唐末五代时期最为典型的“缓冲族群”，其形成过程充满中原文化与边疆文化的双重印记。元和十四年（819），被吐蕃围困十一年的沙州陷落，吐蕃与沙州刺史阎朝达成“苟毋徙佗境，请以城降”的协定，其后这些沙州居民基本维持着之前的生产方式。但“州人皆胡服臣虏，每岁时祀父祖，衣中国之服，号恸而藏之”[④] 的记载表明，此时的沙州居民在生活习俗上已经开始吐蕃化了。敦煌藏文本 P. T. 1089 记载沙州地区“料敌防御使由唐人担任者、唐人大税务官、乞利本之书吏。任命张悉诺腊为水利官，兼一部落长官……任命樊悉诺士为度支官，任命詹拉东为度支官”[⑤]。类似于“张悉诺腊”等具有明显吐蕃特征的唐人姓名尚有很多，这种特征是这一“缓冲族群”在文化层面上形成的明显标志，他们兼受中原文化和边疆文化的影响，具有很强的适应力。

---

① 王尧、陈践《吐蕃简牍综录》，文物出版社 1986 年版，第 38、39、30 页。

② 《法藏敦煌西域文献》第 17 册，上海古籍出版社 2001 年版，第 179 页。

③ 陈于柱《敦煌文书 P. T. 127〈人姓归属五音经〉与归义军时期敦煌吐蕃移民社会研究》，《民族研究》2011 年第 5 期。

④ 《新唐书》卷 216《吐蕃传》，中华书局 1975 年版，第 6101 页。

⑤ 王尧《西藏文史探微集》，中国藏学出版社 2004 年版，第 93 页。

到唐末五代时期，河西地区原有的族群与迁入的从事畜牧业的族群逐渐融合，形成了新的“缓冲族群”。与以往的“缓冲族群”不同，这一时期的“缓冲族群”在文化上更具有特殊性，他们对农耕文明有很强的归属感，但又难以割舍游牧文明的生存方式。《旧五代史》载：“开成时，朝廷尝遣使至西域，见甘、凉、瓜、沙等州城邑如故，陷吐蕃之人见唐使者旌节，夹道迎呼涕泣曰：‘皇帝犹念陷蕃生灵否?’其人皆天宝中陷吐蕃者子孙，其语言小讹，而衣服未改。”① 另据敦煌文书载：“开运二年（945）十二月……索进君幼小落贼，已经年载，并不承忘……其叔久居部族，不乐苦地，却向南山为活。”② 这两则史料表明，河西地区的“缓冲族群”具有典型的农耕文明的族源意识，但在生存方式上已经发生改变，有一部分人已经习惯了游牧生活。正是基于这种独特的文化印记，这一“缓冲族群”才能在“失陷”后仍然保留着汉地的族群秩序和族群观念。

这一“缓冲族群”的形成，极大地改变了西北地区的农牧发展进程。前文已述，汉唐之间西北地区的屯田在中央王朝军事退缩之后，大多数都被荒废。而这一时段，就算唐王朝在军事上处于极为不利的境地，河西原有的农耕业也能持续下去。笔者认为这种情况与这一“缓冲族群”的存在不无关系。与关内道战乱后的农业情况对比，更能发现这一“缓冲族群”在西北地区农牧发展进程中的作用。靠近关内道的河、渭二州“土旷人稀，因以饥疫。唐人多内徙三川，吐蕃皆远遁于叠宕之西，二千里间，寂无人烟”③。虽然史料称大中十一年（857）这种状况的出现是“饥疫”所致，但结合上述西北战事进程，笔者认

① 《旧五代史》卷138《吐蕃传》，中华书局1976年版，第1839页。

② 唐耕耦、陆宏基《敦煌社会经济文献真迹释录》第2辑，P. 3257《后晋开运二年十二月河西归义军左马步押衙王文通牒及有关文书》，全国图书馆文献缩微复制中心1990年版，第295~296页。

③ 《资治通鉴》卷249《唐纪六十五·宣宗大中十一年纪》，中华书局1956年版，第8065页。

为战争原因所占比重可能更大。由此也能看出，原先生活在关陇地区的族群虽然也兼营农牧，但其性质多为官营，对他们而言唐王朝的向心力更大，于是就出现了因战乱而纷纷来归的情况，继而造成牧马业的衰退和屯垦的废弃。总体来看，虽然战事对西北地区的农牧业有着极大的影响，但河西地区由于特殊的“缓冲族群”的存在，农牧业仍大致按照原有的方式进行；而与之接壤的关内道西部地区无论是畜牧业还是农耕业都因战事而出现衰退。

汉唐间形成的“缓冲族群”在唐初之时给唐王朝经营西北提供了便利。这些“缓冲族群”通过互市或者直接参与到唐王朝的西北经营措施之中，为唐初的政权稳定做出了很大的贡献。但到中唐之后，经过战事融合之后形成的新的“缓冲族群”也给唐王朝的边境安全带来了莫大挑战，史料中常有这些族群“时叛时降”的记载。但并不能就此认为，唐代西北地区的战事破坏了区域内农牧业的发展进程。与之相反，在笔者看来，西北地区唐代的战事客观上反倒成为该区域农业发展的动力之一。出于军事行动的需要，唐代的军屯在西北地区沿线虽数次废弃，但最终都会因战事而复垦兴盛，这在一定程度上促使农耕文明在这些地区扎根和传播。同样是因为战争的需要，以牧马业为代表的畜牧业则反向向内地扩散，诸多游牧族群南迁的同时也带来了游牧文明。唐代西北地区的战事促进了农业、牧业彼此之间的纵深渗透，农牧交错地区的范围扩大，边界也日益模糊。在边境动乱时期，畜牧业逐水草而居的特征更适应当地的社会环境，所以拉锯式的战争会使原来农牧兼营地区的牧业基础更加稳固；而原先战事频繁的地区一旦被某一部族稳定控制，当地的农耕业就会随之得到恢复。唐代西北地区的农牧进程呈现出上述特点，与这一时期的“缓冲族群”是密切相连的。这些“缓冲族群”因战事而逐渐形成，他们身上兼有农耕文明和游牧文明的印记，能更加从容地应对复杂多变的社会形势，具有更强的适应性，西北地区的农牧业发展进程也因他们的存在而充满弹性。

第三节　政策与地区农牧发展

前文讨论了西北地区唐代农牧业的具体情况。无论是与之相关的人口户籍问题、军事屯垦与民间垦殖问题，还是农作物结构、官营畜牧业的设置和农牧关系问题，国家政令自始至终都贯穿其中。围绕一系列的农牧业问题，在唐代朝廷和地方制定和执行政策时，影响他们进行决策的因素是什么？这些政策对西北地区的农牧业发展又有什么影响呢？本节将重点讨论唐代中枢和地方官员的政策、观念对农牧业产生的影响。

一、人口政策及归附游牧族群的安置

（一）中唐以前的“招徕人口”与括户政策

和大多数古代政权一样，唐代对人口的重视程度也很高。数量众多的人口意味着充足的劳动力资源。充足的劳动力资源则是农业生产、赋税、兵源、力役等方面得以持续良好运行的保障。因此，通过唐代在西北地区的人口政策能观察该区域的农牧业发展态势。

首先，来看唐初之时诸方势力对西北地区劳动力的争夺。前文已经论述，在西北地区存在一个“缓冲族群”，他们在局势变换之际，总能选择适于生存的生产方式。这种选择在人口流动层面上有不同的表现，有时候是主动“投靠”，有时候是被动“俘掠”。隋朝末年，西北边地的百姓在面对战乱之时，纷纷投靠当时较为强盛的东突厥颉利可汗。“值天下大乱，中国人奔之者众”①，而当杨政道在定襄城建立“后隋”的时候，这些投奔颉利可汗的人中又有相当一部分人群转投至定襄。史载，“隋末中国人在虏庭者，悉隶于政道，行隋正朔，置百官，居于定

---

① 《旧唐书》卷194《突厥传》，中华书局1975年版，第5153页。

襄城，有徒一万”[1]。显然，这并不是受突厥控制的全部的隋末人口。具体论述详见下文。

随着唐朝在西北地区的军事胜利，唐朝对劳动力的“招徕”态度可谓十分坚定。武德年间，在平定梁师都、郭子和割据政权时，郭子和“拔户口南徙，诏以延州故城居之”[2]，唐朝划出延州对其南迁的人口进行安置。贞观三年（629），“户部奏言：中国人自塞外来归及突厥前后内附、开四夷为州县者，男女一百二十余万口”[3]，无论是对于先前逃亡至塞外的人还是突厥前后归附的人，唐朝都设置州县进行安置。甚至在贞观五年（631）之时，“以金帛购中国人因隋乱没突厥者男女八万人，尽还其家属”[4]，这也是上文中笔者认为归附“后隋”的并非逃至突厥的全部人口的原因。不惜耗费钱财来赎回逃亡的人口，在一定程度上可以看出唐朝对劳动力的迫切需求。

同时，从诸方势力之间的关系也能看出当时对人口的重视。东突厥颉利部落灭亡之时，“中国人在突厥者或奔高昌，诏文泰归之，文泰蔽匿不遣”[5]。麹氏高昌为了招徕人口，甚至不惜于与唐朝对抗。其原因虽然有诸多方面，但其中之一肯定是因为人口的多寡意味着农业、兵力规模的大小与强弱。这则史料表明，在西北诸部族之间也是存在人口互相投靠的情况。而在游牧部落之间，族群互相“俘掠”和投靠的情况更为常见，这一点在本书第二章论证人口时已经阐述。

其次，来看唐代前中期的人口隐匿与括户政策。唐代前期，西北地区尤其是关内道地区处于战争的前沿地带，繁重的兵役和赋税使这里的人口逃亡和隐匿现象极为严重。武周长安年间（701—704），“今天下

① 《旧唐书》卷194《突厥传》，中华书局1975年版，第5154页。
② 《旧唐书》卷56《李子和传》，中华书局1975年版，第2282页。
③ 《旧唐书》卷2《太宗本纪》，中华书局1975年版，第37页。
④ 《旧唐书》卷3《太宗本纪》，中华书局1975年版，第41页。
⑤ 《资治通鉴》卷195《唐纪十一·太宗贞观十三年纪》，中华书局1956年版，第6146页。

户口，亡逃过半，租调既减，国用不足”①。虽然这里的数据不是专指西北地区，但前文中已经分析，此时的西北地区处于一个连续干旱时期，再加上频繁的战事，农业生产是相对凋敝的。河西走廊地区的逃户现象尤为明显，大谷文书第2835号“甘凉瓜肃所居停沙州逃户”文书记载：“牒奉处分，上件等州，以田水稍宽，百姓多悉居城，庄野少人执作。沙州力田为务，大小咸解农功。逃迸投诣他州，例被招携安置。常遣守庄农作，抚恤类若家僮。”②

长安年间沙州地区的逃户大多数都进入河西走廊沿线的瓜州、甘州、肃州、凉州等地。如果处置不当，这些逃户极有可能逃入吐蕃或突厥控制的地区，对唐朝而言是极为不稳定的隐患。而河西走廊沿线诸州又有扩大屯垦的劳动力需求，因此诸州就近对这些人口进行安置，使其能够尽快从事农业生产。基于以上史实，笔者认为人口逃亡在这一时期的西北地区是常见的现象。

景云年间，“人多失业，流离道路……不可胜数。……然以军机屡兴，赋敛重数，上下逼促，因为游民”③。一直持续到开元之际，人口逃亡和隐匿的现象愈演愈烈，到开元年间宇文融括户的时候，逃户形式之一的客户竟然占据了当时在籍户口的十分之一到十分之二左右。开元、天宝年间的人口和土地垦殖面积虽然达到了唐代的顶峰，但逃户的情况已经到了不得不管的境地。出于赋税的需要，唐朝需要详细掌握当时的户口状况。因此，才有了知名的长安三年（703）括户和开元年间的宇文融括户。

关于武周长安三年（703）的这次括户，上文所引的“甘凉瓜肃所居停沙州逃户”文书的后半部分有所提及：

---

① 《旧唐书》卷88《韦嗣立传》，中华书局1975年版，第2867页。

② 唐耕耦、陆宏基《敦煌社会经济文献真迹释录》第2辑，全国图书馆文献缩微复制中心1990年版，第326~327页。

③ 《唐会要》卷85《逃户》，中华书局1955年版，第1561页。

今奉明敕，逃人括还，无问户等高下，给复二年。又今年逃户所有田业，官贷种子，付户助营。逃人若归，苗稼见在，课役俱免，复得田苗。或恐已东逃人，还被主人誸诱，虚招在此有苗，即称本乡无业。漫作由绪，方便觅住。此并甘凉瓜肃百姓共逃人相知，诈称有苗，还作住计。若不牒上括户采访使知，即虑逃人诉端不息。[①]

该文书的后半部分是对逃户的安置解决办法，其透露出逃户不愿回归原籍的现象。从另外一个侧面来说，逃户在沙州不愿回归原籍的原因之一就是他们在沙州能够正常生存下去，甚至比在原籍的生活是要稍好的。孟宪实据此认为，该文书表明的是地方政府不愿积极进行括户，而将括户政策的实施和决定仰仗于唐朝中枢。[②] 那么，河西诸州地方政府为何不愿意进行括户呢？除了孟宪实对权力争端的论述，还应当从当时的军事环境和官员考课的制度层面来理解这一现象。

沙州百姓东逃至河西走廊沿线诸州的原因，应当是武周长寿元年（692）起沙州战乱引起的。按正史记载，这一年王孝杰大破吐蕃军队，再一次克复了安西四镇，从常理上来说，是不应该出现长安三年（703）沙州居民大规模东逃的情形。但《李无亏墓志铭》的记载表明，至少在延载元年（694），沙州仍然在遭受规模达数万人的军事入侵。[③]《沙州都督府图经》载：“至证圣元年（695）正月十四日敕，为沙州遭贼，少草，转运极难。”[④] 这就表明到证圣元年（695）之时，沙州仍然

① 唐耕耦、陆宏基编《敦煌社会经济文献真迹释录》第2辑，全国图书馆文献缩微复制中心1990年版，第326~327页。

② 孟宪实《中央、地方的矛盾与长安三年括户》，《历史研究》2001年第4期。

③ 李宗俊《唐前期西北军事地理问题研究》，中国社会科学出版社2015年版，第207~212页。

④ 唐耕耦、陆宏基编《敦煌社会经济文献真迹释录》第1辑，全国图书馆文献缩微复制中心1990年版，第9页。

存在较为严峻的军事威胁，百姓外逃也就有了合理的解释。而到武周长安三年（703），沙州的军事环境依然不如东部诸州安定，外逃至甘、凉等州的百姓不愿回归也在情理之中。

而唐代官员的考课制度规定："廉使奏吏之能者有四科，一曰户口增加，二曰田野垦辟，三曰税钱长数，四曰率办先期。"① 虽然执行括户能增加逃户所在地的户口，但由于武周之际的括户政策是"勒令逃户回原籍"，这就意味着最终"户口增加"的政绩是属于逃户原籍地的官员。如果对逃户政策搪塞推托，大量的逃户会在逃入地进行农业垦殖，其结果是"田野垦辟"和"税钱长数"的双赢局面。可以想见，甘、凉等逃户迁入州的官员执行括户政策是不力的。

长安三年（703）括户政策的效果不得而知，但单从劳动力区域之间流动的层面来看，沙州居民的东迁显然为河西走廊东部地区提供了大量劳动力。从整体层面来看，逃户现象的出现是社会经济自我调节的一种形式，狭乡或者难以存活的百姓成为逃户，逃往宽乡或者有支撑其生活所需土地的地方，无疑能促进逃入地农业生产的发展。

宇文融括户所遇到的问题和长安三年（703）括户相类似。开元九年（721）宇文融括户时"允许就地附籍"②，似乎是对长安括户时百姓不愿回归原籍、地方官员执行不力困境的一种妥协。这等同于唐朝在中枢层面上同意了逃户迁入地官员的做法，在一定程度上代表按"户口增加"来衡量官员政绩的做法失去了意义。因此，这种做法虽然能括出一部分逃户，但在根本上使官员对户口损失没有了承担责任的压力。所以，宇文融括户所得仅仅是隐匿人口的一小部分。而史籍对宇文融括户的记载则更有意思：

---

① 《新唐书》卷52《食货志》，中华书局1975年版，第1355~1356页。

② 杨际平《隋唐均田、租庸调制下的逃户问题——兼谈宇文融括户》，《中国社会经济史研究》1986年第4期。

(开元初) 上曾于延英殿召中书门下与诸司尚书及玚议户口之事，玚因奏人间损益，甚见嗟赏。时御史中丞宇文融奏括户口，议者或以为不便，敕百僚省中集议，时融方在权要，公卿已下，多雷同融议，(杨) 玚独与尽理争之。寻出为华州刺史。[①]

时天下户口逃亡，免役多伪滥，朝廷深以为患。融乃陈便宜，奏请检察伪滥，搜括逃户。玄宗纳其言，因令融充使推勾。无几，获伪滥及诸役甚众，特加朝散大夫，再迁兵部员外郎，兼侍御史。融于是奏置劝农判官十人，并摄御史，分往天下，所在检括田畴，招携户口。其新附客户，则免其六年赋调，但轻税入官。议者颇以为扰人不便，阳翟尉皇甫憬上疏曰……左拾遗杨相如上书，咸陈括客为不便。上方委任融，侍中源乾曜及中书舍人陆坚皆赞成其事，乃贬憬为盈川尉……

中书令张说素恶融之为人，又患其权重，融之所奏，多建议争之。……宇文融、韦坚、杨慎矜、王鉷，皆开元之幸人也，或以括户取媚，或以漕运承恩，或以聚货得权，或以剥下获宠，负势自用，人莫敢违。张说、李林甫手握大权，承主恩顾，尚遭凌摈，以身下之，他人即可知也。[②]

通过梳理史料中对宇文融及其括户的记载可以发现，开元之际括户的原因是“免役多滥伪”，对于宇文融括户的建议，玄宗是同意才“纳其言”的。而当时朝臣对括户政策的争议也为数不少，杨玚、杨相如、张说的反对观点缺乏记载；皇甫憬的观点则留存下来，他认为国库只转不周的原因并不是逃户引起的，而是“巨僚”太多，如果括户，反而会加剧人口的逃亡隐匿。杨玚、皇甫憬等人先后被贬则表明，括户政策

① 《旧唐书》卷 185《杨玚传》，中华书局 1975 年版，第 4820 页。
② 《旧唐书》卷 105《宇文融传》，中华书局 1975 年版，第 3217~3232 页。

是受到玄宗支持的。而张说等人反对或被贬则多数归因为政治斗争。《旧唐书》中对宇文融“括户取媚”的评价也是有失偏颇，明显带有感情色彩，也能反映出唐末五代时官员对括户政策的消极态度。

唐代前中期关于逃户与括户的原因和争端都极其类似。其原因多是逃出地动乱或者赋役过于沉重、逃入地有足够的人口容纳能力或其他吸引力。括户政策在提出和执行过程中，地方官员和朝廷的意见和行为有所不同，最终逃户就地入籍成为规定。逃户行为对逃入地而言，由于劳动力增加，其境内的农牧业规模显然是要受益的。对逃出地而言，则意味着劳动力流失，赋役的损失也越来越大，伴随着连坐等惩罚措施，其人口流失情况越来越严重，农耕业也不可避免地要受到负面影响。但总体而言，括户政策从勒令回原籍转为就地入籍具有积极意义。这种政策的转变促使区域内部或区域之间的人口流动速度加快，不同族群和生产方式之间的交流融合程度也逐渐增强。

（二）归附游牧族群的安置及其争议

唐代于边地安置游牧族群部落的情况主要集中在中唐以前。西北地区由于地理位置特殊而安置了相当数量的游牧族群，他们或是被其他游牧部落逼迫而投奔唐朝，或是因战败而降被转移安置。其安置地主要集中在陇右和河南地。那么，为何选择将归附的游牧族群安置在这些地区呢？关于安置归附游牧族群的政策，唐朝内部有没有争议呢？

按照前文研究的内容，唐朝在上述地区先后安置了突厥诸部、吐谷浑、粟特、回纥、党项等族群。一般认为，唐代安置归附游牧族群的政策源于太宗贞观年间，当时朝臣间经历了一次争论。现全文转引如下：

> 颉利之亡，其下或走薛延陀，或入西域，而来降者尚十余万，诏议所宜，咸言：“突厥扰中国久，今天丧之，非慕义自归，请悉籍降俘，内兖、豫闲处，使习耕织，百万之虏，可化为齐人，是中

国有加户，而漠北遂空也。”中书令温彦博请：“如汉建武时，置降匈奴留五原塞，全其部落，以为捍蔽，不革其俗，因而抚之，实空虚之地，且示无所猜。若内兖、豫，则乖本性，非函育之道。”秘书监魏徵建言：“突厥世为中国仇，今其来降，不即诛灭，当遣还河北。彼鸟兽野心，非我族类，弱则伏，强则叛，其天性也。且秦、汉以锐师猛将击取河南地为郡县者，以不欲使近中国也。陛下奈何以河南居之？且降者十万，若令数年，孳息略倍，而近在畿甸，心腹疾也。”彦博曰：“不然，天子于四夷，若天地养万物，覆载全安之。今突厥破灭，余种归命，不加哀怜而弃之，非天地蒙覆之义，而有阻四夷之嫌。臣谓处以河南，盖死而生之，亡而存之。彼世将怀德，何叛之为？”徵曰：“魏时有胡落分处近郡，晋已平吴，郭钦、江统劝武帝逐出之，不能用。刘、石之乱，卒倾中夏。陛下必欲引突厥居河南，所谓养虎自遗患者也。”彦博曰：“圣人之道无不通，故曰‘有教无类’。彼创残之余，以穷归我，我援护之，收处内地，将教以礼法，职以耕农，又选酋良入宿卫，何患之恤？且光武置南单于，卒无叛亡。”于是中书侍郎颜师古、给事中杜楚客、礼部侍郎李百药等皆劝帝不如使处河北，树首长，俾统部落，视地多少，令不相臣，国小权分，终不得亢衡中国，长辔远驭之道也。帝主彦博语，卒度朔方地，自幽州属灵州，建顺、祐、化、长四州为都督府，剖颉利故地，左置定襄都督、右置云中都督二府统之。擢酋豪为将军、郎将者五百人，奉朝请者且百员，入长安自籍者数千户。乃以突利可汗为顺州都督，令率其下就部。

……帝伐辽，或言突厥处河南，迩京师，请帝无东。帝曰：“夫为君者，岂有猜贰哉！汤、武化桀、纣之民，无不迁善。有隋无道，举天下皆叛，非止夷狄也。朕闵突厥之亡，内河南以振赡之，彼不近走延陀而远归我，怀我深矣，朕策五十年中国无突厥患。”思摩众既南，车鼻可汗乃盗有其地。①

以上是关于太宗朝时朝臣对如何安置突厥部族的争论及最后政策执行情况的记载。当时朝臣的观点可分为三类：一是大部分朝臣坚持将归附的突厥部族远迁到“兖、豫闲处”，这样漠北方向就没有了军事威胁，其目的是让这些人口转化为可耕织的劳动力；二是温彦博依据汉代做法，建议将其安置在河南地，“全其部落”，“不革其俗”；三是魏徵坚持的将其遣还到河北地，远离京畿，以防养虎为患。最终，太宗采用了温彦博的建议，将突厥归附部落安置在朔方地，设置四都督府，并大量任用蕃将、蕃官，入住长安的突厥人口达到了数千户之多。最终证明，这一归附安置政策是有效的，漠北也没有形成“空地”，而是被突厥其他部族所控制。

贞观年间安置突厥残部的政策是基于当时特殊的军事环境而考虑的。当时唐朝在陇右地区同时面临吐谷浑、西突厥的军事威胁，妥善安置东突厥残部能明确表明唐朝的怀柔政策。并且，短时期内关内道北部地区军事压力的解除能使唐朝全力解决吐谷浑和西域地区的诸多问题。任用突厥部族的蕃将也无形之中加强了唐军的军事实力，这一点在对吐谷浑和高昌的战争中已经有所体现。总体来看，贞观年间形成的安置归附族群的政策在中唐以前被很好地继承下来，一直到玄宗开元年间，仍然有安置南迁游牧族群的记载出现。

这一政策的执行在高宗、武周时期达到高峰，同时，争议也并未停止。龙朔三年（663），吐谷浑被吐蕃所灭后，其部族一部分迁于凉州一带，当时是如何安置的并不清楚。到咸亨三年（672）之时，凉州一带的吐谷浑诺曷钵部被唐朝迁徙到灵州地域，置安乐州以羁縻之。到武周圣历三年（700）之时，朝臣对这一迁徙政策仍然是有异议的，宰相

① 《新唐书》卷215《突厥传》，中华书局1975年版，第6037~6041页。

张锡与右武卫大将军唐休璟“议徙其人于秦、陇、丰、灵间，令不得畔去”；凉州都督郭元振则认为：

“吐谷浑近秦、陇，则与监牧杂处；置丰、灵，又迩默啜；假在诸华，亦不遽移其性也。前日王孝杰自河源军徙耽尔乙句贵置灵州，既其叛，乃入牧坊掠群马，瘢夷州县，是则迁中土无益之成验。往素和贵叛去，于我无损，但失吐谷浑数十部，岂与句贵比邪？今降虏非强服，皆突矢刃，弃吐蕃而来，宜当循其情，为之制也。当甘、肃、瓜、沙降者，即其所置之，因所投而居，情易安，磔数州则势自分。顺其情，分其势，不扰于人，可谓善夺戎心者也。岁遣镇遏使者与宣超兄弟抚护之，无令相侵夺，生业固矣。有如叛去，无损中国。”诏可。[1]

由以上争论可以看出，唐朝的迁徙安置政策的执行效果并没有如贞观年间太宗想象的那样，南迁族群叛乱归去的情况时有发生，甚至发生吐谷浑部落叛乱归去之时，连带将监牧的马匹掠走、劫掠沿途州县的情况。这显然极大地影响到唐朝继续执行安置归附游牧族群政策的信心。因此，唐朝采纳郭元振的建议，将后续归附的吐谷浑部安置在临近其旧地的甘、肃、瓜、沙附近。

在武宗会昌年间，也出现了一例南迁安置政策的讨论，很值得进行对比研究。回鹘汗国分裂灭亡后，开成五年（840），“可汗兄弟嗢没斯等及其相赤心、仆固、特勒那颉啜，各帅其众抵天德塞下，就杂虏贸易谷食，且求内附……天德军使温德彝奏：‘回鹘溃兵侵逼西城，亘六十里，不见其后。边人以回鹘猥至，恐惧不安。’”[2] 到会昌元年（841）

① 《新唐书》卷221《吐谷浑传》，中华书局1975年版，第6227~6228页。

② 《资治通鉴》卷246《唐纪六十二·文宗开成五年纪》，中华书局1956年版，第7947页。

之时，朝臣之间对允许回鹘内附与否又展开一次争论。现将争议过程转引如下：

> 天德军使田牟、监军韦仲平欲击回鹘以求功，奏称："回鹘叛将嗢没斯等侵逼塞下，吐谷浑、沙陀、党项皆世与为仇，请自出兵驱逐。"上命朝臣议之，议者皆以为嗢没斯叛可汗而来，不可受，宜如牟等所请，击之便。上以问宰相，李德裕以为："穷鸟入怀，犹当活之。况回鹘屡建大功，今为邻国所破，部落离散，穷无所归，远依天子，无秋毫犯塞，奈何乘其困而击之！宜遣使者镇抚，运粮食以赐之，此汉宣帝所以服呼韩邪也。"陈夷行曰："此所谓借寇兵资盗粮也，不如击之。"德裕曰："彼吐谷浑等各有部落，见利则锐敏争进，不利则鸟惊鱼散，各走巢穴，安肯守死为国家用。今天德城兵才千余，若战不利，城陷必矣。不若以恩义抚而安之，必不为患。纵使侵暴边境，亦须征诸道大兵讨之，岂可独使天德击之乎！"……诏田牟约勒将士及杂虏，（杂虏即吐谷浑、沙陀、党项等部落。）毋得先犯回鹘。①

会昌年间的这次争论中，天德军诸将领提到让吐谷浑、沙陀、党项等族群自己出兵进行驱逐；李德裕则认为应当遣使并赠送粮草进行安抚，并且提到吐谷浑等部族"见利则锐敏争进，不利则鸟惊鱼散，各走巢穴"，坚决反对出兵。显然，李德裕的建议是生效的，随后武宗下诏天德军和周围部族不能先犯回鹘。

同时，会昌年间的这次争议透露出很多细节。其一，晚唐时期的唐朝对归附的游牧族群已经缺少了信任，防御、驱逐成为朝臣的重要观

---

① 《资治通鉴》卷246《唐纪六十二·武宗会昌元年纪》，中华书局1956年版，第7952～7954页。

点。从李德裕对吐谷浑的评价也可以看出，这些南迁部族的叛乱明显频繁于武周时期。其二，唐初安置于河南地的吐谷浑、沙陀和党项诸部虽然时有叛乱的情况出现，但他们在此时已经扎根于该区域且数量不少，在一定程度上是听命于唐朝的。由此可见安置归附游牧族群的政策还是有部分成效的。其三，唐朝在此时已经不复初唐之时的军事自信，不确定自身是否有能力收容、限制这些请求归附的回鹘部族。

结合唐代关于归附游牧族群安置政策的争议与执行情况，可以发现，唐初形成的这一政策在中唐以前被很好地贯彻下去，虽然有游牧族群归附之后又叛乱归去的情况出现，但其收效也是很大的。唐代数量众多的蕃将在西北战事中也起了极为重要的作用。经过安史之乱和后续的平叛战争，唐朝在晚唐时不复唐初的军事自信，在对待归附游牧族群的态度上也极其谨慎。但总体而言，唐代对归附游牧族群的安置政策不失为一种良策，该政策在一定程度上缓和了西北地区的战争局势。大量南迁的游牧族群也就此成为前文所说的“缓冲族群”的一部分，对西北地区农牧业的发展起了重要作用。

二、唐朝对河西陇右“失陷之地”的态度及后续经略

河西陇右地区在很长一段时间内是唐朝重点经营的区域。这里的驻军、屯田、牧马业的变迁可以说关系到唐朝的命运走向。安史之乱的爆发使唐朝失去了对河西陇右的统治，这一区域对唐朝而言是为“失陷之地”。关于河西陇右“失陷”对唐朝的影响，学界已经有很多论述。但对于河西陇右的失陷与收复，唐朝的态度如何学界研究甚少。笔者认为，既然河西陇右“失陷”对唐朝在西北地区的农牧活动影响严重，那么，唐朝对河西陇右地区“失陷之地”的态度，尤其是收复之后，又是怎样的呢？对区域农牧业有没有影响呢？

（一）“失陷”之际唐朝的态度

河西陇右地区一般指唐代的陇右道地区，但结合吐蕃占领的范围，这一概念还一度涉及关内道地区的会州、原州、盐州、夏州等地。关于河西陇右地区“失陷”的时间，《新唐书》《旧唐书》《元和郡县图志》等史籍中有所记载，但稍显混乱。《中国行政区划通史·唐代卷》① 中则有详细梳理，邢云则对该书中所记诸州“陷落”过程做了进一步的细化研究。② 基于以上情况，在此无需再做重复性研究，现将他们的结论汇总如下：

表 6-1　安史之乱后河西陇右、关内诸州“失陷”时间表

失陷时间	军、州名称	失陷时间	军、州名称
至德元年（756）	鄯城郡临蕃县	永泰二年（766）	甘州
至德二年（757）	西平郡（鄯州）	大历元年（766）	肃州
乾元元年（758）	河源军	大历二年（767）	武、叠、宕、成
上元元年（760）	廓州	大历十一年（776）	瓜州
上元二年（761）	鄯、岷、成、叠、宕、武	建中二年（781）	沙州
宝应元年（762）	河、兰、临、洮、秦、渭	建中四年（783）	盐州、夏州
宝应二年（763）	河、兰、秦完全失陷	贞元七年（791）	西州
广德二年（764）	凉州、延庆县		

平定安史之乱的战争基本延续到肃宗宝应末年，直至宪宗、穆宗朝，内战才逐渐平息，代宗统治时期又接连开始了镇压仆固怀恩叛乱、讨伐魏博节度使田承嗣、争夺汴宋诸州的战争，德宗统治时期因削藩而引发一系列的藩镇之战和兵变。从军事层面上看，在清水会盟以前，唐朝对陇右河西之地基本无暇顾及。但从表 6-1 中也能看出唐朝对陇右“失陷”的抗争，上元二年（762）到大历二年（767）间，秦州、兰

① 郭声波《中国行政区划通史·唐代卷》，复旦大学出版社 2012 年版。

② 邢云《安史之乱后陇右道诸州郡陷没土蕃过程考》，《历史地理》第 32 辑。

州、武州等地出现了反复几次“失陷”的过程。这就意味着在唐朝忙于东部地区的平叛之时，尚有部分军事力量在陇右地区与吐蕃相争。

从局部州、县的反复废置可以看出，“失陷”之初唐朝并未放弃对这一地区的控制。但随着时间的推移，唐朝在对待河西陇右和关内失陷诸州的态度上是有所区别的。河西陇右之地在贞元十年（794）后，尽数归于吐蕃，并鲜有朝廷层面再次争夺的记载。而对关内道地区的“失陷”州县，则屡有收复。如永泰元年（765），唐朝先后收复庆州的延庆、同川、马岭、方渠等县；贞元十九年（803）复置原州等，表明对待关内道地区的州县，唐朝基本上是复置州县，恢复正常的行政建制。而对河西陇右诸州，虽然有短暂收复，但更多的是遥领或就地设置羁縻府州。如大中年间，渭州的吐蕃首领尚延心率领河、渭两州蕃部归属，唐朝在其地设置羁縻州。这种截然不同态度的出现，与当时唐朝所面临的军事政治因素是有必然联系的。

德宗建中年间，唐朝实际上已经和吐蕃达成一种稳定的对峙关系。从大历末年起，吐蕃数次请和，到德宗建中四年（783），双方在清水会盟。事实上，在清水会盟之前，吐蕃就已经实际控制了陇右地区，唐朝与吐蕃双方在沿六盘山、陇山分布的泾州、陇州及庆州沿线反复征战。清水会盟时，从《旧唐书》所载会盟盟文可见唐朝是希望与吐蕃停战的。一直到后来吐蕃平凉劫盟之时，唐朝都是希望与吐蕃停战，对河西陇右“失陷”之地已经表现出舍弃的态度。这也是前文中贞元之后唐朝对“失陷”之地表现出不同态度的原因之一。

（二）晚唐社会对“失陷”之地的态度

到后世的宪宗、宣宗朝时，唐朝对河西陇右之地的态度与德宗朝截然不同。

唐宪宗“常览天下图，见河湟旧封，赫然思经略之”[①]。宣宗年间，

---

① 《新唐书》卷216《吐蕃传》，中华书局1975年版，第6107页。

“三州七关”收复时，唐宣宗感叹道：“宪宗尝念河湟，业未就而殂落。今当述祖宗之烈，其议上顺、宪二庙谥号，夸显后世。”[①] 如果说这是史料的溢美之词的话，那么唐末的文学作品中对“失陷”之地的态度无疑是这一时段内精英阶层思想的代表。较为著名的当属《明皇杂录》和《东城老父传》这两部文学作品。

首先，需要弄清这两部书的成书作者及其所处年代。《明皇杂录》作者郑处诲，荥阳人，大和八年（834）进士[②]，为宰相郑余庆之孙。其父郑瀚为德宗贞元十年进士。关于《明皇杂录》的成书时间有文宗大和九年、宣宗大中九年两种说法。《文献通考》称“其书大中九年序。处诲，大和八年进士也”[③]。杜牧有《东都送郑处诲校书归上都》一诗，可以看出在杜牧任职于东都洛阳之时，郑处诲时为校书郎。考杜牧之生平，可知杜牧约于大和九年因李甘之事而被贬东都。[④] 按《旧唐书》记载，《明皇杂录》成于郑处诲任校书郎之时。因此，郑处诲于大和九年左右成书、大中九年写序的可能性较大。

《东城老父传》作者一说为陈鸿，一说为陈鸿祖。《太平广记》中认为作者为陈鸿[⑤]，徐松在《登科记考》中通过考证认为，陈鸿为贞元二十一年乙酉进士[⑥]，基于此，陈寅恪先生认为《新唐书 · 艺文志》“贞元主客郎中”的记载为讹误，“贞元”实为“太和”，因此，作者之名为鸿祖“绝无疑义”。[⑦] 笔者更加认同陈寅恪先生的说法。因为按唐制，主客郎中一职的官品为从五品上[⑧]，品秩已经很高。贞元二十一年为贞元年间的最后一年，且陈鸿为贞元二十一年进士第十名，而“进

① 《新唐书》卷 216《吐蕃传》，中华书局 1975 年版，第 6107 页。
② 《旧唐书》卷 158《郑余庆传》，中华书局 1975 年版，第 4168 页。
③ 《文献通考》卷 195《经籍考 · 杂史》，中华书局 1986 年版，第 5661 页。
④ 何锡光《樊川文集校注（上）》，巴蜀书社 2007 年版，第 5、75 页。
⑤ 《太平广记》第 458《东城父老传 · 柳氏传》，中华书局 1961 年版，第 3992 页。
⑥ （清）徐松《登科记考》，中华书局 1984 年版，第 578 页。
⑦ 陈寅恪《金明馆丛稿初编》，上海古籍出版社 1980 年版，第 333 页。
⑧ 《旧唐书》卷 43《职官志》，中华书局 1975 年版，第 1832 页。

士、明法，甲第，从九品上”[1]，因此贞元年间刚刚进士及第的陈鸿是绝不可能为主客郎中的，所以上述观点依据本身就存在错误。由此可以大致确定该文作者应当是在元和五年左右见到贾昌的。从陈寅恪先生说，结合上文，推断该文作者“颍川陈鸿祖”所生活的年代介于贞元至大和年间应该是没有问题的。

其次，从两书的内容上看，《明皇杂录》载：“正月望夜，上与叶法善游西凉州，烛灯十数里，俄顷还，而楼下之歌舞未终”；“明皇用叶法善术，上元夜，自上阳宫往西凉州观灯，以铁如意质酒而还，遣使取之，不诬”。[2] 郑处诲及其所处时代的士人对唐玄宗的追述已近神话，对玄宗时西凉州归属于唐王朝、天子可以随时“夜游”充满着怀念。同样，《东城老父传》中所记老父之言，也大多是对昔日“开元全盛”时的回忆。两书中对开元之际尚属于唐朝的河西、陇右之地的富庶繁荣程度极尽褒奖。

结合两书作者所处的时代可以发现，晚唐衰颓之际，从皇帝到士人都对鼎盛之时属于唐疆域一部分的河西陇右之地充满怀念之情。这种收复旧疆的愿望最终在晚唐的大中年间得以实现，但唐朝对“光复”后的河西陇右之地似乎并没有表现出太浓厚的发展热情。

（三）河西陇右的收复及唐朝的处置

早在武宗会昌四年（844）间，唐朝就“以回鹘衰微，吐蕃内乱，议复河、湟四镇十八州”。可见，在唐朝内部仍然有一部分人主张收复“失陷”之地。但当时的唐朝同时面临来自吐蕃和回鹘的军事压力，对收复河西陇右之地显然是没有太大把握的。因为唐朝在议论之后，“使之（刘濛）先备器械糗粮及诇吐蕃守兵众寡，又令天德、振武、河东训卒砺兵，以俟今秋黠戛斯击回鹘，邀其溃败之众南来者，皆委蒙与节

---

① 《新唐书》卷45《选举下》，中华书局1975年版，第1173页。

② （唐）郑处诲撰、田廷柱点校《明皇杂录》，中华书局1994年版，第55、59页。

度团练使详议以闻”[①]。也就是说，唐朝当时对陇右吐蕃的兵力多寡并不知情，反而是将重点和胜算押在北部对回鹘的战争上。可见一直到武宗末年，唐朝对河西陇右“失陷”之地的收复是有心无力的。

但惊喜来得很快。宣宗大中二年（848），张议潮在沙州起义成功，随后他派遣唐悟真使团入奏河西捷报。关于唐悟真使团入奏之事，正史并没有记载，从敦煌文献中可以看出其时间和行程。P. 2748（8）《大中四年七月二十日天德军李丕奏状抄》载：

> 大中四年七月二十日天德（后缺）
> 已下七人至，忽奉（中缺）赐臣金帛
> 绵练（中缺）象，蒙恩，荣赐菏泽，丞（中缺）
> 诚欢诚惧，顿首（中缺）当回，发使，细
> 人挟（中缺）接（劫）掠，所以淹留（中缺）等
> 七人于灵州，（中缺）赖吐浑不知委（中缺）不
> 敢说实情，住（中缺）知不达（中缺）六人奉河
> 西地图（中缺）上，今瑾遣定远（下缺）[②]

结合 P. 2762《张氏修功德记》所记“大中二年，押衙高进达，驰表函入长安城，授官”[③] 一事，可以推测唐悟真和高进达极有可能是同一入奏使团。他们在大中二年（848）启程，选择绕道关内道北部地区的天德军，并且其行程耗费将近两年之久。然后他们又被困在灵州，可见当时的关内道北部地区并不太平。根据“咸通二年，义潮奉凉州来归”[④] 的记载可以推知，大中年间的凉州尚未收复。而此时的张议潮也

---

① 《资治通鉴》卷 247《唐纪六十三・武宗会昌四年纪》，中华书局 1956 年版，第 8000 页。
② 王使臻等《敦煌所出唐宋书牍整理与研究》，西南交通大学出版社 2016 年版，第 136 页。
③ 王使臻等《敦煌所出唐宋书牍整理与研究》，西南交通大学出版社 2016 年版，第 74 页。
④ 《新唐书》卷 216《吐蕃传》，中华书局 1975 年版，第 6108 页。

并不清楚唐朝对其收复河西是何态度，毕竟藩镇割据的战争距离此时并不太久远。

几乎与张议潮起兵同时，大中三年（849），“康季荣奏收复原州、石门、驿藏、木峡、制胜、六盘、石峡等六关讫。邠宁张君绪奏，今月十三日收复萧关”①，即所谓的“三州七关”。到大中五年（851）时，“置归义军节度使，领沙、甘、瓜、肃、鄯、伊、西、河、兰、岷、廓十一州，治沙州”②，唐朝基本重新控制了陇右道的东部地区。

在自身无力直接派兵收复河西陇右时，地方武装势力和归附游牧族群的共同行动，先前丢失的土地失而复得，对唐朝而言，惊喜之中也透露出不少忧虑，具体表现在对收复土地的处置方面。

首先来看当时边将对待所收复失地的态度。大中年间，尚延心率领吐蕃诸部来降之时，泾原节度使李承勋的做法是一例代表。史载：

> 吐蕃酋长尚延心以河、渭二州部落来降，拜武卫将军；承勋利其羊马之富，诱之入凤林关，居秦州之西。承勋与诸将谋执延心，诬云谋叛，尽掠其财，徙其众于荒远；延心知之，因承勋军宴，坐中谓承勋曰：“河、渭二州，土旷人稀，因以饥疫。唐人多内徙三川，（三川，平凉川、蔚茹川、落门川也。）吐蕃皆远遁于叠宕之西，二千里间，寂无人烟。延心欲入见天子，请尽帅部众分徙内地，为唐百姓，使西边永无扬尘之警，其功亦不愧于张义潮矣。”承勋欲自有其功，犹豫未许，延心复曰：“延心既入朝，部落内徙，但惜秦州无所复恃耳。”承勋与诸将相顾默然。明日，诸将言于承勋曰：“明公首开营田，置使府，拥万兵，仰给度支，将士无战守之劳，有耕市之利。若从延心之谋，则西陲无事，朝廷必罢使

① 《旧唐书》卷18《宣宗本纪》，中华书局1975年版，第622页。
② 《新唐书》卷67《方镇表》，中华书局1975年版，第1884页。

府，省戍兵，还以秦州隶凤翔，吾属无所复望矣。”承勋以为然，即奏延心为河、渭都游弈使，使统其众居之。①

李承勋为了自身的仕途考虑，将归附的吐蕃诸部安置在河州、渭州之间羁縻之。按照尚延心的描述，当时河、渭两州范围内的“唐人”多迁到泾、原一带，“吐蕃”则远迁至叠、宕两州以西，这一区域内人烟稀少。李承勋将吐蕃归附部族安置在河、渭空旷地带，在一定程度上促进了该区域的畜牧业发展。而李承勋驻扎在秦州的军队也得以有了继续驻扎的理由，其开营田、行“耕市之利”也得以继续下去。由此来看，以李承勋为代表的边将的做法固然有其私心，但在无意之间也使得这些“收复之地”上有了继续进行农牧业生产的可能。

相比较而言，唐朝对收复失地的经营则并没有太高的兴致。首先，对收复的“三州七关”之地，唐朝下诏：“三州七关地腴衍者，听民垦艺，贷五岁赋；温池委度支榷其盐，以赡边；四道兵能营田者为给牛种，戍者倍其资饷，再岁一代；商贾往来于边者，关镇毋何留；兵欲垦田，与民同。”②

可以看出，唐朝对“三州七关”之地采取的是“听民垦艺”政策。与唐初发民、迁徙犯人垦种的政策相比，这是一种既不鼓励也不反对的政策。对于已经收复的靠近关辅地区的“三州七关”来说尚持有这种态度，更为偏远的尚未收复的地区就更不用多想了。唐朝对待除了“三州七关”的其他州县态度极为消极。如下诏关于山南西道各陷于吐蕃的州县“量力收复”，“取不在广，贵保其金汤”。从整体层面来看宣宗之际的政局，似乎加快收复、开发河西陇右地区才是更好的选择，何以唐朝廷持有这种消极态度呢？

---

① 《资治通鉴》卷249《唐纪六十五・宣宗大中十一年纪》，中华书局1956年版，第8064～8065页。

② 《新唐书》卷216《吐蕃传》，中华书局1975年版，第6107页。

究其原因，这种情况的出现与此时的军事形势有莫大的关联。吐蕃式微，在西北方向唐廷没有了巨大的军事压力。相较于吐蕃，归义军反而是一种潜在的军事威胁，因为藩镇割据的教训仍然历历在目。虽然张氏入质长安且表示归顺唐朝，但唐朝根本无法对其实行实际掌控。有学者认为，大中年间的归义军并没有实际控制凉、河、渭等州①，大中年间唐朝在失地的收复和开发上态度消极，其主要目的是想借助张氏归义军之手从吐蕃手中收复河西陇右剩下的州县，并以此来削弱归义军的军事力量。可以说，唐朝对河西陇右失地的收复并没有抱有太多的期望，对归义军所收复的地区仅仅是有政治控制的兴趣。

从河西陇右之地“失陷”到收复过程中唐朝的态度来看，这一地区的农牧业生产并不是其关注的重点。在“失陷”之初，唐朝谋求与吐蕃沿清水会盟时所划定的界限为界，如此一来，原先军事屯垦的重要区域尽归吐蕃。在失陷之地收复之时，唐朝又考虑到其他因素，对陇右地区持有“听民垦艺”的模糊态度，没有了政策的鼓励和官营的主导，这就导致这一区域内的农牧业生产很难恢复到唐代前中期时的规模。

本章小结

本章先从农牧发展过程中的自然环境进行分析，对西北地区唐代农牧发展过程中的水资源、地形地貌等因素进行综合分析，选取农牧兼营的敦煌地区、农业为主的北洛河流域为具体案例进行论证，可以发现沙漠、山地等既不适宜农耕也不适宜畜牧的地形单元在本质上已经限定了农牧分布的区域。在适合进行农牧生产的区域，水资源和地形地貌往往是综合作用，对农牧业布局产生影响。对非季风区而言，水资源的丰富程度和质量对农牧布局的影响较大；对季风区而言，地形地貌的影响作

① 李军《晚唐政府对河陇地区的收复与经营》，《中国史研究》2012 年第 3 期。

用反而要大于其他的自然因素。气候温湿状况变化引起旱涝灾害的同时，作物组合往往也会因之而做出调整。

在社会层面，对唐代西北地区农牧业发展过程中的族群与政策因素进行了探讨，重点分析农牧业发展过程中难以量化的劳动力和政策问题。根据学界的研究，西北地区在唐代存在一个范围较广的农牧过渡地带，并且其变化摆动幅度较大，传统的历史地理研究仅能在时空层面对其变动特征进行总结归纳。笔者引入民族学、人类学中的“族群”概念，从劳动群体的层面出发，对这一地区的族群变动情况进行分析。这一分析过程需要用到前文中已有的研究内容和研究结论，以此为基础，引出“缓冲族群”的概念及其动态变化过程。综合前文研究，可以发现，唐代西北地区的“缓冲族群”具有很强的社会适应性，农牧业生产兼有的特点使他们在面对复杂多变的边境形势时，能游刃有余地选择农牧生产方式。他们的存在也使农耕文明和游牧文明的界限更加模糊。

在“缓冲族群”的变动过程中，唐朝的人口政策和对西北地区的经营策略对其影响巨大，而这一系列的因素又极大地影响到西北地区的农牧业发展。首先，人口政策。唐朝的人口招徕政策在唐初是西北地区农业得以恢复的主要原因之一，许多人口先是逃亡于游牧部落后归附唐朝，他们与来归附的游牧族群一样，往往被安置在关内道北部和陇右地区，是唐代西北地区“缓冲族群”的组成部分。其次，唐朝对西北地区的经营策略。中唐以前，唐朝对西北地区积极的经营策略极大地促进了该区域内农牧业的发展。中晚唐之际，河西陇右地区经历了一个“失陷”和收复的过程。分析唐朝对河西陇右地区“失陷”和收复后的经营态度，可以发现“失陷”之后唐朝虽有收复之心却无收复之力，收复之后唐朝却又缺乏经营的动力。这就导致农耕业和官营畜牧业再也没有像唐代前中期那样有积极的政策支持，其发展规模自然也是不复从前的。

本章所述的自然环境、族群和政策等因素并非影响西北地区唐代农牧业发展过程中的全部因素，却是极为关键的节点因素。关键的自然环境极大地影响到农牧业布局；“缓冲族群”是农牧业发展过程中的直接从业者，他们的从业选择直接关系到农牧业的生产状况；政策则是农牧业发展过程中的引导和保障因素，与农牧业有关的政策在制定和执行的过程中决定了农牧业的发展走向。可以说，本章所述的两点人文因素是西北地区唐代农牧业生产过程中极为重要的社会驱动力。这些自然环境和关键的人文因素最终因为农牧业活动而交汇在农业社会发展过程中。

结　论

20世纪90年代起，历史农业地理学领域出现了一大批优秀的研究成果。学界前辈们开创了一种独特的历史农业地理研究范式，即分区域、分时段对历史农业地理的研究内容进行探索。这些研究成果的时间范围多数集中在宋、元、明、清之时，隋、唐时段所占比例相对较少；空间范围也遍及东北、华北、华南及西南地区，对西北地区区域农业的关注相对较少。近年来，更小区域尺度范围的历史农业地理研究中，有关唐代西北地区的研究成果开始出现，但研究重心主要集中在敦煌、吐鲁番一带。而在少有的全国区域视野下的历史农业地理研究成果中，有关唐代时段、西北地区的研究所占的比例也相对较小，与西北地区在全国的面积比重是不对应的。

史念海先生在论述唐代西北地区之时，以“右臂”来形容长安以西半农半牧地区在唐代的地位，他所说的“长安以西”是指以陇右道地区为核心的区域。[①] 唐代关内道北部地区、河东道的云朔地区、陇右道地区是互相联系的国家防卫区域，在军事层面上共同拱卫关中地区的安全。在农业生产层面，西北地区内部诸区域之间也存在极其复杂的联系。无论是人口流动、粮食供应、土地垦殖与废弃，还是畜牧业的兴盛

---

① 史念海《河山集》第七集，陕西师范大学出版社1999年版，第99页。

与衰退，大多数都发生在西北地区区域范围内，与其他区域的农业关联度相对不高。因此，在一定程度上可以认为，唐代的西北地区在地域范围上是一个特征相近的农牧业整体。

本书以学界前辈们所创立的历史农业地理研究范式为基础，对西北地区唐代的农牧业地理进行研究，并且在研究过程中根据研究内容和研究需要，对该研究范式适当取舍增益。

首先，整理讨论了唐代西北地区的农业地理环境。在研究过程中，笔者始终认同自然地理环境对区域农业生产是有所影响的，但并不持有地理环境决定论的观点。根据研究需要，本书选取地理环境中与古代农业生产息息相关的气候冷暖、干湿状况等要素进行分析。通过梳理目前为止学界关于唐代气候冷暖、干湿分期的讨论，可以发现，目前所见的唐代气候冷暖、干湿情况的研究多数是全国区域的视角，而西北地区内部的气候和全国相比，肯定是有所区别的。基于这种情况，笔者综合了自然地理学、地质学领域的研究成果，以气象学中“强对流天气”的表现和成因为依据对西北地区唐代的强对流天气进行整理分析，将两组研究结果进行对比分析验证，可以得出如下结论：西北地区唐代的干湿状况呈现出明显的分段特征。自唐初到712年间存在一个近百年尺度的干旱期，其间夹杂数次的连续降水事件，仅有一次在同一年中存在既连续干旱又连续降水的情况；713年至761年的近50年间，连续性降水的记载频现，尤其是728年至741年、751年至757年间降水最为集中；761年至809年间是一个以连续干旱为主要特征、同一年中旱涝并发的阶段；811年至834年间连续性降水接连出现，其间有一次持续近十年的多雨期；837年至875年间是另外一个干旱期；878年至907年间则以连续降水为主。这就意味着西北地区在唐代存在“干旱—湿润—干湿交替—湿润—干旱”的干湿分布特征，干旱时段总体长于湿润时段。同时，西北地区内部存在温湿组合的区域差异，在河西走廊以东地区，高温期和湿润期大致重合。这为后文进行相关研究提供了依据。

其次，本书对唐代西北地区的人口问题进行了考辨研究。人口在历史农业地理研究中，包含劳动力的多寡、农业生产的发达程度等方面的信息，是不能绕开的研究内容。由于人口数据是本书进行其他研究的重要基础之一，因此本书从土地承载力的视角出发，对唐代生活在西北地区范围内的人口进行尽可能全面而细致的估算。这些人口包括长时期驻军数量、版籍所载户口数量、隐匿人口数量、游牧民族的人口数量等方面。

为了方便比较和统计，文中依据史料和研究需要选取了不同的时间节点，对各类人口规模进行了估算。结果显示：唐代西北地区的著籍人口从贞观到开元、再到天宝年间整体上是不断增加的。在开元、天宝之际大部分州府的户数都达到唐代的顶峰。天宝年间，陇右道地区各州府的户数开始出现减少的趋势，直到陇右道相继失陷，该地区的户数应该是持续减少的，不复开元年间的口数。而关内道的西部边州在天宝之际反而出现户数增加的趋势，与这一时期的人口迁移有很大关系。唐代前期，唐军在西北地区的最大规模常驻军数量有近 26 万之多，并且到元和之时，很多军镇还维持着与唐初之时相近的驻军规模。包括逃户等著籍以外的人口数量在开天之际最少有 44 万之多。游牧民族的人口规模方面，在太宗至武周时期，剔除可能重复计算的人口，活动在整个西北地区的游牧族群的人口总量有近 250 万人，其规模几乎达到本区域内编户人口规模的一半。

本书以人口问题的研究结果为基础，对西北地区唐代的农耕业生产情况进行了估算。由于军事屯垦是西北地区边地农耕业发展的主要形式，文中选取军事屯垦为研究内容，对其规模和成效进行了分析。结果显示，军事屯垦在西北地区内部有明显的时空差异性，这与驻军数量变化和军事形式变化是有直接关联的。在军事屯垦的成效方面，关内道北部地区的丰安、定远及三受降城的军事屯垦在满足自身粮食消耗之外还有很大盈余，成为西北地区区域内部军粮供应的保障之地。河湟陇右地区、河西走廊地区和西域地区的诸军镇仍然存在军粮不能完全自给的问题。整体来看，西北地区的年军粮缺口有近150万石之多。

如此巨大的军粮缺口自然是通过转运和就地和籴来解决的。笔者依据人口数据对西北地区民间垦殖的规模进行了估算，为了使数据尽可能准确且便于比较分析，和军事屯垦一样，选取开天之际作为时间剖面，建立了一个估算模型。结果显示，西北地区内部各区域的民间垦殖虽然足够弥补军粮需求的缺口，但将近四分之一的民间粮食产量需要被和籴，这还不算正常的赋税。在如此繁重的农业生产压力下，西北地区的人口规模仍然不小，这就促使笔者去思考，西北地区的百姓是不是还有另外的谋生物资来源——畜牧业。

此外，本书还以人口为基础，对唐代西北地区土地垦殖的区域差异及时空特征进行了详细论述。结合各个分区内部的地形地貌与水资源状况，对区域内部分区的屯垦进程进行阶段性分析。可以发现，关中—陇右地区是军事屯垦的“发源地”并逐渐向外围扩散。在唐代中后期，随着唐朝军事战线的内缩，这一地区又成为唐朝应对国家安全危机的不能退却之地。凉州、灵州、丰州等沿黄河附近分布的几个州是整个唐代军事屯垦的重心所在，无论军事屯垦的前锋推向何处，这些地区的军事屯垦一直都保持着较大规模，甚至是区域之间互相转运粮草的重镇。鄯州、龟兹则一度是军事屯垦的前锋地带，在唐代前期这里是唐与吐蕃、突厥诸部对峙的前线，双方在这里反复争夺，军事屯垦也在这里反复兴盛。

相较于军事屯垦，民间垦殖的整体时空特征囿于史料记载匮乏，本书选取人口数据记载相对连续的关内道地区为例，对关内道内部州县的垦殖分布进行分析，可以发现关中平原地区始终是民间垦殖的重心所在。但随着时间推移，泾洛河流域诸州的垦殖规模增长最快。西北部诸州的垦殖规模多在开元年间便已经接近最大规模，或增长缓慢或出现负增长的现象。综合关内道地区的自然环境，笔者认为水资源和地形地貌条件对区域内部的民间垦殖有很大影响。东南部地区地势相对低平，渭水流域的水资源较为丰富，光热水资源组合较好，所以从贞观年间到天宝年间其民间垦殖规模翻倍增长。西北部诸州由于受水资源和热量的限制，在整个研究时段内增长缓慢。

再次，本书将西北地区唐代的农作物结构和畜牧业放在一起进行探讨，这是对传统历史农业地理研究范式的适当调整。原因在于，西北地区在唐代时绝大部分区域都处于农牧过渡地带，农耕业和畜牧业在这里以兼有的方式存在，我们需要搞清楚二者有何联系。笔者在对西北地区唐代的主要农作物进行梳理的过程中，发现麦类作物在经过汉代的大力推广之后，仍然没有取代粟类作物的主要粮食作物地位，同时，主要粮食作物结构在中晚唐之际出现了变动。通过对西北地区畜牧业的梳理，可以发现畜牧业已经融入西北地区军事、社会等各个方面。对唐朝而言，马源问题是唐初之时国防政策的基石之一①；对百姓而言，畜牧业是生活物资来源之一，关系到饮食、出行等方面。

在农牧过渡地带，农业结构的发展变化与畜牧业的发展是息息相关的。对于放养型畜牧业而言，粟、豆类作物是当时喂养牲畜的主要农产品。与此同时，唐朝还施行税草制度，对放养畜牧业影响最大的是其中征收“刍藁”的形式。“刍藁”可分为秸秆和青贮的“茭”类，总体而言都是农作物的秸秆。税草制度在时间上影响到了当时的粮食作物选择。粟类作物既能满足纳粟为赋的要求，又能满足秋季纳草的税草要求，在很大程度上是粟类成为唐代西北地区主要粮食作物的影响因素。而麦类作物之所以在很长一段时间内没能取代粟类的地位，与粟、税草、牧马业之间牢固的互动关系有莫大的关联。唐代后期，放养型畜牧业衰落，与之相匹配的税草和粟类种植也随之衰落。由此可见，西北地区农牧过渡地带上农耕业和畜牧业之间形成了一种互相依存的关系。它

① 马俊民、王世平《唐代马政》，西北大学出版社1995年版，第5页。

们彼此依存，其中畜牧业扮演的角色更为重要。

最后，本书对西北地区唐代的农牧业发展过程中的自然和人文因素进行总体审视。在环境背景和关键的地理因素上，可以发现不同区域内，起主要影响作用的自然因素是不同的。这些不同的主要自然因素在一定程度上决定了该地区的农牧格局。同时，大的环境背景变化也会影响到农业生产。如温湿组合的异常波动会间接引起作物结构的适应性调整。在农牧业生产的劳动力主体层面，西北地区变动频繁的“缓冲族群”的存在是地区农牧业并行不悖的重要社会因素。他们在面对复杂多变的边境形势时，能游刃有余地选择农牧生产方式。而这些族群的存在和变化与唐朝的人口政策和对西北地区的态度是有极大关系的。换言之，唐朝对待西北地区的政策和态度能在一定程度上影响“缓冲族群”的构成，进而影响到区域内部农牧业的发展。

整体来看，西北地区唐代的农牧业在其发展变化过程中，是以军事行动为主要牵引力的，从军事行动与农耕业的关系可以发现这一特征。西北地区的农耕业在发展过程中以军事屯垦为前锋。有唐一代，西北地区并非一直处于唐朝的控制之下。站在唐朝的视角来看，西北地区在时间轴上经历了一个收复隋末失地—与游牧部落反复争夺并推进—稳固控制—逐步失陷—局部收回并名义遥领的过程，在这一过程中，军事屯垦贯穿全程。从贞观年间起，唐朝在西北地区的战线越推越远，自备粮草、长途运输粮草显然不能满足控制之后的军事驻扎需求。于是在军队实际控制的区域就地屯垦成为最佳选择。唐初之时，关中—陇右地区是军事屯垦的“发源地”和军粮供应的保障地，军事屯垦最先在这一地区进行，为唐军稳固关内道北部地区并进军河湟地区提供粮草保障。但军事前线往前推进之时，关中—陇右地区的军事屯垦规模随着驻军重心的前移而稍微缩小。到高宗、武周之际，唐朝的军事行动逐步前移到河西、西域地区，军事屯垦也随之前移。军事屯垦的成效表明，河湟、河西地区的农耕业规模也随军事行动前移而扩大。这一阶段河湟地区、凉州一线因为有大规模的驻军，社会环境比以前更为稳定，民间垦殖得以迅速发展。沿黄河分布的凉州、灵州、丰州等地也因此成为军事行动的后方，军事屯垦成为这一阶段农耕业迅速发展的主要因素。武周后期，军事屯垦的前沿在真正意义上推进至西域地区，以安西四镇为中心的军镇及其周围的屯垦成为唐代军事屯垦的最前沿。至此，西北地区大部都有了较为稳定的社会环境，民间垦殖的规模也与军事屯垦一道达到整个唐代的最高峰。先前被游牧部落控制的地区出现了数个屯垦较为集中的区域。到安史之乱以后，河西陇右地区渐次“失陷”，灵州、丰州—胜州一线和唐初一样再次成为唐朝军事屯垦的前锋，但其成效已经微乎其微。其后，虽然河陇之地又在晚唐之际被渐次收回，但此时唐朝已经无心经营军事屯垦。这一阶段，西北地区的农耕业也随之衰退。虽然河西陇右地区的农耕业仍然在继续进行，但其成效也很难和军事屯垦兴盛之时相提并论。

并且，笔者认为军事行动与西北地区的民间垦殖也密切相关。在军事屯垦兴盛之际，唐朝在西北地区的军事行动也同时处于优势状态，军事行动所需粮草的一半以上均能达到自给的程度。对民间垦殖而言，这种情况的出现就意味着相对较少的和籴和更为稳定的社会环境。在唐代中后期，西北地区的“失陷”使军事屯垦也随之衰退，社会环境的不稳定导致民间垦殖也相继衰退，陇右道东部和关内道西部地区人口大规模东撤是为例证。

西北地区唐代的农耕业和畜牧业在发展过程中并非此进彼退的关系。动乱时期，畜牧业和农耕业一样也会遭到破坏，对唐朝而言，互相依存的农牧业在中唐兴盛之时和唐末衰退之时始终是相伴的。虽然西北地区在中晚唐之际经历了一个失陷到收复的过程，但是和魏晋时期一样，政权层面上的得与失并不能彻底改变这一地区的农牧业格局。因为对西北地区这片土地而言，农耕文明退却之后，自然环境、农业基础设施和“缓冲族群”依旧存在，农牧兼营格局是依然存在的。

当然，本书所进行的研究，是对中国历史农业地理研究内容的充实，还远远没有达到“总结归纳历史农业地理演变规律”的层面。在本书的研究过程中，笔者一直重视西北地区农牧业发展过程中的人文因素研究，试图从区域社会因素中的劳动力主体和政策层面来理解西北地区唐代的农牧业发展过程。但囿于笔者能力有限，这些问题仍然有进一步探索的空间。

参考文献

一、古　籍

1.（汉）崔寔著，石声汉校《四民月令校注》，中华书局 1965 年版。

2.（汉）氾胜之著，万国鼎辑释《氾胜之书》，中华书局 1957 年版。

3.（汉）许慎《说文解字》，浙江古籍出版社 2016 年版。

4.（汉）司马迁《史记》，中华书局 1959 年版。

5.（汉）班固《汉书》，中华书局 1962 年版。

6.（南朝宋）范晔《后汉书》，中华书局 1965 年版。

7.（梁）沈约《宋书》，中华书局 1974 年版。

8.（北魏）郦道元著，王国维校《水经注校》，上海人民出版社 1984 年版。

9.（后魏）贾思勰著，缪启愉校释《齐民要术校释》，中国农业出版社 1998 年版。

10.（北齐）魏收《魏书》，中华书局 1974 年版。

11.（唐）魏征《隋书》，中华书局 1973 年版。

12.（唐）李吉甫《元和郡县图志》，中华书局 1983 年版。

13.（唐）房玄龄《晋书》，中华书局 1974 年版。

14.（唐）陈鸿《东城老父传》，《唐宋传奇》，华夏出版社 2015 年版。

15.（唐）杜佑《通典》，中华书局 1988 年版。

16.（唐）夏侯阳《夏侯阳算经》，中华书局 1985 年版。

17.（唐）韩鄂著，缪启愉校《四时纂要校释》，农业出版社 1981 年版。

18.（唐）温大雅《大唐创业起居注》，上海古籍出版社 1983 年版。

19.（唐）李德裕《会昌一品集》，上海古籍出版社 1994 年版。

20.（唐）长孙无忌著，刘俊文校释《唐律疏议笺解》，中华书局 1996 年版。

21.（唐）孟诜《食疗本草》，中州古籍出版社 2013 年版。

22.（唐）陆贽《陆宣公文集》，浙江古籍出版社 1988 年版。

23.（唐）元稹《元稹集》，中华书局 2010 年版。

24.（唐）郑处诲撰，田廷柱点校《明皇杂录》，中华书局 1994 年版。

25.（唐）杜牧著，何锡光校注《樊川文集校注》，巴蜀书社 2007 年版。

26.（后晋）刘昫《旧唐书》，中华书局 1975 年版。

27.（宋）王溥《唐会要》，中华书局 1955 年版。

28.（宋）宋敏求《唐大诏令集》，商务印书馆 1959 年版。

29.（宋）曾公亮《武经总要前集》，中华书局 1959 年版。

30.（宋）王钦若《册府元龟》，中华书局 1960 年影印版。

31.（宋）欧阳修《新唐书》，中华书局 1975 年版。

32.（宋）欧阳修《新五代史》，中华书局 1974 年版。

33.（宋）王谠《唐语林》，上海古籍出版社 1978 年版。

34.（宋）李昉《文苑英华》，中华书局 1966 年版。

35. （宋）薛居正《旧五代史》，中华书局1976年版。

36. （宋）司马光《资治通鉴》，中华书局1956年版。

37. （宋）李焘《续资治通鉴长编》，中华书局2004年版。

38. （宋）李昉《太平广记》，中华书局1961年版。

39. （宋）马端临《文献通考》，中华书局2011年版。

40. （清）徐松《登科记考》，中华书局1984年版。

41. （清）王鸣盛《十七史商榷》，上海古籍出版社2013年版。

42. （清）彭定求《全唐诗》，中华书局1960年版。

43. （清）董诰《全唐文》，中华书局1983年版。

44. （清）佚名《杜诗言志》，扬州广陵古籍刻印社影印本。

45. 周绍良《全唐文新编》，吉林文史出版社2000年版。

46. 中国社会科学院考古研究所《居延汉简·甲乙编下》，中华书局1980年版。

47. 黎翔凤《管子校注》，中华书局2004年版。

二、专　著

1. Sultan Hameed，龚高法《中国历史时期温度的变化》，气象出版社1993年版。

2. 方诗铭、方小芬《中国史历日和中西历日对照表》，上海辞书出版社1987年版。

3. 岑仲勉《旧唐书地理志“旧领县”之表解》，《国立中央研究院历史语言研究所集刊》（第二十本），商务印书馆1948年版。

4. 〔日〕前田正名著，陈俊谋译《河西历史地理学研究》，中国藏学出版社1993年版。

5. 梁方仲《中国历代户口、田地、田赋统计》，中华书局2008年版。

6. 翁俊雄《唐初政区与人口》，北京师范学院出版社1990年版。

7. 翁俊雄《唐朝鼎盛时期政区与人口》，首都师范大学出版社1995年版。

8. 翁俊雄《唐后期政区与人口》，首都师范大学出版社1999年版。

9. 费省《唐代人口地理》，西北大学出版社1996年版。

10. 薛平拴《陕西历史人口地理研究》，人民出版社2001年版。

11. 严耕望《中国历史地理·唐代篇》，（台北）中国文化大学出版部1983年版。

12. 章国材编著《强对流天气分析与预报》，气象出版社2011年版。

13. 王腊春等《水资源学》，东南大学出版社2014年版。

14. 严耕望《唐代交通图考》，（台北）"中研院史语所"1985年版。

15. 史念海《黄河流域诸河流的演变与治理》，陕西人民出版社1999年版。

16. 张泽咸《汉晋唐时期农业》，中国社会科学出版社2003年版。

17. 马长寿《氐与羌》，上海人民出版社1984年版。

18. 谢桂华等《居延汉简释文合校》，文物出版社1987年版。

19. 唐耕耦、陆宏基编《敦煌社会经济文献真迹释录》第1辑，书目文献出版社1986年版。

20. 韩茂莉《中国历史农业地理》，北京大学出版社2012年版。

21. 冻国栋《中国人口史》第2卷《隋唐五代时期》，复旦大学出版社2002年版。

22. 唐长孺《魏晋南北朝隋唐史三论》，武汉大学出版社2013年版。

23. 〔法〕谢和耐著，耿昇译《中国5—10世纪的寺院经济》，上海古籍出版社2004年版。

24. 周伟洲《唐代党项》，三秦出版社1988年版。

25. 李宝通《唐代屯田研究》，甘肃人民出版社 2001 年版。

26. 胡戟等主编《二十世纪唐研究》，中国社会科学出版社 2002 年版。

27. 张泽咸《中国屯垦史·中》，农业出版社 1990 年版。

28. 吴慧《中国历代粮食亩产研究》，农业出版社 1985 年版。

29. 王立翔、廖允成《中国粮食问题：中国粮食生产能力提升及战略储备》，宁夏人民出版社 2012 年版。

30. 史念海《河山集》第五集，山西人民出版社 1991 年版。

31. 黄文弼《吐鲁番考古记》，中国科学院 1954 年版。

32. 张广达《西域史地丛稿》，上海古籍出版社 1995 年版。

33. 周绍良《唐代墓志汇编》，上海古籍出版社 1992 年版。

34. 〔日〕小田义久《大谷文书集成·第二卷》，龙谷大学佛教文化研究所编 1990 年版。

35. 戴良佐《西域碑铭录》，新疆人民出版社 2013 年版。

36. 马俊民、王世平《唐代马政》，西北大学出版社 1995 年版。

37. 〔日〕池田温《中国古代籍账集录》，北海道大学文学部纪要 1971 年版。

38. 杨际平《北朝隋唐均田制新探》，岳麓书社 2003 年版。

39. 冻国栋《唐代人口问题研究》，武汉大学出版社 1993 年版。

40. 张正斌《小麦遗传学》，中国农业出版社 2001 年版。

41. 曾雄生《中国农业通史·宋辽夏金元卷》，中国农业出版社 2014 年版。

42. 甘肃省文物考古研究所《居延新简释粹》，兰州大学出版社 1988 年版。

43. 李令福《关中水利开发与环境》，人民出版社 2004 年版。

44. 游修龄《中国稻作史》，中国农业出版社 1995 年版。

45. 〔日〕小田义久《大谷文书集成·第一卷》，龙谷大学佛教文化研究所编 1990 年版。

46. 唐耕耦、陆宏基《敦煌社会经济文献真迹释录》第 2、3 辑，全国图书馆文献缩微复制中心 1990 年版。

47. 卢向前《唐代政治经济史综论》，商务印书馆 2012 年版。

48. 《吐鲁番出土文书》第 10 册，文物出版社 1991 年版。

49. 陈国灿《斯坦因所获吐鲁番文书研究》，武汉大学出版社 1995 年版。

50. 乜小红《唐五代畜牧经济研究》，中华书局 2006 年版。

51. 郑炳林《敦煌地理文书汇辑校注》，甘肃教育出版社 1989 年版。

52. 《农业生产基本知识 · 养马》，农业出版社 1973 年版。

53. 史金波等《大辞海 · 民族卷》，上海辞书出版社 2012 年版。

54. 王尧、陈践《吐蕃简牍综录》，文物出版社 1986 年版。

55. 上海古籍出版社、法国国家图书馆编《法藏敦煌西域文献》，上海古籍出版社 2001 年版。

56. 李宗俊《唐前期西北军事地理问题研究》，中国社会科学出版社 2015 年版。

57. 王尧《西藏文史探微集》，中国藏学出版社 2004 年版。

58. 郭声波《中国行政区划通史 · 唐代卷》，复旦大学出版社 2012 年版。

59. 陈寅恪《金明馆丛稿初编》，上海古籍出版社 1980 年版。

60. 王使臻等《敦煌所出唐宋书牍整理与研究》，西南交通大学出版社 2016 年版。

61. 史念海《河山集》第七集，陕西师范大学出版社 1999 年版。

62. 〔日〕松田寿男著，陈俊谋译《古代天山历史地理学研究》，中央民族学院出版社 1987 年版。

63. 苏北海《西域历史地理》，新疆大学出版社 1988 年版。

64. 赵予征《丝绸之路屯垦研究》，新疆人民出版社 1996 年版。

65. 卢向前《唐代西州土地关系述论》，上海古籍出版社 2001 年版。

66. 张安福等《唐代的西域屯垦开发与社会生活研究》，中国农业出版社 2011 年版。

67. 陈国阶、方一平、高延军《中国山区发展报告——中国山区发展新动态与新探索》，商务印书馆 2010 年版。

68. 傅筑夫《中国封建社会社会经济史》第四卷，人民出版社 1986 年版。

69. 王元林《泾洛流域自然环境变迁研究》，中华书局 2005 年版。

70. 吴廷桢、郭厚安主编《河西开发研究·古代卷》，甘肃教育出版社 1993 年版。

三、期刊论文

1. 竺可桢《中国近五千年来气候变迁的初步研究》，《中国科学》1973 年第 2 期。

2. 吴宏岐、党安荣《隋唐时期气候冷暖特征与气候波动》，《第四纪研究》1998 年第 1 期。

3. 费杰、侯甬坚等《基于黄土高原南部地区历史文献记录的唐代气候冷暖波动特征研究》，《中国历史地理论丛》2001 年第 4 辑。

4. 满志敏《关于唐代气候冷暖问题的讨论》，《第四纪研究》1998 年第 1 期。

5. 张丕远、王铮等《中国近 2000 年来气候演变的阶段性》，《中国科学》（B 辑）1994 年第 9 期。

6. 章新平、姚檀栋《祁连山敦德冰帽冰芯中气候记录的综述》，《新疆气象》1993 年第 6 期。

7. 蒋复初、王书兵等《鄂尔多斯高原距今 15ka 以来环境演化》，

《地质力学学报》2014 年第 2 期。

8. 金章东、沈吉等《岱海的“中世纪暖期”》,《湖泊科学》2002 年第 3 期。

9. 阎顺、孔昭宸等《东天山北麓 2000 多年以来的森林线与环境变化》,《地理科学》2003 年第 6 期。

10. 刘鸿雁、王红亚等《太白山高山带 2000 多年以来气候变化与林线的响应》,《第四纪研究》2003 年第 3 期。

11. 杨保、康兴成、施雅风《近 2000 年都兰树轮 10 年尺度的气候变化及其与中国其它地区温度代用资料的比较》,《地理科学》2000 年第 5 期。

12. 刘海峰《两〈唐书·地理志〉户口资料系年》,《厦门大学学报(哲社版)》1987 年第 3 期。

13. 李宗俊《敦博 58 号文书与两唐书〈地理志〉等相关问题考》,《中国历史地理论丛》2014 年第 2 辑。

14. 翁俊雄《各地志所载唐开元、天宝户口数字的源流、系年和校勘》,《北京师范学院学报(社会科学版)》1987 年第 3 期。

15. 翁俊雄《〈通典·州郡门〉所载唐代州县建置与户口数字系年考》,《历史研究》1986 年第 4 期。

16. 艾冲《论唐代前期“河曲”地域各民族人口的数量与分布》,《民族研究》2003 年第 2 期。

17. 崔明德《唐代西北少数民族人口初探》,《历史研究》1997 年第 5 期。

18. 孙佳等《六胡州建城环境与唐代沙漠化研究》,《干旱区资源与环境》2008 年第 5 期。

19. 史念海《唐长安城外龙首原上及其邻近的小原》,《中国历史地理论丛》1997 第 2 辑。

20. 郑炳林《唐五代敦煌畜牧区域研究》,《敦煌学辑刊》1996 年第2辑。

21. 史念海《司马迁规划的农牧地区分界线在黄土高原上的推移及其影响》，《中国历史地理论丛》1999年第1辑。

22. 葛剑雄《论秦汉统一的地理基础》，《中国史研究》1994年第2期。

23. 封志明《土地承载力研究的源起与发展》，《自然资源》1993年第6期。

24. 薛平拴《盛唐时期陕西人口研究》，《中国历史地理论丛》2001年第2辑。

25. 邓广铭《唐代租庸调法研究》，《历史研究》1954年第4期。

26. 乌廷玉《关于唐朝均田制度的几个问题》，《东北人民大学人文科学学报》1955年第1期。

27. 韩国磐《唐代的均田制与租庸调——对邓广铭同志“唐代租庸调法研究”一文的商榷》，《历史研究》1955年第5期。

28. 翁俊雄《唐初中原地区均田制实行情况初探》，《北京师范学院学报（社会科学版）》1989年第6期。

29. 文媛媛《新旧〈唐书·地理志〉各州领县户口系年考》，《中南大学学报（社会科学版）》2014年第3期。

30. 戴建国《唐〈开元二十五年令·田令〉研究》，《历史研究》2000年第2期。

31. 杨际平《〈唐令·田令〉的完整复原与今后均田制的研究》，《中国史研究》2002年第2期。

32. 耿元骊《唐代“均田制”再研究——实存制度还是研究体系》，《社会科学战线》2011年第11期。

33. 朱悦梅《吐蕃王朝军队给养方式探蠡》，《中国藏学》2009年第3期。

34. 孟宪实《唐代府兵“番上”新解》，《历史研究》2007年第

2 期。

35. 荣新江《于阗在唐朝安西四镇中的地位》，《西域研究》1992 年第 3 期。

36. 杨际平《上海藏本敦煌所出河西支度营田使文书研究》，《杨际平中国社会经济史论集·唐宋卷》，厦门大学出版社 2016 年版。

37. 汪贵生、颉耀文等《明代以前黑河流域耕地面积重建》，《资源科学》2013 年第 2 期。

38. 卢向前《唐代西州均田制的普遍意义》，《文史》第 44 辑，中华书局 1998 年版。

39. 曹尔琴《论唐代关中的农业》，《中国历史地理论丛》1989 年第 2 辑。

40. 华林甫《唐代粟、麦生产的地域布局初探》，《中国农史》1990 年第 2 期。

41. 华林甫《唐代水稻生产的地理布局及其变迁初探》，《中国农史》1992 年第 2 期。

42. 郝二旭《唐五代敦煌地区的农田灌溉制度浅析》，《敦煌学辑刊》2007 年第 4 期。

43. 王利华《中古时期北方地区畜牧业的变动》，《历史研究》2001 年第 4 期。

44. 刘进宝《唐五代“税草”所用计量单位考释》，《中国史研究》2003 年第 1 期。

45. 陈于柱《敦煌文书 P. T. 127〈人姓归属五音经〉与归义军时期敦煌吐蕃移民社会研究》，《民族研究》2011 年第 5 期。

46. 孟宪实《中央、地方的矛盾与长安三年括户》，《历史研究》2001 年第 4 期。

47. 杨际平《隋唐均田、租庸调制下的逃户问题——兼谈宇文融括户》，《中国社会经济史研究》1986 年第 4 期。

48. 邢云《安史之乱后陇右道诸州郡陷没土蕃过程考》，《历史地理》第32辑。

49. 李军《晚唐政府对河陇地区的收复与经营》，《中国史研究》2012年第3期。

50. 李并成《唐代前期河西走廊的农业开发》，《中国农史》1990年第1期。

51. 张泽咸《汉唐间河西走廊地区农牧生产述略》，《中国史研究》1998年第1期。

52. 村渭《隋唐青海屯田述论》，《青海社会科学》1990年第6期。

53. 吴致蕾等《公元733年河湟谷地耕地分布格局重建》，《资源科学》2017年第2期。

54. 艾冲《唐代“河曲”地域农牧经济活动影响环境的力度及原因探析》，《陕西师范大学学报（哲学社会科学版）》2006年第1期。

55. 李并成《唐代前期河西走廊农田开垦面积估算》，《档案》1989年第6期。

56. 苏金花《唐五代敦煌的粮食作物结构及其变化》，《中国经济史研究》2012年第2期。

57. 苏金花《晋唐时期吐鲁番绿洲农业的粮食作物结构及其演变》，《历史教学（下半月刊）》2016年第12期。

58. 张芳《夏商至唐代北方的农田水利和水稻种植》，《中国农史》1991年第3期。

59. 林立平《唐代主粮生产的轮作复种制》，《暨南学报（哲学社会科学版）》1984年第1期。

60. 乜小红《试论唐五代宋初敦煌畜牧区域的分布》，《敦煌研究》2002年第2期。

61. 郑炳林、曹红《汉唐间疏勒河下游地区环境演变》，《敦煌学辑刊》2012年第3期。

62. 冯培红《唐五代敦煌的河渠水利与水司管理机构初探》,《敦煌学辑刊》1997 年第 2 期。

63. 尹伟光《隋唐时期西北地区畜牧业研究》,《西北民族大学学报(哲学社会科学版)》2009 年第 3 期。

64. 乜小红《唐五代敦煌牧羊业述论》,《敦煌研究》2001 年第 1 期。

65. 艾冲《论唐代前期陕甘宁黄土高原牧业用地的分布》,《陕西师范大学继续教育学报》2004 年第 3 期。

66. 韩茂莉《唐宋牧马业地理分布论析》,《中国历史地理论丛》1987 年第 2 辑。

67. 王社教《历史农业地理学刍议》,《陕西师大学报(哲学社会科学版)》1994 年第 3 期。

四、学位论文

1. 王效锋《唐代中期战争问题研究》,陕西师范大学博士学位论文,2012 年。

2. 董永强《四至八世纪吐鲁番的多民族问题探索》,陕西师范大学博士学位论文,2007 年。

3. 程弘毅《河西地区历史时期沙漠化研究》,兰州大学博士学位论文,2007 年。